藝人春秋 Diary

水道橋博士

スモール出版

1960年12月4日——。
「日記は俺の情熱、そして業」

『古川ロッパ昭和日記』より

カバーイラスト&本文イラスト
江口寿史

＊本作は『週刊文春』（文藝春秋）の連載、
『週刊 藝人春秋Ｄｉａｒｙ』の「２０１７年ＧＷ合併号」から
「２０１８年７月19日号」まで、全60作を編んでいます。

藝人春秋Ｄｉａｒｙ　もくじ

まえがき 014
1 炎上画伯 キングコング 西野亮廣［その1］ 018
炎上画伯 キングコング 西野亮廣［その2］ 028
2 また逢う日まで「尾崎世界観」 040
3 またまたまた三又又三 052
4 竹下景子とボクのおっさんずラブ［その1］ 064
竹下景子とボクのおっさんずラブ［その2］ 072
5 一昨日、明後日の小泉今日子 080
6 石原伸晃「おマヌケください！」 090
7 天才『那須川天心』 098
8 北野武監督術「オイラの定理」 108
9 天才アナウンサー・安住紳一郎の穴 118

10 ハゲの名は。O倉智昭 128
11 春風亭昇太 笑点司会の日［その1］ 136
春風亭昇太 笑点司会の日［その2］ 144
12 名優・石坂浩二 ヤリスギの郷 152
13 女優・加賀まりこ やすらがない郷 160
14 ウディ・アレンの誰もが知りたがっているくせにちょっと聞きにくい……。 170
15 サスペンス・蔵書バカ一代 178
16 新しい地図 186
17 BIGBANG～スイドウバシ博士、BIGBANGを語る。＋BTSも。 196
18 みうらじゅん ロン毛ですいません！ 204
19 麻生漫☆画太郎・誕生秘話 214
20 日野皓正 ビンタ ビンタ 224
21 Yes！ ユーキャン！ やくみつる 234

22 爆笑問題 太田光とたけしのズル休み 242
23 ユーミンに捧ぐ！「守ってあげたい」 250
24 安倍晋三と総理の椅子 260
25 博士の「遺書」と松本人志さん 268
26 萩本欽一 ～欽ちゃんはどこまでやるの！ 278
27 不滅の男 遠藤賢司 288
28 不滅の女 和田アキ子 296
29 江口寿史という相棒 304
30 吉岡里帆であ――る。 312
31 村本大輔 ウーマンラッシュアワー 320
32 島田洋七のホラ噺 328
33 速読魔人・荒俣宏 336
34 春風亭小朝 芝浜［その1］ 344

春風亭小朝 芝浜［その2］ 352
35 路線バスに乗車・太川陽介発 ぶっちゃあ経由 たけし軍団結成秘話 360
36 蛭子能収・私はバスにのりたい 374
37 浅野忠信～ファミリーヒストリー 382
38 政界の黒幕の藪の中 野中広務 390
39 大竹まことと大瀧詠一と 402
40 ビートたけしの独立 410
41 岡村隆史と『スリー・ビルボード』 418
42 軽蔑の微笑み 片山さつき 428
43 ミスター・ライアー！・大仁田厚 436
44 笑福亭鶴瓶 初めてのCM 444
45 拝啓 週刊新潮様 452
46 グッドリッチ 剛力彩芽 462

47 倉敷人・前野朋哉とMEGUMI 470
48 文武両道 高田文夫 478
49 内田裕也 ロッケンロールよろしく! 488
50 デンジャラス・ジラフ 樹木希林［その1］ 496
デンジャラス・ジラフ 樹木希林［その2］ 504
51 古舘伊知郎「人生の予告編」［その1］ 514
古舘伊知郎「人生の予告編」［その2］妻との出会い① 522
古舘伊知郎「人生の予告編」［その3］妻との出会い② 530
最終回 藝人の墓 536
あとがき 552

藝人春秋Diary

まえがき

『藝人春秋』シリーズ化へ――。

2012年に文藝春秋から上梓した『藝人春秋』の単行本の1作目は、ボクが「芸能界に潜入したルポライター」であるという設定で、過去10年に渡って様々な媒体に書いた芸人観察記をかき集め一冊に編んだ。

この本のテーマは、芸人という職業の死生観だった。「この世のものとは思えぬあの世」に巣くう芸能人は、彼岸と此岸を行き来する黄泉の国からの使者であることを綴った。

正直、売れた。山のような書評が掲載され、絶賛の嵐だった。

2017年上梓の2作目は、『週刊文春』に2013年から1年間限定で連載した『週刊 藝人春秋』（便宜上「シーズン1」と呼称する）を下敷きにして大幅に書き改め、「師匠・ビートたけしの命を受け、芸能界に潜入した秘密諜報機関のスパイ」という大仰な設定で上下巻の活劇として大冊を著した。

自信満々だったが、正直、売れなかった。本の反響が一般読者に木霊することはなかった。

上下で700頁を超える物語の通奏低音は映画『007』シリーズであり、上巻「ハカセより愛をこめて」、下巻「死ぬのは奴らだ」のサブタイトルに即した構成を意識したため、エッセーと呼ぶにはあまりにも勧善懲悪の物語であり、主に関西テレビ界の政治的偏向、プロパガンダに対する告発のメッセージが強くなってしまった。

そして文庫化の際、上巻は『藝人春秋2』、下巻は『藝人春秋3』と題してナンバリングを単行本から変えた。

この出版と同時に2017年5月から『週刊文春』に連載再開した「シーズン2」では、タイトルを『週刊 藝人春秋Diary』と改めた。

「シーズン1」と変わったのは、週刊誌を意識して時事ネタを拾いつつ、ボクが体験した出来事に細かく日付を打ったこと。つまり、ボクの日記の引用であることを強調した。

そして1年強、全60週分を書き綴ったが、2018年の体調不良による活動休止期間を挟んだために、単行本化は浮いたままだった。

日記には執着がある。

ボクは小学校2年の時から、長く日記を書き残している。

1997年からはホームページ日記、今で言うところのブログ形式で1年365日を20年以上、のべ1万日以上の日々を世間に晒している（体調不良による休養で一時ストップしてしまったことはあるが……）。

それ故、日付のみならず人生の大半の日々の行動と感受を文字記録で振り返ることが出来る。

つまり日記にはボクの「情熱」と「業」が詰まっている。

巻頭に置いた箴言は、昭和の浅草喜劇の大先輩にして「日記芸人」の鼻祖、古川ロッパ先生のお言葉だ。


明治36年に生まれ昭和36年に没しているロッパは、早稲田の学生時代に文藝春秋を創立した菊池寛に招かれ『映画時代』の編集者になることからキャリアをスタートさせている。その後、形態模写の腕を買われて30歳を超えて芸能界にデビュー。「エノケン・ロッパ」と謳われた全盛期は、今からおおよそ70〜80年も昔。昭和37年生まれのボクは見たことがない時代だ。現存する映像も少なく同時代を生きた人も数少ない。

多くの人は、この浅草軽演劇の2大看板であった頃を知らないはずだが、『古川ロッパ昭和日記』全4巻（晶文社）は現代も読書家には読み継がれている。

ロッパの日記魔ぶりは昭和9年から昭和36年の分でも当用日記10冊と大学ノート95冊にも及び、昭和20年以降は1日分が大学ノートに2〜4頁、万年筆を裏返しに使った細かい字でびっしりと記され、1日たりとも付け落ちた日がないという。

日記の総量は400字詰め原稿用紙3万枚以上だ!!

喜劇人や文学者、劇作家、政治家など次々と登場する多士済々の人物の月旦評《げったんひょう》など、芸人の心象風景、浅草の風俗や興行の舞台裏やら、読んでいると昭和という時代がくっきりと浮かび上がる。貴重な昭和芸能史の資料であり、手前味噌ながら、まるで知られざる『藝人春秋エピソード0』であり、この日記の影響下に、本書『藝人春秋Ｄｉａｒｙ』は書かれている。

この本に倣い、ボクも『藝人春秋』を延々と書き継ぎシリーズ化することに決めた。

登場人物はボクが共演歴のある方々で、従来通りジャンルは演芸界とは括っていないが、皆、人前＝表舞台に登場する人々である。

『藝人春秋』は生来の人見知りで裏方志向のボクが、座右の銘「出会いに照れない」を言い聞かせながら、実際に起きた出来事に日付を残した交遊録だ。

そしてボクの「Ｄｉａｒｙ」とは、失われた時の償い「Ｍｅｍｏｒｙ」であり、未来永劫に残す「Ｈｉｓｔｏｒｙ」だ。

この本からボクも、『日記芸人』という肩書きを名乗ることにしよう。

1 炎上画伯 キングコング 西野亮廣［その1］

２０１７年元日――。

今年は正月を沖縄で家族と過ごすと決めていた。

レコード大賞から紅白歌合戦と大晦日のルーティーンで年をまたいだ直後、３人の子供たちからの取り立てに屈し、遅滞なく正月恒例の包み金を配布して、しばし仮眠後、家族で羽田空港へと向かった。

11時発ＪＡＬ９０９便、那覇行き。羽田に予定よりやや早めに着くと既にごった返す搭乗待ちの行列のなかに、ひとりで佇む男が目についた。

黒のシルクハット、裾が広がったベージュのコート、黒のブーツ、その男は大きめのマスクで口元を隠しながらも眉目秀麗な相貌が窺えた。

人混みのなかで「俺に話し掛けるな！」と芸能人にありがちな自意識過剰オーラを発しているのだが、それが逆に周囲から横目で注目を浴びる結果となっている。

そのシルエットはかつてのジャミロクワイのジェイソン・ケイ、あるいはアニメーターのティム・バートン、ムーミン谷のスナフキン、もしくはハイパー・メディア・クリエイター高城某の私服姿を彷彿させ、もっとわかりやすく言えば漫才師・キングコングこと〝シルクハット王子〟西野亮廣の普段着にそっくりだったのだ。


西野亮廣とは知らない仲ではない。

事務所は違えど面識もあるし、芸人としてはボクの後輩にあたる。

反射的に「あれ？　西野かな？」とボクが呟くと、小2の次男が「違うよ！　パパ、あれ西野カナじゃないよ！」とまるでナイツの漫才の如き掛け合いを返してきた。

どうやら昨夜のレコード大賞に於いて『あなたの好きなところ』で大賞に輝き、続けて紅白歌合戦にも出演した若きカリスマ歌姫の存在と名前は、幼い子の心に深く刻み込まれていたようだ。

「いや、今、パパが言ったのは歌手の『西野カナ』じゃなくて漫才師のキングコングの『西野かな？』って意味だよ」と言うと「じゃあ私が確かめてくる！」と小4の娘が〝ジャミクロ男〟に接近遭遇を試みたが、マスクとコートが邪魔して芸能人オーラは完全にジャミングされており、その西野もどきの正体は依然、邪推の枠を出ぬままであった。

いっそボク自身が確認に行くかどうか迷ったが、結局、人違いかもしれないし、西野本人だとしても元日の那覇便ならプライベートは確実。

それより、むしろ向こうが、先輩芸人が家族連れなのを察知して挨拶を遠慮しているという線まである……と思うと、そのまま話し掛けるのも躊躇《ため》われた。

そして、このスッタモンダの家族のやりとりを静かに見ていた隣の妻に声をかけた。

「そう言えば、今日もキンコン・西野クンのブログが話題になっているけど読んだ？」

「読んだぁ！　絵本の初版1万部を自分で買ったんだってー!?」


毎日炎上するのが触れ込みのブログを元旦から更新した、キンコン西野は実に西野らしい年明けを迎えていた。

作年末に上梓した『えんとつ町のプペル』（幻冬舎）が絵本としては異例のベストセラーとなったのだが、その販売手法が物議を醸し西野のブログは連日の延焼が続いていた。

「アンチ西野の皆様、明けましておめでとうございます」

という一文で始まる1月1日の投稿では、この絵本の販売について以下のように書かれている。

「当初、出版社からは『初版は1万部』と言われていて、その数字は大変な判断ミスだと思ったけれど、『もっと売れますよ。これは機会損失です』と叫んだところで説得力がないので自分で1万冊を購入して、発売日までに1万冊を手売りで予約販売することを約束したら、初版が3万部になり、よいスタートが切れました」

昨今の出版不況が続く業界的には1万部の初版は決して悪い数字ではないし、絵本ならなおさらのこと。

初版の数字が売れ行きを左右するというのは厳然たる事実だ。

そして添付された写真には12月20日の日付の領収書が明示され金額欄に「1725万8724円」!!!　と、個人ではありえない購入額が書かれていた。

1725万!!　を自腹で!!　この額面提示は、さすがにアッと見入るほどの迫力がある。


驚きは自腹購入だけにとどまらず発売日までに、ものの見事にそれら全てを売り捌《さば》いてみせたことだ。このことにも触れて、

「僕にとってみれば、博打でも何でもなかった」

と自信満々に勝利宣言をした。

これに対しアンチ西野勢からは「西野は本屋の仕事を奪っている!」という趣旨の批判が殺到したそうだが西野は文字面でも涼しい顔で、

「僕は友人が本屋さんを経営しているので、本を出す時は当然、本屋さんのことを考える。本屋さんを助ける為に、僕ら作り手ができることは、ただ一つ、ヒット作を生むことだ。パイ（部数）を拡大させることだ」

と一歩も譲ることのない「西野公論」をまくし立てた。

つまり出版社の方針に従えば本屋には初版1万部の販売機会しか生まれなかった。それが自腹購入したことで初版が3万部となり結果、市中の本屋にはプラス2万部の販売機会が生まれたことに

なったというわけだ。

……なるほど！

これは旧態依然とした出版界にはコペルニクス的転回だとも言えよう。

それにしても、殺到する批判に対して一々と、

「**毎日何を食べていたら、ここまでバカに仕上がるのか？**」

などと挑発する煽り芸は、炎上焼身ブログの先達である元フジテレビアナウンサー・長谷川豊と同種の可燃性ガス臭を感じさせる。

機内に搭乗してからも、しばし、この西野ブログへの賛否両論の書き込みに惹きつけられたままだった。

後から気がつくことだが羽田空港で遭遇した「謎の彼」の存在こそが、この沖縄家族旅行、最大のサプライズの伏線となってゆく。

西野亮廣――。

１９８０年生まれ。吉本総合芸能学院（ＮＳＣ）に22期生として入学後、１９９９年、梶原雄太（現YouTuber、カジサックを兼任）と漫才コンビ「キングコング」を結成。

下積み期間がほとんどないまま２００１年、フジテレビ『はねるのトびら』のレギュラーに大抜

躍。NSC開校以来、最短で全国区で「売れた」芸人としても名高い。その後、2000年代は、バラエティとして異例の年間最高平均視聴率を記録した『はねトび』が、2012年に打ち切りの憂き目に遭いテレビタレント的には一時、失速した。

一方で2005年にブログを立ち上げると、ネットでの言動が度々話題となり「ひな壇芸人はやらない!」「ライバルはウォルト・ディズニー!」といった狙いすました自意識過剰の発言で〝炎上芸人〟として認知度を高める。

また芸人の傍らタモリさんの勧めで絵本作家を志し、2009年からコツコツと3冊の絵本を発表。2016年秋には自ら原作と構想を担当し完全分業制で4年半の制作期間をかけた『えんとつ町のプペル』(幻冬舎)を出版。

この絵本の販売を巡る掟破りの行動が、出版界に破壊力ある一石を投じた――。

というのは既に述べた通りだ。

また2015年には、いち早くオンラインサロンを立ち上げ、またたく間に会員数が増え続け、高収益化すると数々の慈善事業やウェブビジネス分野に進出し注目されるが、一方でアンチも増殖を続け、銭ゲバ、宗教的、ペテン師、偽善者と陰口が叩かれるようになる。

老舗吉本の「お笑い芸人」というよりは、その殻から飛び抜けた新時代のトリックスターになりつつあった。

ボクはキンコン西野と面識がないうちから、彼のルックスとは正反対の風変わりな日常にブログを通じて興味を持ち、ボク自身のブログのなかでもエールを送っていた。

彼が部屋に籠もりきり、0・03ミリの極細ボールペンの点描画で描く絵本の制作工程や、毎日、1日も休まず長距離走の日課を続けるストイックなスタイルが気になり長く観察下に置いた。

そして初対面は2009年3月15日——。

帰郷先の岡山でたまたまキングコングの漫才公演があると聞きつけチケットを購入し、観客として観劇後、楽屋挨拶に出向いた。

このとき西野はプロインタビュアーでありボクの古くからの友人である吉田豪とTBSラジオでのささやかな揉め事を抱えており、互いの誤解を解くために仲介するという目的も実はあった。

2013年8月29日には、新宿タカシマヤの紀伊國屋サザンシアターで上演の西野亮廣脚本『ドーナツ博士とGO!GO!』の千秋楽をひとりで赴き、観劇した。

もともと前日にボクを除く家族3人が観に行っていて「超面白かった!」という子供たちの感想を聞いていた。

「西野脚本が功奏している。喜劇で大劇場の大成功と言って良いだろう」とボクは日記に残している。彼が演出家の後藤ひろひとを師と仰ぎ、戯曲家として志向しているのが、「ハッピーエンド至上主義のエンタメ」であることを初めて知った。

その後は共演すればその都度、彼の新刊絵本にサインを貰い、また「絵で勝負するなら言語は不要だから日本ではなく世界へ向けてやれば良いのに！」と再三、先輩風を吹かしていた。

すると、いつの間にか当時は珍しかったクラウドファンディングで集金しニューヨークで原画展を開催するという離れ業を決め、そのレポートをボクが主宰する有料メールマガジン『メルマ旬報』に連載してくれるという交流もあった。

また「点描画ではないドローイングの絵も見たいから」とのボクの要望で『メルマ旬報』に連載する作家・竹内義和さんの小説に挿絵を寄せてもらったこともあり、これらの他事務所の先輩の依頼を二つ返事で引き受けてくれるあたりも、世の風説、芸人の評判とは違い、ボクが彼への良き心象が止まない理由だった。

そして、２０１７年、元日――。

てっきり羽田では人違いだと思っていたキングコング西野は〝髑髏島〟ならぬ沖縄島へ上陸していたのだった！

（つづく）

炎上画伯　キングコング
西野亮廣［その2］

元旦、13時過ぎ、我々家族は那覇空港に無事到着した。

5人分の荷物を手早くまとめて空港出口へ。

空港からタクシー移動、国際通りの一番端にある『ホテルオーシャン』にチェックインして旅装を解いて寛ぎ、夕刻、予約していた沖縄料理店『パイカジ』へと向かった。

那覇で一番の繁華街の一本道を、東の端から西の端へと突き抜ける。

通りは新年の祝賀ムードに沸き立ち、お祭り騒ぎのなかを家族5人で人波を掻き分けて行く。

あちらこちらで酔客の奇声が発せられ、若い島人《しまんちゅ》と、浮かれた観光客が織りなす熱すぎる正月風景に気圧されながらも、子供連れなので泥酔者に絡まれるのも十分警戒して周囲を見渡していると、道中、右手にある雑居ビルに『よしもと沖縄花月』の看板があった。

「へー！　こんなところに吉本の劇場があるんだ！」

その瞬間、朝の羽田での映像が突如フラッシュバックする。

もしかしたら……。と正月興行のポスターに目をやると、そこには「キングコング」の文字！

なんとキンコンの2人がニッコリと笑った、いかにも漫才コンビらしい宣材写真がある！

脳内に正解を祝う♪キンコンカンコンの鐘の音が聞こえた。

「ちょっと待って！　これを見て！」

思わず発したボクの声に子供たちの足が止まった。

「朝、空港でパパが『西野かな？』って呟いただろ。あれ『かな』じゃないよ。やっぱりキングコングの西野だよ。ほら、ここを見て！」

と、ポスターの西野容疑者の写真を指さした。

「やっぱり今日、この劇場に出ているでしょ！」

「ホントだ！　これ朝、見た人と同じ人だ！」

子供たちも偶然の一致と証拠写真を確認してはしゃいだ。


料理店に到着して席に着くなり家族に隠れてスマホを取り出し、

「羽田空港で会った正体不明の人、あれはやっぱりキングコングの西野先生だったのだ。サイン貰えば良かったわ！」

とツイートしたところ、どうやらエゴサーチ中の本人の目に留まったらしく、すぐに返信があった。

「え？　水道橋先生、沖縄ですか！」

やはりキンコン西野は沖縄に上陸していた！

それがわかるとダイレクトメールで羽田の出来事を語り家族には内緒で、その夜の食事の同席をお願いした。

西野はちょうど舞台の出番を終えいったんホテルに戻ったところだったが「それでは、すぐにお伺いします!」と連絡があり30分後、律儀にも本当に本人がお店に現れた。

「やっと逢えたね!」

ついつい定番中の定番ながら、15年前の辻仁成と中山美穂のシャルル・ド・ゴール空港の台詞が思わず口をつく。

子供たちは思わぬサプライズに明らかに動揺していた。

「え、え、え———ッ本物? 僕、昔、新宿へ演劇を観に行きました!」と長男。

「あのぉ……『めちゃイケ』と『アメトーーク!』を観ました……」と次男。

「……うわー『めちゃイケ』じゃなくて、本物、めちゃイケメン!」と長女の目が星のようになっていた。

ヤバイ! 娘は完全に憧れの異性に向ける視線だ。

子供たちはテレビで見るスターの登場にすぐに盛り上がったが、ボクは彼のイデタチが気になった。羽田で見たジャミロクワイ風の服装と今ここに現れた格好が明らかに違うのだ。

「あれ? その黒いコート、どこかで着替えた? 羽田ではベージュのコートだったよね? それに今はシルクハットは被ってないの?」

西野はポカンとした表情を顔に浮かべ、それから訝しげに首を横に振った。

「博士さん、確かにそのひとは限りなく僕に似てるかもしれませんが、完全に僕とは別人ですよ！」

〝会いたくてー会いたくてー震えるー〟ようやく会えて震えたのだが、羽田の「西野かな？」はやはりボクの勘違いだったのカナ？

〝もしも運命の人がいるのなら〟と思ったのはボクの錯覚カナ？

しかし、その勘違いの思い込みがあったからこそ吉本の劇場の存在と看板に気がつき、今、こうして出会っているのだ！

「……サイン貰っていいですか？」

長女がサインをせがんだが、あいにく手元に紙がなかった。

鞄のなかを探してみたらボクがたまたま持っていた〝紙〟は、キンコン西野と昔から因縁のあるプロインタビュアー吉田豪の新書『続・聞き出す力』（日本文芸社）のみ！

こうなったら、この本にサインを貰うしかないと西野にペンと本を差し出し返答を〝聞き出す〟。本の表紙を確認すると「この本以外にはないんですか？」さすがの西野も苦笑いだった。

食事を終え「もう1軒行こうか」とボクが誘うと、「正月のお休み中に奥さん、お子さんに申し訳ないですよ」と遠慮したが、「パパ、大丈夫、私たちはもう寝るだけだから、2人で行って！」と妻が気を遣ってくれた。

店を出て家族をホテルに送るため、国際通りの一本道を往路の逆方向に歩いた。

すっかり夜道となったが街の喧騒は相変わらず、やがて行き交う若者が我々に気づき「西野だ！」「西野だ！」と叫びだす。誘蛾灯へ群がるが如く人が人を呼び、次から次へと写真とサインをせがまれ「西野！」「西野！」「西野！」とアルコール臭漂うコールが響くなかで揉みくちゃにされた。

子供たちは騒ぎを遠まきに眺めつつ、先程、同じように群衆のなかを歩いてきたのにまったく気づかれることのなかった父である「スターダスト博士」とイケメン王子の「シャイニングスター西野」を見比べて本物の星の眩い輝きぶりに驚いていた。

同時に、この地上の我が家の椿事を見下ろすかのように夜空には満天の星が広がっていた。

家族を先にホテルに帰らせて近所のＢＡＲの個室に居座った。

ソファーに深く腰掛けて、お笑いから映画や絵本やアニメのことなど際限が無かった。

彼がポツリと「僕はテレビでスターになれなかったから絵本を描いているんです」と言ったのは印象的だった。先刻の揉みくちゃ騒ぎがあっただけに——。

そして、何故か一番盛り上がったのは本の印税を巡る話だった。

「本の印税のパーセンテージは昔からの出版界の慣習なだけで著者の取り分が10％であることには、そもそも何の根拠もないんだよ」とボクが話すと、「それは知りませんでした！　初耳です！」と俄然、西野は喰いついてきた。

「例外的に業界外の人が参入して、そのルールを壊すことがある。例えば昔のたけしさんの印税は上乗せがあったし、吉本の大崎社長の本に書いていたけど、1994年の大ベストセラー、松本人志さんの『遺書』はそういう意味では掟破りの本だった」と教えると、

「へぇー、その話、面白いスねー。今、ちょうどお金についての本を書いていて、印税って何だろうってことも考えてたんですよぉ。印税を無くして、しかも作家も出版社の利益も守られるビジネスプランて出来ないだろうか？　って」

そんな無茶は出来ないだろう、と内心聞き流していた。


気がつくとテッペンを超え、日付が変わっていた。

「僕、博士さんのご家族に申し訳ないことしていませんか？」

と西野が呟く。

確かに。正月だからこそ家族サービスではるばる沖縄に来たのに、今、夜更かししてやっていることは東京で芸人同士が呑んだくれているのと変わらない……と我に返り切り上げた。

しかし1年のはじめに羽田空港から離陸した〝偶然の産物〟が見事に伏線回収に成功し、個人的には大満足でホテルに着陸した1日だった。


そして、この沖縄の出来事から19日後、西野のブログに突如「お金の奴隷解放宣言」と題した驚愕の文章が掲載された。

「値段が高くて絵本を買えない」と訴えた小学生のために『えんとつ街のプペル』をネットで読め

るよう無料公開したのだ。

しかも「**『10万部売れるコト』**よりも**『1億人が知っているコト』のほうが遥かに価値がある**」と書かれ、さらに「**皆が豊かになったほうが、巡り巡って自分も豊かになるだろう**」と西野流の正論を付記していた。

『えんとつ町のプペル』はこの時点で23万部を売り上げたベストセラーとなっていただけに衝撃は大きく、西野の決断を巡ってネット、出版界、お金を払って買った読者、通りすがりの部外者たちで侃々諤々《かんかんがくがく》の大論争となり、それは炎上であろうとも業界への一大問題提起になった。

しかし無料になった後も絵本の売れ行き好調は変わらず、西野理論の根幹である「**ネットで無料になっても人は所有するために本を買う**」ことは立証された。西野のやることは何もかも早かった。


正月旅行を終え帰京した直後、小4の長女の西野熱は上がる一方だった。

テレビを観ていても西野が登場すると「ハー！　カッコいい！」とため息を漏らす始末。そして、ある日のこと、「パパ、あの沖縄で会った西野さんって、どんな絵本を描いているの？」と聞いてきた。

ボクは本棚の奥から西野画伯作の4冊の絵本を取り出した。

それらすべてにはボクの長男、長女へ宛名が入っていた。

すっかり忘れていたが彼との共演の際、新しい絵本が刊行されるたびにボクから「いつか成長したら読ませたいから」と幼子の名前でサインを貰っていたのだ。

「あ、これは西野クンが初めて書いた本だから読んでごらん」とボクは彼の処女作『Dr.インクの星空キネマ』（幻冬舎）を娘に手渡した。扉を開くと細密な点描画で描かれた星空が茫々と広がった。

「わぁー！　西野さん!!　ス☆テ☆キ☆!!」

と長女がうっとりと呟くと、その横でボクは「こんなはずじゃなかった……」と舌打ちをした。娘はキネマのようにキングコングの大きな〝手のひら〟にさらわれたのだ。

その後のはなし

２０２０年12月25日――。

ボクにしては早朝に家を出て、新宿ピカデリーへひとりで向かった。

『えんとつ町のプペル』の公開初日、８時50分からの初回上映。

誰にも頼まれもしないが山高帽とベージュのコートを着込み、暗闇のスクリーンのなかに広がるはずの星空の輝きに一番乗りで駆けつけ、その一番星を眺めることにした。

沖縄の夜で「まだ内緒ですが……」と告げられていた、絵本の映画化は４年（構想から８年）の歳月を経て実現した。

ジブリの興行収入の金字塔が少年ジャンプ作品に鬼退治される大番狂わせな時代に、まるで合わせるかのように。

極細のボールペン1本を手に、ひとりぼっちで小さな点を重ねて白黒の絵本を作り始めた時から知っているボクとしては……やはり感慨深いものがあった。

極彩色の洪水、アニメーションだけが実現出来るアクション、世界や後世へ届けるべき「信じぬけ。」のメッセージ。

上演終了後、客席に期せずして拍手が湧き起こっていた。

「ライバルはウォルト・ディズニー！」を掲げて10年、周囲に嘲笑され続け、コロナ禍で伝説のクソゲーの舞台化『たけしの挑戦状ビヨンド』の主演を阻まれた、元祖「ゴミ人間」の「西野の挑戦状」がクリスマスの日に届けられたのだ。

日本の興行も気になるが、極私的に言えば、西野亮廣を知らない海外での反響にこそ注目したい——。

西野亮廣は、その後も主戦場をテレビに置くことなく、芸人族の変異種として感染力の強い、極めて特殊な活動で世間に物議を醸し続けている。

今、西野を語るには、西野信者なのかアンチ西野なのか、西野亮廣という名の踏み絵を強いられる。

この連載で描いた2017年以降を含む今日までの西野のアップデートされた歩みは、宮迫博之

×中田敦彦のYouTube番組『Win Win Wiiin』で昨年末に紹介された。

今を思えば、この3人の座組も業界的には十分きな臭いわけだが、それはさておき、芸人仲間には長く鼻つまみ者だった〝世界のNISHINO〟の〝トリセツ〟は、２０２０年の吉本興業への置き土産の如く、退社する中田敦彦による見事なプレゼンテーションでまとめられており一見の価値がある。

一方で、絞りに絞ったテレビの仕事のなかで『ゴッドタン』（テレビ東京）では、劇団ひとりと共に定期的に見せる〝肛門を中心とする芸能〟は、お茶の間標準を遥かに超え、あの東野幸治をして「嫉妬する」と言わしめるほどのくだらなさだ。

西野亮廣の「体力と気力と自己肯定力のオバケ」（@オードリー・若林正恭）ぶりに辟易とする人も多いだろう。そして今も「捕まっていないだけの詐欺師」（@千鳥・大吾）として、限りなく訝しく思っている人もいるのだろう。

そもそも、出方の彼が用意周到に準備する「ワクワク」や「ドキドキ」に一向にときめかない人や、彼の事前に計算され尽くしたマーケティングが顕《あらわ》にされていることに嫌悪を抱く人も多い。

彼こそが彼の広告代理店「ひとり電通」（@みうらじゅん）そのものなのだから。

しかし最近では、オンラインサロンの会員数やその億単位の収益、運用たるや、成果を数字と実績で証明し、アンチが減ることはないが、それ以上にフォロワーが増え続けている。

むしろ、このコロナ禍のなか、働き方改革を迫る芸人族は先輩、後輩に限らず西野教の門の前に列をなし、教えを請うているのが現状だ。

しかも、その面倒見の良さは「ドライな人情家 西野亮廣という名の任侠団体」（@鬼越トマホーク・坂井）として、一般人だけではなく会社からも芸人からも〝信義〟を得て〝シノギ〟も分配する〝光〟営業を仕切る、表社会の〝兄貴分〟の態《てい》だ。

西野亮廣は何かをなすたびに巻き起こる毀誉褒貶のなか「じゃあオマエに出来るか？」というシンプルな問いかけに、自問自答しながらも「俺はやる！」と答えを実践してみせる表現者だ。だが表現者の評判は同時代の反響に過ぎない。

本来、何光年の歳月を経て「星」の輝きが届けることが出来るのは「作品」だけだ。

映画という〝エンタの神様〟に「作品」を遺しつつ、マルチに〝多目的〟に任務を遂行する、イニシエの〝トイレの神様〟の彼は、今や信者ひしめく〝レイワの神様〟なのである――。

余談だが、娘はとっくに西野ファンをやめた。

理由を聞いたら「だって才能があってイケメンでお金持ちってだけで、もう胡散臭いんだもん。私はもっとダメな人がイイ！」と。

それはそれで親としては微妙な発言だった。

娘よ！　最愛の娘よ！　今度、一緒に西野くんの映画を観に行こう！

2 また逢う日まで「尾崎世界観」

2017年、現在――。

「尾崎」という苗字から連想する名前を問われれば……？

「紅葉」「紀世彦」「ジャンボ」「豊」まで、「世代間」でその答えは分かれようが、若者に限って言えばズバリ一択！

「世界観」の名を挙げるであろう。

当代人気絶頂、武道館2DAYSを即日完売するほどの動員力を誇るロックバンド「クリープハイプ」――。

尾崎世界観はその世界の最前線、ボーカリストだ。

世界観という個性的な名前はライブを観た客に「世界観が良いね」と言われた違和感を、あえて大仰な当て擦りのアンサーネームに仕立てたことに由来する。

その髪形と顔は、いとうあさこ感あり、パンサーの向井慧感あり、にゃんこスターのアンゴラ村長感あり。

Eguchi

その声は独特のハイトーンボイス。これが最大の魅力となり、中毒的にファンを増やし続ける要因となっている。

２０１6年3月24日、清水ミチコが木曜日のＭＣを務めるニッポン放送『ラジオビバリー昼ズ』に尾崎世界観がゲストとして招かれた。

清水ミチコは天性のモノマネ絶対音感により、世界観の声の肝は、反芻した怠惰感を突として吐き出す「ガム感、虚無感、ダム感」であると事前分析をしていた。

当日、ゲストに現れた世界観は、そこに演説嗄れしたようなダミ声成分の「田中真紀子感」と、疲れ果てて帰宅しカバンをぶん投げるかのように〝語尾を投げる〟「放り投げ感」を加えると完璧な「世界観ボイス」が完成すると自己声紋分析をしてみせた。

この声音から奏でられる男女の綾、女目線から男目線、決別と未練、明るい自虐性と殺伐とした攻撃性など身につまされずにはいられない歌詞の様々を聞けば誰しも必ず虜となろう。

昨年6月には処女小説『祐介』を文藝春秋から上梓した。

尾崎世界観こと本名・尾崎祐介が売れない時代のルサンチマンを曝け出した自伝小説。ボクは本作を一読して世界観の文才だけではなく、特異な五感、その曲作りの原点、才能のコアを体感した。

「博士さんと尾崎世界観は一体、どういう親近感で繋がっているのですか？」

昨今、多々聞かれるのだが、思えばその顔と名前が一致したのは去年のこと。クリープハイプがフジテレビ『HEY!HEY!NEO!』に出演した際、ダウンタウン相手に物怖じせぬ大物感を見せつけ一気に好感を持った。

そして昨年の6月、知人から「尾崎世界観さんって『水道橋博士のメルマ旬報』の熱心な読者らしいですよ！」と知らされた。

それは、かつて「岡村靖幸さんが博士のファンで会いたがってますよ！」という後輩マキタスポーツの伝言を機に懇意になったことを思い出す既視感のある話ではあったが……22歳もの年齢差に気後れしいったんは受け流した。

だが翌月、急転直下、知人を介して初対面の約束が取り付けられた。

世界観は所詮ミニコミに過ぎないボクが編集長のメールマガジンで執筆欲、告白欲を満たしたい様子だと聞く。

今や武道館アーティスト、文筆家としても各誌から引く手あまたであろうに「何故、ウチなのだろうか？」と疑問を抱いたまま約束の日を迎え、あの尾崎世界観が我が家に現れた。

会うや否や世界観からの矢継ぎ早な『メルマ旬報』への質問攻め。微に入り細を穿ち、あまりに内容にまで詳しいことに驚いた。そのまま近くのワインバーで夕食も共にして、途切れることなく話が続いた。

「僕、男子校出身なんです。博士、知ってますか？　上野の岩倉高校って」

「オレ、ＴＢＳの『別冊アサ㊙ジャーナル』で校内見学してるよ！　卒業生は皆、鉄道関係へ進むんだよね？」

「はい、休み時間には本の代わりに時刻表を読んでるような、全員おたくな学校です」

「そのなかで音楽を目指す人は珍しいだろうね。でも葛飾出身のミュージシャンと言えば、まず小室等さんがいて、その後、なぎら健壱さん以来じゃない？」

「『葛飾にバッタを見た』ですね」

すかさず往年のアルバムタイトルで返してくる。

「『メルマ旬報』の連載では竹内義和さんの『変態の流儀』の下ネタが好きですね」と、執筆陣のなかでは最年長の問題作を挙げてくる。

年長者への当意即妙な当て勘、気を揉んでいた世界観との世代間ギャップは杞憂に終わり安心感を得た。

世界観が我が家を去る時に「博士はもう、僕の本を読まれたようなので、これを読んでください」と手紙を手渡された。

他人と〝文〟で通じ合う信条のボクは、そのやりとりだけでうっとりと満足感に浸る。

世界観がボク宛の手紙をわざわざ書いてくれた理由を一刻も早く知りたくて彼の後ろ姿が消えた後、すぐに封を開いた。

水道橋博士様
お会いできるのを楽しみにしていました。メルマ旬報で書かせて頂けるなんて夢のようです。ありがとうございます。しっかりと書かせて頂きます。今回書いた小説は高校を卒業してすぐに就職した製本会社で作ってもらいました。３年経って、こんな形でつながれて嬉しいです。
そしてその会社で当時、浅草キッド著「お笑い男の星座２」を作っていたんです。こうして星座がつながった事に感動しています。これからも末長くよろしくおねがいします。
クリープハイプ　尾崎世界観
２０１６・７・18

読み終えると、この手紙を書いてくれた世界観の意図が見え、ふたりの間の見えざる糸が繫がった。

今や文藝春秋で作家となった大人気アーティストが、よもや雌伏の時代に、同じ文藝春秋から刊行された拙著『お笑い男の星座２』の製本に携わっていたとは……星座感あるわー！

あの頃、世界観は書店に並ぶよりも先に誰よりも早く我々の本を〝盗み読んで〟くれていたのだろうか。

若き日、単車を盗んで走り出したＯＺＡＫＩ。

若き日、単行本を刷って盗み読んだＯＺＡＫＩ。

ボクは年齢的には前者の尾崎世代だが、心情的には後者の尾崎にも多情多感に惚れた。

その後、尾崎世界観は『苦汁１００％』と題した日記を『メルマ旬報』で綴り始め、その剥き出しでスリリングな日常をまとめた同名の書籍が２０１７年５月に文藝春秋より発売された。

才能溢れる武道館アーティストにして多忙な日々の煩悩を綴る美貌作家のシズル感、さぞやモテるんだろうなー。

まったくの週刊誌的な余談だが、昨今、同じくインディーズ出身の大人気アーティストが立て続けに美女と事を起こし、文春砲やフライデーの餌食となった。

ベッキー／川谷絵音、マギー／横山健……。

尾崎世界観は未婚だが、ここで女性ハーフタレント、それもシェリーあたりの美人ハーフ人妻と不倫していただけないだろうか。

さすれば、バンドマン不倫スキャンダルは、ベッキー、マギー、シェリーで語呂よく〝トリプルボギー〟と相成り見事な三段落ちの完成なのだ。

下世話な期待感が止まらない。

その時は、ボクはすぐさま彼を「股間がジャンボ尾崎世界観」と呼ぶことにしよう。

２０１７年8月2日——。

ボクは１９９９年の東京ドーム、松坂大輔初登板以来のプロ野球観戦に出かけた。

約20年もの間、プロ野球生観戦から離れていたボクを野球場へ連れ戻したのは尾崎世界観だった。

『メルマ旬報』に綴る世界観の日記を読んで、本人が超がつくほどのスワローズファンあることを知り、互いの仲間を誘い、神宮の「ヤクルト×巨人戦」へと連れ立った。

待ち合わせた時は小雨が降っていたが、スタジアムに入ると陽が射してきて神宮球場は真夏なのに涼やかで絶好の野球観戦日和だった。

ネット裏に腰を据えると、視線の先、グラウンドの向こうの神宮の杜に白い雲が浮かんでいた。

コップに注いだビールを片手に、隣に座る世界観が語る野球解説に耳を澄ませた。

「今日のヤクルトの先発、由規《よしのり》はドライチで、今、セ・リーグで一番速いボールを投げるウチの宝ですから、今日は絶対負けられない試合なんですよ」

その言葉にマウンドでウォーミングアップする背番号11を見つめた。

「うわー。でも今日の風は投手には不利ですね、乱打戦になるかも」

と言われて今度はスコアボードの横の旗を視認する。生観戦となるとテレビと違って自分の意志で視野がくるくると切り替わる。

「知ってます？　由規は去年5年ぶりに勝利したんですよ、よくアイツがここまで立ち直ってくれましたよ」

心のなかでオマエは親戚のおじさんか！　って突っ込む。

試合開始直後、巨人の1番バッターがいきなりライト前に鮮烈なヒットを放った。スコアボートを見て、

「今、打った人、あの漢字、なんて読むの？」

ボクの素朴な質問に〝燕返し〟で返答が来る。

「陽岱鋼《ようだいかん》です。台湾出身でプロ11年目で、昨年、日ハムから巨人に移籍してきた選手ですけど、敵ながらこれが走攻守3拍子揃ったイイ選手なんですよぉ」

などと観戦中に世界観の口から発せられる選手名は、まさに頓珍漢の隔世の感。そもそも、今やペナントレースの順位すら把握していないボクにとっては無理からぬことだった。

なにしろ、かつて常勝軍団だった巨人は今季、前代未聞の球団ワースト記録13連敗を喫しているとのこと。

そして野村監督、古田捕手時代、無敵を誇ったヤクルトは今や、そんな巨人よりも下位、どころか最下位に定着しているらしい。

回数が進み、しだいに陽が陰るとナイターのカクテル光線にグラウンドが眩いばかりに浮かび上がった。しかし世界観の顔は苦虫を噛み潰したように歪み、表情は沈み込んでいった。

この日、外野スタンドに向けて打ち上げ花火のようにきらめくのは、憎き読売のホームランばかりなのだ。

結局、試合結果は「×ヤクルト（4-10）巨人○」の大敗に終わった。

尾崎世界観の心中は、さしずめ彼の著作タイトル「苦渋１００％」ではなかったか。

帰途、球場近くのバーで酒席を囲んだ。

尾崎世界観は通称「みつちゃん」という伝説のヤクルトサポーターの年配女性と共に飲むほどに酔うほどに我らがスワローズへの偏愛を語り、残りの5球団を呪詛してクダを巻いた。

この日――。

尾崎世界観との野球観戦を経て今昔の感を懐《いだ》きつつ、

ボクの「セ界観」は変わった。

その後のはなし

その後、彼の日記連載『苦汁100％』（文藝春秋）の続編『苦汁200％』も立て続けに出版された。

『メルマ旬報』の連載を通して彼の本、特に「日記」の出版に立ち会えたことは自称「令和の古川ロッパ」として「日記芸人」冥利に尽きる。

そう言えば、世界観とハーフ女子との不倫スクープへの期待を書いていたが、シェリーは離婚して前提条件崩壊。ましてや尾崎世界観が実際に写真を撮られた相手はカタカナハーフではなく、ひらがなの「あいみょん」で、ニアピンではあったがジャンボ尾崎世界観達成とはならなかった。

音楽活動も絶好調が続き、2018年5月11日には4年ぶりの日本武道館公演を完売開催。

2019年は全国ツアーを回った。

また、そのワードセンスが買われ各バラエティ番組やラジオ番組にも引っ張りだこの状態だ。

と書いていた矢先の2020年12月18日——。

尾崎世界観の小説『母影』が「第164回芥川賞」の候補作品に選出された。

1月20日に選考会で受賞作が発表される。

よもや芥川賞に輝き尾崎紅葉以来の文壇の尾崎世界観先生とお偉くなれば、やはり恐れ多く、カンイチ・オミヤの逢瀬の『金色夜叉』よろしく、また逢う日が気まずくなるだろう。

逢えない日々が続いているが、本音を言えば、また一緒にお仕事をしたいに決まっているのだ。

そして世界観へ、檄を飛ばすと――。

デビュー作『風の歌を聴け』を含めて二度芥川賞に落選しながらも、今では毎年のようにノーベル文学賞候補と騒がれる小説家・村上春樹は、

「小説を書こうと思いたった日時はピンポイントで特定できる。1978年4月1日の午後1時半前後だ。神宮球場の外野席で一人でビールを飲みながら野球を観戦していた……」

とヤクルト選手への偏愛を記している。

これは「日記芸人」のボクとしても見過ごせない「日付」だ。

つまり神宮球場では「文学」が燕のように巣立っていく。

そして、村上春樹は今も小さな会場で単行本化されていない自著『ヤクルトスワローズ詩集』の朗読を続けている。

尾崎世界観が、この1月に芥川賞を受賞することになったら勿論のこと、そうでなくても彼にはいずれ神宮球場が根城の日本人作家として世界のメジャーリーグ・ノーベル文学賞ペナントレースへと羽ばたき、村上春樹のネクストバッターズサークルで授賞式に着るはずの燕尾服で待機して欲

しい！――とボクは正月の初夢、フィールド・オブ・ドリームスを見ている。
その日こそ、日本の文學界の世界観を変えるだろう。
（残念ながら、今回の受賞はなかった）

3 またまた三又又三

「ハカセぇ、この本にも俺のこと書いてるんですってぇ〜」

　２０１７年12月27日――。

　ＴＢＳの年末特番の収録前、ボクの楽屋に最近ロクに連絡も寄越さず、姿も見せなかった事務所の後輩、三又又三が笑面夜叉《しょうめんやしゃ》の風体でドカドカと入室してきた。

　すると発売されたばかりの『藝人春秋２』を目敏く見つけ、乱暴に頁を開いて自分が書かれた章だけをざっくり読み通して一言、

「まぁ、これくらいなら、許す！」

　と何時もの後輩のくせに上から目線、出言不遜《しゅつげんふそん》な三又節で呟いた。

「許す――？」

　と内心思いきや、今度は慇懃無礼に口調を下手に変え、

「もし、この本のサイン会とかあるんだったら、なんだったら、俺ェ、一緒に出ましょうかぁ？」

「え、なんで？　オマエが？」

「ハカセぇ、それって映画の完成試写で監督と主要キャストが全員揃うみたいなもんでしょ！　自分で言うのもナンですけど、俺ぇ、今、希少価値はありますよぉ」

と言ってのける。

「それに、なんなら次の本にも出てもイイっすよ」

確かに三又は『藝人春秋』『藝人春秋2』と、お笑い芸人として唯一〝連続出場〟を果たし、「三又回が面白かった！」と一部、ギョロ目の好事家からも称賛を得た男だが、この『藝人春秋Ｄｉａｒｙ』にまで出る気とは図々しいにもほどがある。

ましてや三又は昨年、とあるお騒がせ事件を起こしてからというもの、ボクの周囲に出没することもメディアに露出することすら皆無の状態であった。

（以下敬称略）

そのお騒がせ事件とは、三又又三が自身の経営するバーの運転資金の名目で松本人志に大金を借りたのだが「ブランドバッグや時計の購入、女遊びに使い果たし」、松本と三又は今や「絶縁」状態にあると、写真週刊誌『ＦＬＡＳＨ』（光文社　２０１７年2月21日号）が報じたものだった。

報道後、松本はフジの『ワイドナショー』で「三又又三がクソで、どうしようもない奴だっていうこと。これはもう完全に事実です。本当に返さないいんです」と他人の金で放蕩三昧の三又又三の損者三友《そんしゃさんゆう》な人間性を告発、松本はさらに他の出演番組でも再三再四、その外道っぷりを語り、結果、三又又三に三行半を突きつけた。

それから10ヶ月、事態はどうなったのかボクは三又に問い質した。

「松本さんのあの件はちゃんと片付いたの？」

「はい。もう完全返済しましたから大丈夫ですよぉ〜」

「結局、オマエは松本さんに幾ら借りたの？」

「うーん、ちょっと具体的には言えないですけど……ドイツ製の高級車1台分くらいですかねぇー」

「ドイツ製の高級車1台分!?」

その台詞を聞いた刹那、ボクは10年前の九十九里の海辺を想い出していた――。

「え〜ッ!? ハカセぇ、サーフィンやったことないんですかぁ〜」

若い頃は「サーフィンは一生やらない」と思っていたが41歳で第一子が生まれて「親がやらないスポーツは子供も嫌いになる」論に思い当たり、長男が5歳になった頃、本格的な波乗りデビューを計画した。

「それ俺に全部まかせてくださいよぉ！　俺の顔なじみのプロのサーファーを集めてマンツーマンで教えますからぁ！」

話を聞きつけた、どすべり寒波芸人、三又又三が秋波を送ってきたので、その怪しい大船にとりあえず乗ることにした。

２００８年8月9日、早朝――。

都心から車でわずか1時間強で波乗りの名所、千葉県長生郡の九十九里浜に到着。

波の音、潮の香り、砂浜の向こうに遠く広がる水平線……。

ボクら親子の気分は最高潮に達した。

老舗のサーフショップ「ＨＩＣ」でウエアとボードをレンタルし、三又のサーフ仲間の地元青年、寿司屋の若旦那、サーフ教室のコーチとも合流し準備万端整った。

「ボクと息子のためにわざわざ集まっていただき申し訳ありません」

まずは初対面の皆さんに取り急ぎの感謝を伝えつつ、下腹波打たせながら仕切る三又を頼もしく思った。

まだ7時前なのに、浜辺では既にサーファーたちが波乗りを開始していた。

波との追いかけっこでキャッキャしている息子を砂遊びに没頭させたまま、ボクはボクで、まずは砂の上でボードから立ち上がる〝テイクオフ〟をコーチの指示通りに反復して習熟に励んだ。

そして、いよいよボードに腹ばいになり手で水を掻くパドリングで沖に漕ぎ出すと、早速1本目の波がやってきた！

「来てますよ！　あの波に向かって！　入って行って！」

コーチの言葉に従い進路をその波に向かって突進するも、怒涛逆巻く波にあえなく呑み込まれた。

ザッパァ――――――アン！

「これは今、何が起きているんだ!?」

初めての衝撃に体ごと持っていかれて上下左右もわからないまま水中でパニックになっていると、

ガッツ――――――ン!!

突然、鈍器で顔面殴打を喰らったような信じがたい衝撃の痛みが顎口《がっこう》に走った。

足首に繋いでいるリーシュコードによって引き戻された自分のサーフボードが、波に巻かれて加速をつけて勢い良くボクの顔面を直撃したのだ!!

衝突の破壊音と共に、ポロポロポロポロポロと次々に前歯4本が波間に吹き飛び、歯茎から血飛沫《ちしぶき》が噴き出す。

一瞬にして血潮で海は赤く染まった――。

まるでジョーズが去った後のような現場に元ジョーダンズの三又が浜から泳ぎ着き、やがて参加していた仲間全員がボクの周りに集まった。

「大丈夫ですか?」「これはヒドイ!」「すぐ病院へ行きましょう」と非常事態に皆、口々に心配してくれる。

ひとり三又だけがボクの顔を指差しながら「ハカセぇ! 1発目からやってくれますね!! ウハハハハッ!」と爆笑、実に満足げに大受けだ。

しかし、ヤバイ状況だ。このまま1発目の波で早くも撤収か?

だが三又又三の友人という社会的ハンデを背負いながらも、初対面のボクのために早朝わざわざ集まってくれた心優しき皆さんの善意に応えない訳にはいかない。

痛みをこらえ患部をずっと舌で舐めていると、なんとか止血に成功した。

「たいしょうふ(大丈夫)てふ(です)……」

声を振り絞ってはみたものの歯が抜けた間抜けなエア漏れボイスに三又だけが雰囲気を読まず、さらにゲラゲラと大笑いしていた。

「救急車が必要かも」と三又に耳打ちしたが「ハカセぇ、駄目っしょ。まだ朝1発目スよォ。こんなんじゃあ俺の顔が立たないっしょ。ここは、もうちょい我慢してくださいよぉ〜」と逆に強めに咎められる始末。

しかし三又の方が正論だけに実に歯痒い。

ボクの異様な形相に誰もが声もかけられず、淡々と時間が過ぎた。

寄せては返す波の音、あの日の九十九里は苦渋の呻きを押し殺した、あの夏いちばん静かな海だった。

体力の限界を迎えた3時間後、海から上がり改めて鏡で自分の歯抜け顔を見て吃驚した。そこに居たのは、くりーむしちゅー上田晋也もびっくりのリアル・バカボンのパパ！ いや今なら加藤一二三九段の前歯の抜けたあの強烈なヴィジュアルにも近く、もはや話す言葉は三四郎の小宮ほどの「絶望的な滑舌」だった。

海から引き揚げ、浜辺の軽食バーで反省会が始まった。

ボクの事故を受けて、それぞれがサーフィンで一番怖かった体験を語り出した。

「私のここ、よーく見てください」

というコーチの口元にも激しい縫い跡を見た。

「こんなことはサーフィンでは頻繁にありますよ」

既にボクと同じ経験をしているのだ。

コーチ曰く波に揉まれてワイプアウトした時に自分のボードに体を打ち付けることは多く、海底がサンゴ礁や岩の多い場所では常に危険が伴うという。

さらに溺水事故や、サメ、猛毒性のクラゲとの遭遇などなど当たり前のように事故や怪我があるようだ。

そんなアクシデント自慢の会話のなか、

「博士は、何故、今からサーフィンをやるんですか？」

と逆にコーチから尋ねられた。

「息子が幼い時からサーフィンに触れていたら10年後、息子に感謝されるかなと思って。特に女の子にモテた時なんかに……」と答えると、

「最初の動機は誰でもそうだけどサーフィンも本気でやればやるほど、女の子とは無関係になっていきますすよ」

コーチの真っ当な返答が心に波打った。

「しかし俺は、海でまだ一度も波に呑まれたことなんかねぇなぁ！」

と、今までお笑いライブの客を〝笑いのさざ波〟でしか呑み込めず、むしろテレビ前の茶の間を〝寒波〟で呑み込み続けてきた三又が呑気な冗談をかました。

そして最後に、皆で記念撮影をして解散となった。

帰京次第、高円寺の歯科へ駆け込んだ。レントゲンを見ると歯茎のなかで歯は複雑骨折していた。

「これは酷い。しかし、よくここまで痛みを我慢できたねぇ」

と呆れられ緊急手術を受けた後、すぐに大学病院を紹介された。

結果、折れた差し歯はすべて保険なし自費のインプラントで再生することとなってしまった。

「年寄りの冷や水」ならぬ「年寄の冷や波」と言えるだろう。

長期に渡る大手術となったのだが総額を具体的に書いておく。

ベンツCクラス1台分也――。

その後のはなし

怪芸人、三又又三、三度《みたび》登場――。


考えてみれば「九十九」里浜を三又又三の「3」で割れば33。道理で惨々な目に遭うわけだ。

すっかり地上波では散見されなくなった三又又三だが、このコロナ禍のなかYouTubeに参入し、その悲惨で凄惨なポンコツ姿を全世界に拡散している。

「ひーふー三又です！」と恒例の登場シーンから一捻りもなし。世界のナベアツのような一大ブーム感のまったくないまま「3」の字を数えている。

とはいえ、三顧の礼でコラボさせていただいた、雨上がりの宮迫博之、カリスマYouTuberヒカルのご両人のおかげで、あっという間にフォロワーを3万人に乗せたと最初はご機嫌で悦に入っていたが、その後「3」万から一切増えることがない散々な状態だ。

三又又三の三叉路説を前作で唱えたが、「3」の数字の岐路に縛られるのが奴の運命なのだろう。

思えば、桂三枝、明石家さんま、東京03、サンドウイッチマン、三代目J Soul Brothers……。「3」は、芸能界で成功を約束されたラッキーネームでありながら、その幸運を三又は、おのれの杜撰で打算的な癖により御破算にしている。

『藝人春秋』シリーズに出てきては毎回ろくなことをしない三流クズ芸人だが三又又三の章は毎度くだらなく、とにかく人気がある。

読者のリクエストにお応えするために本作にも登場をお願いした。今回も本人の許可を得ていないのだが、読んでみたら三又又三はまたまたまた「許す！」と言うのだろうか？

令和3年1月3日——。コロナの第3波直撃の正月三が日の最後、後輩・三又又三を〝狙い撃ち〟してきたが、芸人としては常に三途の川を渡りそうな状況、次回作で又、又、又、また、奴の

耳寄りな情報をレポート出来るよう、是非、三又又三のYouTubeを観てもらいたい！　本当に今、登録者数ジャスト3万なのだ！

そこで皆と共に「三又！　三又！　三又！」と三三七拍子のエールと登録のクリックを捧げたい！

ついでに書いておくと、このインプラント手術のその後だが。

２０１８年の8月4日——。

『HATASHIAI』というイベントで編集者の箕輪厚介と対戦し、見事に1ＲＫＯされた際、年齢差30歳近く、体重差30キロ近い若者の重いパンチで再び前歯が折れ、数ヶ月に及ぶ入れ歯生活を強いられ、人生沈没した。

人は何時、高波に巻き込まれるかわからないものだ。

箕輪厚介も、その後、醜聞の高波に巻き込まれ、人生沈没。

しかし「死ぬこと以外はかすり傷」のスローガン通りに復活。

今は「若者のサウナ」雑誌に邁進中のようだが、ボクは「年寄りの冷や水」をさらに戒めたい——。

4 竹下景子とボクのおっさんずラブ［その1］

「ボクはもう竹下景子さんと他人の気がしないんですよー」

「そうね。ワタシも。じゃあ、もう親戚づきあいしましょうか！」

ボクたちの目の前で、国民的大女優が優しく微笑んだ。


２０１7年3月8日――。

ＮＨＫ総合『スタジオパークからこんにちは』の生放送に、我々浅草キッドはコンビで出演した。

このＮＨＫの平日昼間の名物番組に我々が出演するのは、２０１０年以来7年ぶり2回目のことだった。

実は2ヶ月前、1月25日に一度は出演予定があったのだが国会中継のため延期になってしまっていた。おまけに22年間続くこの長寿番組は3月で終了することが決まっており、残りの放送回数が限られるなかで、ありがたいことに再度オファーが届いたのだった。

番組の司会はＮＨＫの真下貴アナ。女性ＭＣはローテーション制で、その内のひとりが竹下景子

ユッコおばさん……

さんだった。

「MCが竹下さんでありますように」と念じていたボクにとっては、まさに願ったり叶ったりの共演実現であった。

「博士と竹下さんには実は縁があるそうですね?」と番組冒頭から司会の真下アナが触れてくれる。

「そうなんです。去年の11月のことなんですが……」


2016年11月24日、自宅で読んでいた新聞で劇団・燐光群の新作『天使も嘘をつく』の劇評を見掛け、しかもそれが近所の劇場『座・高円寺』で上演されていることを知った。劇は3日後が千秋楽。その楽日のスケジュールが空いていたボクは「今度こそは観に行かなければ!」と、40年前の秘めたる思いを芯から溢れさせた。


2016年11月27日——。

妻を誘って劇場へ出掛けた。開演まで30分ほど時間があるなか、

「パパが当日券でお芝居行くって珍しいよね? どうしてそこまでして観たいの?」

不思議そうに妻が聞く。

「実はこの劇団を主宰する劇作家の坂手洋二さんって、ボクの中学校の1年先輩なんだよ」

「パパの出た中学って、同級生に有名人が多いところだよね」

「そう、附中(岡山大学教育学部附属中学)で、ボクの代で有名なのはザ・クロマニヨンズの甲本ヒ

ロト。逆に悪名で知られたのはオウムの麻原彰晃の主治医・中川智正死刑囚。ロッカー、殺人医師、そして漫才師のボクが〝ともだち〟だったって、まるでリアル『20世紀少年』みたいな話だろ？」

「あらためて聞くと、すごい並びの同級生だよねー」

ボクはカバンのなかから古びた小冊子と、あるページのコピーを取り出す。

「これ『操麓《そうろく》』という題名の文芸誌なんだけど、ここが〈附属中学校生徒会 発行〉になっているでしょ。日付は〈1977年3月15日発行〉。だから40年前。当時、ませた中学生の有志が学内で発刊してた文藝の同人誌なの。そのなかで坂手先輩が短編小説で見せた才能の片鱗がもう鮮烈だったんだ。いまだに忘れられないの。ママ、書き出しと最後だけでも読んでみてよ」

「奏でる」　　　　　三E　坂手洋二

七十七年一月六日（火）
三学期だ。試験まであと二月。焦る。一人一人教師に呼ばれる。私立のN校を受けて置けと言われた。嫌な口調だった。

「何、これ？　日記なの？」

「日記形式の小説。中学3年生が受験勉強で鬱屈した気分を重ねていく話なんだけど、この小説のオチがスゴいの！　とにかく最後を見て！」

ボクは一気にページをめくり、最後の頁を指差した。
「ほら文字が音楽を奏でだすの！」

七十七年一月二十二日（木）
俺の、意志、に、関係、無く、
曲、は、奏、で、ら、れ、る、よう
に、な、っ、た。も、う、す、ぐ、だ。

七十七年一月二十四日（土）
あ、と、一、息

七十七年一月二十五日（日）
あ、

七十七年一月二
お、……お、♩、れ、は〜
♩＝77　$\frac{2}{2}$　Moderato

「タイトルが『奏でる』で日記の文字がいつの間にか音符になって終わるってオチ！　スゴいっしょ！」

「15歳で、これを書いたってところがスゴいね！」

　妻も同調してくれる。

「ボクもちょうど、中2の思春期で本や文学が好きになった頃だったから、この先輩と文通がしたいと思って連絡帳を調べて坂手先輩に『ボクと付き合ってください』って手紙を書いたの。でも、そのまま返事もなく一方通行で終わってさ。で、後に、ボクはビートたけしに弟子入りし芸人になり、彼は高名な劇作家になり、近しい業界にいながら一度も会うことなく40年が過ぎたんだ」

「それって、もう恋文じゃない？」

「ほんと！　恋文だよ！　卒業するひとつ上の上級生に書いたプラトニックなラブレター！」

「じゃあ、ひとつだけ、ワタシも偶然について話をしてもイイ？」

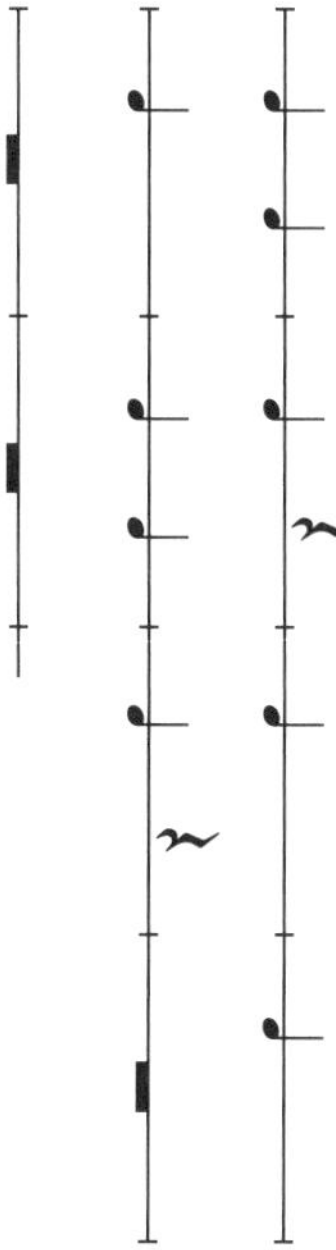

「……何？」

「このお芝居の主役の竹下景子さんって『南山《なんざん》』っていう名古屋の女子校出身なの知っている？ワタシの中学、高校の大先輩なの！」

「へぇー、じゃあ、お互いの学校の先輩のお芝居を、夫婦揃って初めて観るんだ！　それは奇遇だねー！」

開演まで、それぞれの話は続いた。


芝居が始まった。

タイトルは『天使も嘘をつく』――。

作・演出、坂手洋二。主演の竹下景子は、女流ノンフィクション映画監督の役。

南西諸島を舞台にエネルギーや基地問題など、今の政治状況を物語に落とし込んだ社会派の舞台であり、女優・竹下景子が毅然と口にした反戦のメッセージは世間がイメージする清純派とは遠く、実に踏み込んだものであった。

観劇後、自ずと沖縄を巡る問題意識が強く刷り込まれた。

終演後、ロビーへ向かった。物販で声をあげている劇団関係者らしき女性にまず声をかけた。

「スイマセン、今、観劇した者ですが、お願いがありまして。実はボク、水道橋博士って名前のお笑い芸人なんですが……」そう言いながら帽子をとった。ちょうど髪の色を、人生初の金髪にしたばかりだった。

「あ、博士さん、存じ上げております」と女性が応える。

「実は、この劇団の主宰者の坂手洋二さんはボクの中学校の1年先輩なんです。アポも取っていないので恐縮ですが、是非、少しだけ面会させてもらえればと思って……」

「あの、おふたりはご面識はないのですか？」

「はい」

女性の顔がわずかにほころんだ。

「坂手なら今、あなたのすぐ後ろにおります。あちらです！」


（つづく）

竹下景子とボクのおっさんずラブ［その2］

２０１６年11月27日——。

『座・高円寺』と言う名の地元の劇場で中学時代の憧れの先輩、坂手洋二率いる劇団・燐光群の芝居を観劇した。

40年の時を経て、ついに初めて対面する機会を得たというのに……肝心の相手の顔がわからない。

「失敗したよ。こうなるんだったら、ネットで顔くらい確認しておくべきだった……」

一緒に観劇した妻に小声で囁いた。

中学時代の坂手先輩の面影はうっすらと脳裏にあるが、40年の経年変化を不覚にも考えていなかった。

受付嬢に「後ろにいますよ」と言われても終演後のロビーには、劇作家らしき風貌の中年男性が何人もいるのだ。

ロビーを回遊しながら、そのひとりひとりの視線に奇抜な金髪小柄男のボクの姿を全身でアピールしていると、やにわに強い視線を感じた。

上演を終えたばかりの芝居について連れと話し込んでいた、長身で彫りの深いロシア風の髭面の男がふと顔を上げると、明らかにボクを凝視した。

そしてボクも彼に歩み寄る。

彼もまた「ちょっとスイマセン」と目の前の人との話の腰を折り、完全にボクに相対した。

瞬間、視界がスローモーションになった。

見つめ合う50代半ばのふたりの男――。

まるで『君の名は。』のワンシーンだ。

「博士……水道橋博士。いや〝附中〟の小野、小野正芳です。1年後輩の……」

「あぁ知ってる！　いや観てますよテレビで。あれ？　何、じゃあ今日、わざわざここに観に来てくれていたんだねー」

14歳の時に「付き合ってください」と手紙を出してから、40年後の坂手洋二先輩との邂逅。思わず手を差し出し握り合う。

そしてボクは観劇後の感激のまま手短かに舞台の感想を述べた。

さらに隣で所在なげな妻を紹介。

「ウチのカミさんは竹下景子さんの中高の後輩なんですよ」

「……と言ってもワタシは存じ上げてないんです。学年も違いますから」

と妻は申し訳なげに。

「じゃあ竹下さんも紹介しようか。（受付に目配せして）あ、もう劇場を出られているかー。それは残念。しかし、とにかく来てくれてありがとう。いやいや、君に会えて何よりだよ」

「3年前、ボクが大阪のたかじんさんの番組で降板騒動を起こした時、先輩、ブログに書いてくださいましたよね」

「ああ！　君が橋下徹と揉めた時だね。そうだ。思い出した、そう言えば『水道橋博士は中学の1年後輩だった』って話をブログに書いたね」

「ボクは芸人になった30年前から、先輩が演劇界で活躍されているのを知っていました。その後、岸田戯曲賞を受賞されたし、劇作家協会の会長にも就任なさったでしょう」

「うん。会長は、もうやめたけどねー」

「もっと早く劇場に観に行けば良かったんだけど、いつかどこかで……と思っていたら結局40年かかった！」

そう言い終えると、ジ――ンと熱いものが体を突き抜けた。

「これを持ってきました！」

40年前に発刊された表紙がボロボロになった小冊子『操麓』をカバンのなかから取り出した。

「わ！　これ、まだ持っているの？　うわー、そこが凄いよ！」

と言いながらページをめくる。

「あー、懐かしい。俺、書いたんだよ。ここに！　これ！」

「そう！　短編小説です。この『奏でる』ってタイトルで。傑作です。全文コピーしてきました。どうぞ差し上げます」

中学3年生の時に、自身が書いた短編にザッと目を通す坂手先輩。

「確かにこれは俺が書いたはずだけど、もう、すっかり忘れていたよ。懐かしいというか、いやー俺、凄いね。40年前の俺、こんなのを書いていやがったか！」

「いや、なにしろ14歳のボクは、この文章に心を奪われて先輩に宛てて恋文を書いたわけだから……」

「14歳の君が俺に恋文？　そうなの？　それは、もう何も覚えてないなぁ」

話しながら中学時代の校舎や黒い学生服姿が走馬灯のように蘇り、中学の同級生である甲本ヒロトの少年の初期衝動をテーマにした『十四才』や『ラブレター』という名曲のメロディがうっすらと脳内に流れた。

40年の隙間を埋めるぎこちない会話が続いたが、劇場から退出する時がきた。

「もし良かったら、この後……」

と先輩は打ち上げに誘ってくれたが、今日は千秋楽なのでキャストやスタッフとの濃い時間になるだろうと思い、

「いえ、それは遠慮します。今日はここで失礼します。是非また、何かのご縁があったら……お会いしましょう」

劇的な初対面から2日後〝何かのご縁〟はすぐにやってきた。

ＮＨＫ総合『スタジオパークからこんにちは』生放送への出演依頼があった。

しかも、その日の日替わりMCは竹下景子だった。

番組の事前打ち合わせで、スタッフから「竹下景子さんとは面識がありますか？」と聞かれた。

もちろん共演したことは一度もないが、2日前に客席から生では見ている。

しかも今回の観劇を含めて、ボクには竹下景子に特別な感情がある。

妻には内緒だが竹下景子の往年の『GORO』のグラビア、ピンナップを切り抜きしていて、当時の〝激写〟が入ったクリアファイルは、今もボクの本棚に大事に収められている。

「生放送では、入り組んだ人間関係を説明する時間もないでしょうし、今回は舞台を観に行った話は止めておきますよ。そもそも、ご本人も事情を知らないでしょうから……」と打ち合わせでは言っていたのだが、その後、事態は急変した。

ボクがSNSとブログで綴った観劇記が竹下景子の元まで届き、あの日の出会い、ボクたちの中学時代の話を坂手先輩が詳しく彼女に伝えてくださったのだ。

生放送の数日前、ボク宛にこんなメッセージが届いた。

「ブログ拝読、演劇界とお笑いの世界にとって、お二人が恋におちなかったのは幸福な出来事でした」と粋なコメントをしたためてくれた。

映画『恋におちたシェークスピア』を模して。

そして、憧れの〝右手の恋人〟竹下景子との初共演は3月8日に成就した。

「我々浅草キッド、ふたりとも竹下さんのグラビアには青春時代にお世話になりました！」

冒頭から嬉しさのあまり思わずNHKという場をわきまえぬ不規則発言を口にしてしまったのだが、これに対して元『クイズダービー』〝三択の女王〟竹下景子が取った行動は……。

①怒る　②無視する　③乗っかる

我々の質問に対して、

「それ、よく言われます。お役に立てて良かったですわ！」

満面の笑みで即答した。

さすが大女優、ライト・セクハラへの対処法にも実に〝精通〟していた。

生放送だというのに、奇跡的な正解③番を引き当ててくれた。

さらに3月21日――。〝何かのご縁〟はまだ続いた。

吉祥寺シアターで燐光群の芝居『くじらの墓標　２０１７』が上演され、そのアフタートークにボクがゲストとしてお呼ばれした。

24年ぶりとなる同劇団の代表作の再演後、ステージの上でふたりきりで向かい合い40年という長い月日のすれ違いを経て、今、語り合っていることを観客に説明した。

舞台上、当時の中学時代の仲間の話が数珠繋ぎのように次々と想い返され、その懐かしさにトークが止めどなく続いた。

かつて岡山の同じ校舎で学んでいた芸人と劇作家は、いつの間にかふたりで過ぎ去りし時を奏でていた。

その後のはなし

その後、竹下景子さんとのご縁は?

「三択でお答えください」

①仲良くなる　②手紙でつながる　③何もつながらない

もちろん③番、「何もつながらない」が正解だ。

しかし、あの日の想い出は永遠だ。

こうして本を通して文字でつながっている。

5

一昨日、明後日の小泉今日子

２０１７年６月５日――。

このところ生ワイド番組『ゴゴスマ』（ＴＢＳ）に出演するため、定期的に名古屋のＣＢＣテレビを訪れている。

レギュラー・コメンテーター席のボクのお隣はオアシズの大久保佳代子で、お互い長い芸歴ながら、この番組で初めて共演が叶った。

彼女は実は熱烈なビートたけしマニアで素人時代には太田プロのファンクラブにも入会していたと知って以来、血縁さえ感じる親近感で心和み、毎回、雑談に花が咲く。正直、可愛くて仕方がない。

この日ボクがメイク室に入ると隣席の大久保はまだスッピンで、顔は基礎工事が始まる前の更地、地鎮祭の真っ最中、とにかく顔の各パーツにいっさいの輪郭がなかった。

「唐突だけど、大久保さんはキョンキョンに会ったことある？」

ボクのひょんな質問に彼女はしばし黙考した後、

「小泉今日子さん？　……うーん……確か、ないですねー」

あ゙？

と答えた。

「俺ねー、一昨日、明後日で今日子さんに会ったんだよ！」

「はいー⁇　おととい、あさって、きょうこさん⁇」

水族館の人気者シロイルカのような大久保のノッペラ坊の顔に、でっかいハテナマークが浮かんだ。

〝明後日の今日子〟とは、小泉今日子が舞台制作者・関根明日子と立ち上げた「明後日」というプロジェクトのことである。舞台や映像、音楽などジャンルに捉われない作品の制作を手がけている。

ボクは一昨日、新宿紀伊國屋ホールで、その「明後日」プロデュースの第2弾となる芝居噺『名人長二』を観てきたところだった。


明治期の大名人、演者として作家として近代落語の祖と崇められる三遊亭圓朝がモーパッサンの短編『親殺し』を下敷きに仕立てた芝居で、不幸な生い立ちと苦闘する江戸の指物師（木工職人）・長二郎のお裁きミステリー大長編人情噺である。

まともに演じれば4時間とも半日とも言われる大作で、かの古今亭志ん生が2時間半に渡って演じた音源が現存する。立川志の輔など近年で演じた者は、見せ場だけの抜き読みであることが多い。

今回、俳優の豊原功補が初の企画・脚本・演出・主演の4役に挑み、鳥肌ものの熱演で平成の世に「江戸の風」を見事に吹かせていた。

メイク室の鏡越しの大久保に、ざっくりとした経緯を舞台の余韻と興奮と共に伝えた。

「ふーん。それでそれで！」

大久保がいつものように、鎖骨回りのリンパ・マッサージを丹念にしながら話に喰いついてきた。

「この舞台が今、芸人仲間で話題になってて、キョンキョンが久々に『オールナイトニッポン』をやったり、伊集院光のラジオに出たり太田光も注目してて。高田文夫先生も観に行ったそうなんだけど、何が驚くって、毎回、受付でキョンキョンが出迎えてくれてるんだって」

「本人が……!?　ちょっと質問！　博士って、そもそもキョンキョンのファンなんですか？」

「俺ねー、24年前にテレ東の『浅草橋ヤング洋品店』で一度だけロケを一緒にやってね。俺にとってアイドルは思春期に殿以外にいないんだけど、その時に電撃的に一目惚れして、セットの隅で一緒に手を繋いだ写真を撮ってもらったの。そのツーショット写真は大きく現像してもらって、結婚するまでずっとリビングの真ん中に飾ってたぐらいのキョンキョンマニア……。芸能界の女性で一番好き！」

「そうなんだ」

「でもそれっきり。それがむしろ記憶のなかの〝スターダスト・メモリー〟として輝いてるわけ。わかる？」

「わかるわー。それ、私にとってのたけしさんと一緒だから」

「わかるでしょ！　気持ちとしては会いたいけど会いたくないわけよ」

キョンキョンへの博士の純情で過剰に異常な愛情に頷きながらファンデーションを塗る大久保に、まるでキョンキョンならぬキョンシーかと見紛うばかりの白塗りベースの輪郭が現れていった。

芝居は観に行きたい、されど、受付にはありがたいことに憧れのキョンキョン本人がいる。「その火を飛び越えて会いに行きたい、でも会いたくない」――この二律背反の命題を解く鍵がキョンキョンの本のなかにあった。

かつてキョンキョンが読売新聞の書評委員を務めた時代の原稿をまとめた『小泉今日子　書評集』（中央公論社）。本の冒頭にこうある。

「本を読むのが好きになったのは、本を読んでいる人には話し掛けにくいのではないかと思ったからだった。忙しかった十代の頃、人と話をするのも億劫だった。だからと言って不貞腐れた態度をとる勇気もなかったし、無理して笑顔を作る根性もなかった。だからテレビ局の楽屋や移動の乗り物の中ではいつも本を開いていた。どうか私に話し掛けないでください。そんな貼り紙代わりの本だった」

なるほど。この戦法があった！

当日券を得るためキョンキョンがロビーに現れるであろう時間より大分早くに会場に入り、あとは開演までロビーの隅でメガネをかけてパンフレットを読みながら「どうか私に話し掛けないでください！」と「見逃してくれよ！」の心境で過ごすことに決めた。

「それは気がつかないでしょうね」

相槌を打つ大久保の基礎工事中の顔も、まだ誰にも本人とは気がつかれないレベルだ。

「でも、これがさー、結局、受付の係の方がボクに気づいて楽屋にキョンキョンを呼びに行ったらしく、ふと見たら黒いワンピースを着たキョンキョンがロビー横の階段から俺に向かってさー、一歩一歩近づいてくるんだよ！」

「ほ——おぉ！」

「で、俺の前まで来て、両手を広げて『よーこそ！』って言ってくれて。思わず『いや、あの、その、今、この芝居、だ、だ、大評判ですから』って……もう恐縮しちゃってねー。生キョンキョンだったらキョドるっしょ、そりゃ！」

「キョドるわよねー、それは！」

「しかも『パンフをお持ちしようと思ったんですけど、もう読んでらっしゃったので……』とかキョンキョンが言うんだよ。俺なんかに。もう、それなら自腹でパンフ買わなきゃ良かった！」

「でも、会えたんでしょ？」

「ずいぶん遠回りしたけど勇気を出して良かったよ！　ベタだけどさ、思わず『あなたに会えてよかった』って呟いたよ！」

　この劇場のときめきの時間を大久保にダメ押ししたくて、

「これね、何か似てるなって思い出したんだけど……例えるなら朝ドラの『あまちゃん』で能年玲奈（現・のん）の父親の尾美としのりと、母親の小泉今日子が若き日に偶然にも出会ってしまった時の回想シーンのようだったよ」と口をついた刹那、忘れていた『あまちゃん』での大久保の出演シーンが脳裏に蘇った。

「あれ!?　今、思い出したけど、確か大久保さん『あまちゃん』に出てたよね？　だったら現場でキョンキョンにも会ってんじゃない？」

大久保佳代子がメークのパフを持ったまま突如、笑い出した。

「博士ェー、覚えてないんですか？　私、その尾美さんがキョンキョンと離婚したあとに同窓会で再会して、尾美さんと懇ろになったバツイチの女役！」

「嗚呼ー！　確かにドラマはそうだった！」

「……しかもワンシーンだけの登場だったんだから、立場上、キョンキョンに会えるわけないでしょ！」としらっと言った。

「そりゃそうだ！　俺の考えがあまちゃんだったよ！」

つまるところ『あまちゃん』とは「主役は能年」「脇役が能面」のドラマなのであった。

そう言って、大久保佳代子がメイクの仕上げに唇に紅を差して振り返った顔は〝ヤマトナデシコ七変化〟。

早変わりの極めつき、いつもの女芸人・大久保佳代子のチャーミングな顔に仕上がっていた。

その後のキョンキョンは2018年6月、バーニングプロダクションからの独立と舞台の制作などのプロデュース業に専念するため、女優業を休養するという報告をなした。ファンの気持ちをやきもきさせたが、朗報だったのはそれ以前から決まっていた仕事、つまりはNHKの大河ドラマ、宮藤官九郎脚本『いだてん〜東京オリムピック噺』の出演には影響はなく、ビートたけし演ずる古今亭志ん生の長女でマネージャーだった美濃部美津子役の快活な姿を楽しめることとなった。殿と小泉今日子の共演シーンなんて、人生で一番恋い焦がれた男女なのだから、年を経てもいまだに眼福に余りある。

と書いていたところで、後輩芸人のマキタスポーツの著書『越境芸人 増補版』(Bros.books)でマキタスポーツがキョンキョンとあとがき対談をしていた。

長らく芸能界の王道に君臨していた小泉政権の主が、今や後進にバトンを渡す裏方志向を隠さず、マキタスポーツが唱える「越境芸人」を自覚していた若き日の活動、「第2芸能界」への共感などを優しく包み込むように話されている。

しかし何よりマキタが、よくぞ、これほどの現存する女神を目の前にして会話が出来たなーと感心するばかりだった。

そして2021年8月18日――。

阿佐ヶ谷ロフトというライブハウスで行われた配信イベント「アサヤン」で、ボクの59歳の生誕祭を開催した。「自らが主宰して観客に自らを祝え！」という生誕祭をやるようなザ・芸能人的な性質《たち》でもないので、誕生日イベントを催すのは芸人になって初めてのことだ。

こんなことをやることになったのも、2018年に体調不良を理由に芸能活動を半年間停止し、休養期間を経たからだ。その頃はひとりで「もう芸人人生を終えた」と諦めていた。病床に伏せ、孤独に苛まされた。

そこからの復帰と再生は、「生まれ直し」と言っていいほどにボクの根本的な性格を変えたと思う。

この日、仲間に囲まれ、後輩たちが企画する様々なサプライズにも応じた。

生来の泣き上戸なので恥ずかしいのだが、泣き顔もカメラに曝した。

そして――。

テープの音声が流れると、小泉今日子さんがボクに向けて『ハッピー・バースデイ』を歌ってくれていた。

仲間に囲まれ、憧れの女神から生まれてきたことを祝われる。

人生には、そんな夜が本当にあるのだな。

それがわかるのに59年もかかった。

6 石原伸晃「おマヌケください！」

自民党の2世政治家・石原伸晃《のぶてる》は、目の前の数字を確認し「チッ！」と舌打ちした。

2017年7月2日——。

夜8時を過ぎ、東京都議選の投開票速報を目の当たりにした瞬間だった。

結果はメディアの事前予測通り、小池百合子率いる都民ファーストの会の圧勝だったが自民党の獲得議席は予想を遥かに下回る記録的惨敗を喫した。

テレビでは自分が昨日、秋葉原で安倍晋三自民党総裁を演説会に呼び込む際、考えられない「言い間違い」をした様子が何度も何度も面白おかしく報じられている。

伸晃は巷間指摘される、己の生来の言葉の軽さにより自らが自民党総裁になる日をさらに遠のけたことをはっきりと自覚した。

ちょうど1年前の6月、舛添要一の東京都知事辞任の報を受け、東京都は都知事選を7月31日に実施することを決めた。それは、この5年間で四度目となる都知事選だった。

この機に先手を打ったのは小池百合子だった。当時自民党の衆議院議員だった小池は、6月29日の電撃記者会見で「崖から飛び降りる覚悟で挑戦する」と出馬を表明。

これに「相談がない！」と猛反発したのが当時、自民党の都連会長を務める石原伸晃経済再生担当相だった。

その後も「今日をもって小池氏は自民党の人間ではない」と述べ、結局、小池百合子は自民党都連執行部に無断で都知事選への出馬を表明し、都連に推薦願を提出したが後に推薦願を取り下げた。伸晃は不快を露わにして「私のいない時に推薦依頼を持ってきて、また私がいない時に推薦依頼を引き取っていかれた。わがままだ！」と一連の小池百合子の行動を強硬に批判した。さらに父・石原慎太郎元知事は小池を「大年増の厚化粧がいるんだな、これが。困ったもんでね」と公衆の面前で罵倒した。

7月の都知事選、石原父子と小池百合子は不倶戴天の敵になった。

2017年7月1日——。

東京都議会選挙の決戦前日。過去、これほどまでに全国ネットで戦況が繰り返し報道された地方選挙はあるまい。最後の追い込みに向け都内各所が盛り上がっていた。

そんな喧騒もどこ吹く風でワハハ本舗所属の無名芸人・コラアゲンはいごうまんは、自宅の阿佐ヶ谷から総武線に乗って一駅先の高円寺に向かっていた。

コラアゲンは数時間後の単独ライブを控えて、前売り券の売上数字を確認し「チッ！」と舌打ちした。その車中、黒服を着たＳＰの集団に囲まれて座っている見覚えのある男を視野に捉えた。

――石原伸晃だった。

男は毎日相変わらぬ凡庸な電車の風景のなかで、ひときわ輝いて見えた。

なにしろ一時は石原家ブランドを笠に総理候補とまで言われ、都連会長を務めた政界のサラブレット中のサラブレッドだ。

一方、コラアゲンは芸能界の地方競馬でも駄馬中の駄馬。苦節28年の芸歴で売れたことが一度もない、いわゆる地下芸人そのものだった。ここ数年のテレビ出演は、フジテレビ『ザ・ノンフィクション』で「年収１００万円芸人物語」と題して二度も特集されたが、惨めな暮らしぶりをカメラは追うだけで、肝心の漫談のネタを披露する場はなかった。

ちなみに、彼の芸人としてのルーツは大阪ＮＳＣ７期生。元相方は雨上がり決死隊の蛍原徹である。同期の芸人、元相方が華々しくテレビで活躍していくさまを見ながら、テレビに向かって何度「チッ！」と舌打ちしたことか。

しかし「体験ノンフィクション漫談」という独自のジャンルを開拓。ヤクザ事務所や宗教団体など、際どい現場へ自ら飛び込みその体験を漫談にするという唯一無二の芸に活路を見出した。マイナーながら生粋のスタンダップコメディアンとして今や請われるまま、どんな安いギャラでも全国津々浦々で舞台に立っている。

そんな彼にとって目の前にいる現役大臣との遭遇は、この日、数時間後に行う単独ライブのトークの〝掴み〟には絶好のネタだ。

しかし、相手は政府の要人だ。追い返される、いや、その前にSPに取り押さえられる、そんなことも考えられるが、最悪の事態であればこそネタとしては、もってこいだ。

よしいくぞ!! とコラアゲンは決意を固め、屈強なSP数人の間をスルリスルリと縫い、伸晃が座る席の前まで辿り着き、そして意を決して声をかけた。

「失礼します！ ワタクシ、ワハハ本舗で芸人をやっているコラアゲンはいごうまんと申します……」と自己紹介しつつも、これではアピールが〝弱い〟と直感して最後にこう付け加えた。

「ちなみに杉並の選挙区民です！」

すると、この一言で伸晃の表情が一変し座席からスクッと立ち上がると、取ってつけたような作り笑いを浮かべて「いつも見てますよ！」と答えた。

（どこでや!? 見てるはずがない。俺を物理的に見れっこないやろ！ お笑いって認識だけで心当たりもないのに、よお言うわ！）

コラアゲンが心のなかで突っ込みながらも咄嗟に切り返す。

「こちらこそぉー！ いつもありがとうございますぅ〜」

その次の瞬間、伸晃は調子良さそうに、こう持ちかけた。

「芸人さんだったら、今度、杉並で我々の集まりがある時に、お笑いで盛り上げてもらえませんか？」

忖度するに、政府の最高レベルからの〝闇営業〟が貰えると思いコラアゲンの顔が綻んだ。

「是非！　是非！　お願いします」

「では、何時か、おまねく……おまぬけ？　……おまねきします」

目の前の無名芸人に対して語るのに敬語と丁寧語を混乱して、何度も言葉尻を噛むと、伸晃はさらにおべっかを使った。

「いやぁ嬉しいなぁ、そうかぁ、貴方は吉本興業の芸人さんなんだぁ！」

吉本？　は――？　最初に「ワハハ本舗の～」と名乗っているが、伸晃は売れない無名芸人の話などはなから聞く気もないのだろう。

「あのぉ、すいません、ワハハ本舗です！」と正すと、伸晃は「……だと思ったよ」と謎の取り繕いをしながら再び悪びれない政治家の笑顔を向けた。

「これから高円寺で単独ライブがあるんです」と告げると、伸晃は「それはそれは、成功をお祈りしています！」と口先だけのエールを送り、高円寺駅で先に席を立つ芸人に向かって、その姿が見えなくなるまで深々と頭を下げた。

1時間半後、芸人は高円寺の小さな舞台の上で、

「ホントはね、伸晃さん、こんな売れてない芸人に話しかけられてですよ、僕を、もっと鬱陶しく扱って欲しかったんです。例えば『ウチの集まりに呼んであげるけど、貴方にとって要は〝金目でしょ！〟金目！』とかねぇ。本人、イイ持ちネタがあるでしょ。でも皆さん、政治家に会うなら投票日の前日！　ネタの宝庫ですよ！」

と、つい先程の邂逅を既にオチを付けた笑いに昇華させていた。

この日の単独ライブの観客はわずか50人。そのなかの1人だったボクは休憩時間に「さっきまで家で夕方のニュースを観てたけど……今、話していたキミとの電車のなかでの出会い、そして別れた後、伸晃はもっと凄いネタをカマしてるよ！」とコラアゲンに告げた。

同じ出会いが、喜劇になる人もいれば悲劇になる人もいる。

芸人との思わぬ遭遇で、政治家としての磁場が狂ったのか、はたまた何かを〝配合〟されてしまったのだろう。

無名芸人との邂逅の30分後……。

そのまま総武線に揺られ、伸晃は予定通りに秋葉原駅に降り立った。

そこには、コラアゲンのライブとは比べものにならないほどの人だかりが出来ていた。

自民党が逆風に曝されるなか総裁の安倍晋三が、都議選では最初で最後となる街頭演説に立つのだ。

自民党の支持者が集まるホームのはずの秋葉原は今回ばかりは反対派も詰めかけ「安倍やめろ！」の怒号が飛び交い、両陣営共に騒然としていた。

安倍晋三の露払い役を務めることになった石原伸晃は演説を行うさなか、その視野に総理の来場を確認すると壇上からひときわ大きく声を張り上げた。

「ただいま安倍総理が到着でございます。どうぞ皆さーん、拍手をもって……」と言うと何故か一瞬言い淀み、こう続けた。

「おマヌケください！」

カミカミの招かれざる2世の三文政治家……。

一世一代のマヌケっぷりであった。

その後のはなし

コラアゲンはいごうまんは、２０２０年の大晦日で契約満了『ワハハ本舗』を円満退所した。

しかし、主宰の喰始さんとの縁は切れていない。

ボクの周囲の人は、皆、不思議なほどコラアゲンが大好きだ。

皆、彼のダメっぷりに愛情を注ぐわけではない。純粋に彼の語りが面白いからだ。

本文では売れない芸人を強調したが、板の上での実力はピカイチで、彼を知る芸人ならそこを侮る人はいないだろう。

２０２１年こそ時代と配合し、ブレークして欲しい。

とにかく「売れない時代」と「コラアゲンはいごうまん」の芸名は長すぎる。

7 天才『那須川天心』

『平家物語』巻第十一より――。

源平合戦のメインイベント、屋島の戦いに於いて平家の船に扇が立てられたのを見た、判官・源義経。

「わが軍に、あれを射ることができる武者としては誰がおろうぞ」

召し出されたのは那須与一。

「この若者は、間違いなく命中させることと存じます」

味方の武者たちの太鼓判に、義経も頼もしげに見つめていた……。

与一、その歳、20歳に如かず。

その若者は揺れる船の上から扇を弓の矢で射抜いてみせた。

その832年後、ひとりの「20歳に如かず」の若者が戦《いくさ》を語る。

「鉄砲を渡されて、1発で当てられないと国が滅亡するぐらいの状況でも、僕は平常心を失わずに撃

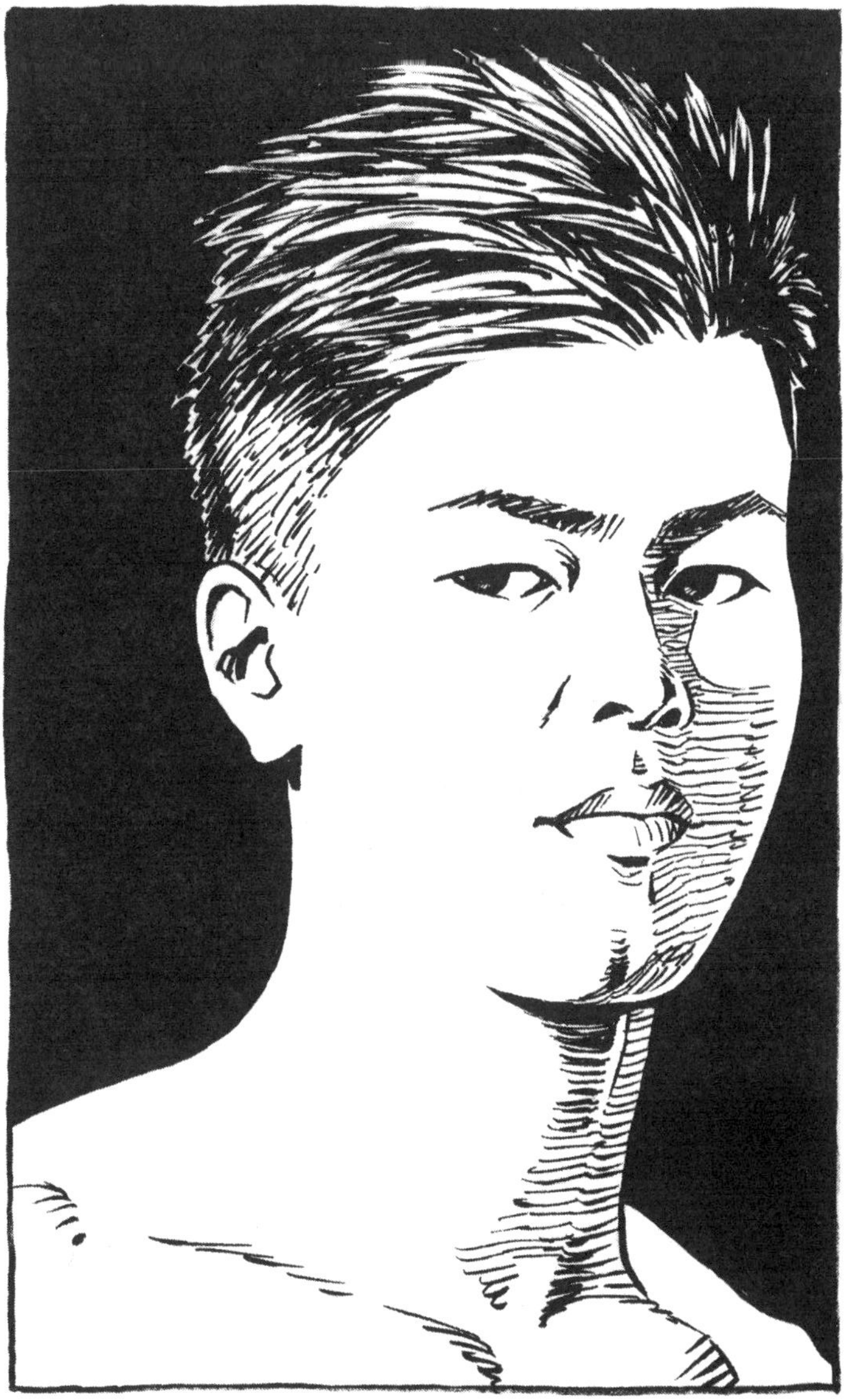

てる自信がある」

（那須川天心自叙伝『覚醒』より）

２０１８年2月12日――。

寒風吹きすさぶ如月《きさらぎ》だが、連日、平昌五輪の熱狂に包まれていた。

そんなさなか、ボクはキックボクシング興行『KNOCK OUT』を観戦するため大田区総合体育館へと向かった。

会場は第2試合にして既に超満員。

観客の目当ては無論、19歳の〝スーパー高校生〟那須川天心だ。

平成最後の格闘技の天才は名は体を表すの理《ことわり》通り、まるで平家物語の那須与一の如し。

数々の熱戦に続き、いよいよメインイベントの第7試合。

天心の入場曲、矢沢永吉『止まらないＨａ～Ｈａ』が会場に鳴り響いた。

♪乗ってくれＨａ～Ｈａ‼

ボクは持参したE.YAZAWA風デザインの天心タオルを、永ちゃんの嗄声《しわがれごえ》に乗せて天高く放り投げた。

リングインと同時に天心の口は半開きに、眼の奥に火が灯る瞬間、リングに戦いの炎《ほむら》立つ。

ボクの長い格闘技観戦歴で、10代の選手にここまで夢中になるのは初めてだ。

期待と歓喜に会場が爆発した。

那須川天心――。

将棋界の藤井聡太、卓球の張本智和、プロ野球の清宮幸太郎など各界で活躍する10代の天才児たちと同じく1998年生まれの19歳。

まさにコクトー曰くの〝恐るべき子供たち〟だ。

早くにキックボクサーの職業を選んだため、あえて4年制の定時制高校へ通った天心は19歳でも高校生を続けている。

中学卒業後、15歳で1R58秒KOという鮮烈なプロデビューを果たし、2016年からはMMA（総合格闘技）にも挑戦。ルールが違う格闘技で活躍するさまは大谷翔平「二刀流」と被る。

さらに、世界有数の格闘技団体からも出場オファーが届いている。


那須川天心は強さだけでなく、類まれなストーリーを持ち合わせる。

格闘技経験のない父親をトレーナーに、5歳の頃から親子鷹でトップを目指す姿は『巨人の星』を彷彿とさせ昭和ファンには郷愁を誘う。

ボクが那須川天心を初めて観たのは2016年12月29日、さいたまスーパーアリーナだった。

日本の格闘技ブームは2003年大晦日の民放3局格闘技イベント放送をピークにして徐々に衰退。業界の牽引車であった『PRIDE』崩壊という憂き目にも遭い、2010年以降は冬の時代に突入していた。

そんななか地上波のゴールデンタイムに格闘技を蘇らせるべく再起したのが、2016年の年末に3日間に渡って行われた『RIZIN』であった。

この大舞台で初めて総合格闘技ルールに挑戦した天心は、強烈なパウンド（グラウンド状態からのパンチ）連打でTKO勝ち。

しかも、試合後にマイクで翌々日の出場をアピールした。

真剣勝負の格闘家が連戦をする異常さは、マラソンランナーが中一日で再びレースに出るほど前代未聞のこと。

だが那須川は言葉通り中一日での連戦を実現させる。

そして、その大晦日、ボクはバックステージでウォーミングアップ中の天心のミット打ちに遭遇。

記者はおろか、他の選手も見惚れるド迫力の光景を目撃し、この若武者に一気に魅せられた。


2017年10月6日――。

ボクはコメンテーターを務めるMXテレビの『バラいろダンディ』生放送で、那須川天心と初めて言葉を交わした。

出演者が今の一押しを紹介する『そのオススメ、凶暴につき』のコーナーだった。

「ボクが紹介すると変な色がついてしまうんじゃないか」と危惧しつつも、年若き天才に最敬礼で接した。

天心は言葉少なだったが、ボクのたっての要望で、元K-1王者の佐竹雅昭を相手にミット打ちを披露してくれた。

そして、場面は再び『KNOCK OUT』のメインイベントへ。

この日の対戦相手は立ち技世界最高峰「ムエタイ」史上最強の刺客と称されたスアキム・シットソートーテーウ。

あまりの強さに母国タイでは2階級上の王者と闘い、それでも勝利するほどの超絶の強者。

天心にとってキャリア最大のピンチと言われたが、格上王者と息詰まる攻防を展開し、5Rに渡りスピードに乗った攻撃でスアキムを圧倒。それ以上に、相手の攻撃を寸前でかわす高度な防御が光り、3－0で文句なしの判定勝利を収めた。

我が観戦歴で、これほど長く緊迫感が続いた試合は過去に記憶がなく、生涯ベスト級の一戦だった。

リング上で勝ち名乗りを上げ、永ちゃんの曲が流れだした。

♪乗ってくれHa～Ha!!

試合のあまりの面白さに感極まり、ボクは55歳の馬齢を忘れリングサイドで曲に合わせてノリノリに踊った。

再び、冒頭の『平家物語』の那須与一の活躍の後章「弓流」を引こう。

あまりの面白さに、感極まったのであろうかと見えて、船のうちから年五十ばかりの男にて、黒革《くろかわ》縅《おどし》の鎧を着て、白木の柄の長刀《なぎなた》をもったのが現れ、扇を立ててあったあたりに立って舞い始めた。［＊］

この一戦を制した天心はデビュー以来、無傷（ダウンを奪われたことすらない）の29連勝！

その記録は、将棋の藤井聡太五段（15歳）に並ぶ快挙だ。

しかし、翌日のスポーツ紙の扱いは思いの外、小さかった。

日本に於いてキックボクシングはキックの鬼・沢村忠の登場によって60年代後半に民放4局で放送という超一大ブームとなるも「驕れる者は久しからず」の通り栄枯盛衰の道を辿った。

その後は団体の離合集散を繰り返しており、長きに渡って規格外の天才の出現が待たれてきたが、そのなかでようやく現れたのが那須川天心なのだ。

ボクシングへの転向を視野に入れた天心の格闘ロードは日本ボクシング界の至宝・井上尚弥とのボクシングルールでの一戦へ向かうのではないかと予想されている。

さらに、山中慎介vsネリ戦を生観戦した後、勝ち逃げしたネリに対して天心はTwitterで「やるしかないな」と呟いた！

天心陣営はそれらのドリームマッチも将来設計として織り込み済だ。

必ずや時空を超えた「屋島の戦い」が実現することだろう。

奇しくも天心は8月18日生まれ。

ボクと同じ誕生日だが36歳もエイジ（年代）が年下だ。

80年代に漫画『エイジ』で、リングの少年を描いた天才画伯の江口寿史よ！　天心の面影にエイジの面影を想起する老ファンがここにいる！

貴方も1977年に『恐るべき子どもたち』で、ヤングジャンプ賞に入選してデビューを飾ったはず。

江口寿史画伯よ！

いざ、ここで未完の『エイジ』の結末、この〝恐るべき子ども〟の〝あした〟を描いてくれ！

［＊『謹訳 平家物語〔四〕』林望 著／祥伝社より］

その後のはなし

この一文は、古典の引用を取り込む『週刊新潮』スタイルのパロディで書いてみた。

しかし、伝説に語り部は何時の世にも必要だ。

『平家物語』は琵琶法師たちが語り継いでいった口承文芸であり、複数の声が内にある。そして、彼らは自分なりのアレンジや逸話をサインするように足したり引いたり編集しながら、次へと引き継いでいった。

それがある時に『平家物語』として書き残されたものを今の僕らは読むことができる――。

と、作家の碇本学が書いていたが、まさに無名の琵琶法師こそが現代のプロスポーツの観客でありスポーツライターではなかろうか。

彼らが勝負を物語として語り継ぐ。

その後、2018年4月27日――。

ウェブマガジンの取材で千葉県松戸にあるTEPPENジムで天心と再会した。都会の喧騒を離れた長閑な環境、かつ彼のホームでの取材であったため、天心選手もリラックスし、互いに打ち解けて話し合うことができた。

対談のなかで天心が「国民栄誉賞が欲しい！」と言っていたのが印象的だ。ボクは「国立競技場のメインを！」と「フィリピンの英雄・パッキャオのようにアスリートから国民的な政治家に転身し総理大臣を目指して欲しい！」と荒唐無稽な夢を押し付けた。

さて那須川天心の実績に対して、世の中の知名度、マスコミの取り上げ方の低さに憤慨しながら、この原稿を書いたわけだが、2017年の大晦日には世界中に知れ渡るマッチメイクが実現した。

その対戦相手は、フロイド・メイウェザー。

言わずとしれた史上最強のボクサーであり、50戦無敗という伝説と共に引退したレジェンドだ。

対戦実現に至るまでの条件闘争は紆余曲折あり、結果、ボクシングルールのエキシビジョン（勝敗を公式記録としない）として両者は、さいたまスーパーアリーナのリングで対峙した。

結果はメイウェザーが圧倒し、1RKOに終わったが、あのメイウェザーが本気で仕留めにかかったことに天心の評価は高まった。

その対戦の意味や、その後の経歴への重さを考えれば、世界中に名を知らしめた20歳になったと思う。

そして迎えた2020年大晦日――。

『RIZIN』大会、セミファイナル。

当然のように天心は大晦日に登場した。

数年前に比べてバラエティ進出路線も功奏し俄然、知名度は高まった。

リングサイドには、空手仲間だった幼馴染の俳優・横浜流星がエールを送る。

ムエタイ戦士（名前は生涯、覚えられないだろう）と対戦。3－0の判定勝利で圧勝、38戦全勝のまま年越しを果たした。

この日、最も驚かされたのは、この日、会場にK－1 3階級王者・武尊《タケル》が現れ、天心の試合をしかと見届けたことだ。

4年前の原稿では、名前を出すことすら「暗黙の業界ルール」で出来なかった。

2021年に、晴れてファン待望の一戦が実現するやもしれぬ。

まだまだ天才・天心の天下の一戦「平家物語」は、始まったばかりだ。

8

北野武 監督術「オイラの定理」

2017年9月23日、土曜日——。

ビートたけしの新刊小説『アナログ』（新潮社）を持って、TBSの『ニュースキャスター』の本番前の楽屋に伺った。

「お、どうした？」

「いいえ、今日は未来の直木賞作家にサインを頂こうと思いまして」

「ヨイショがわざとらしいんだよ！」

などと言われながら、本の見返しに著者サインを頂いた。

「おい、これをヤフオクに出すんじゃねーぞ！」

ご機嫌がすこぶるよろしい殿に、楽屋話のついでに大好きな数学の話を振ってみた。

「殿、最近、気がついたことなんですが、殿が今まで『オイラの定理の解き方だけどよぉー』って、よく紙に数式を書いてらっしゃったんですけど、あの〝オイラ〟って自分のことではなく〝オイラー〟ってスイスの有名な数学者の話だったんですねー」

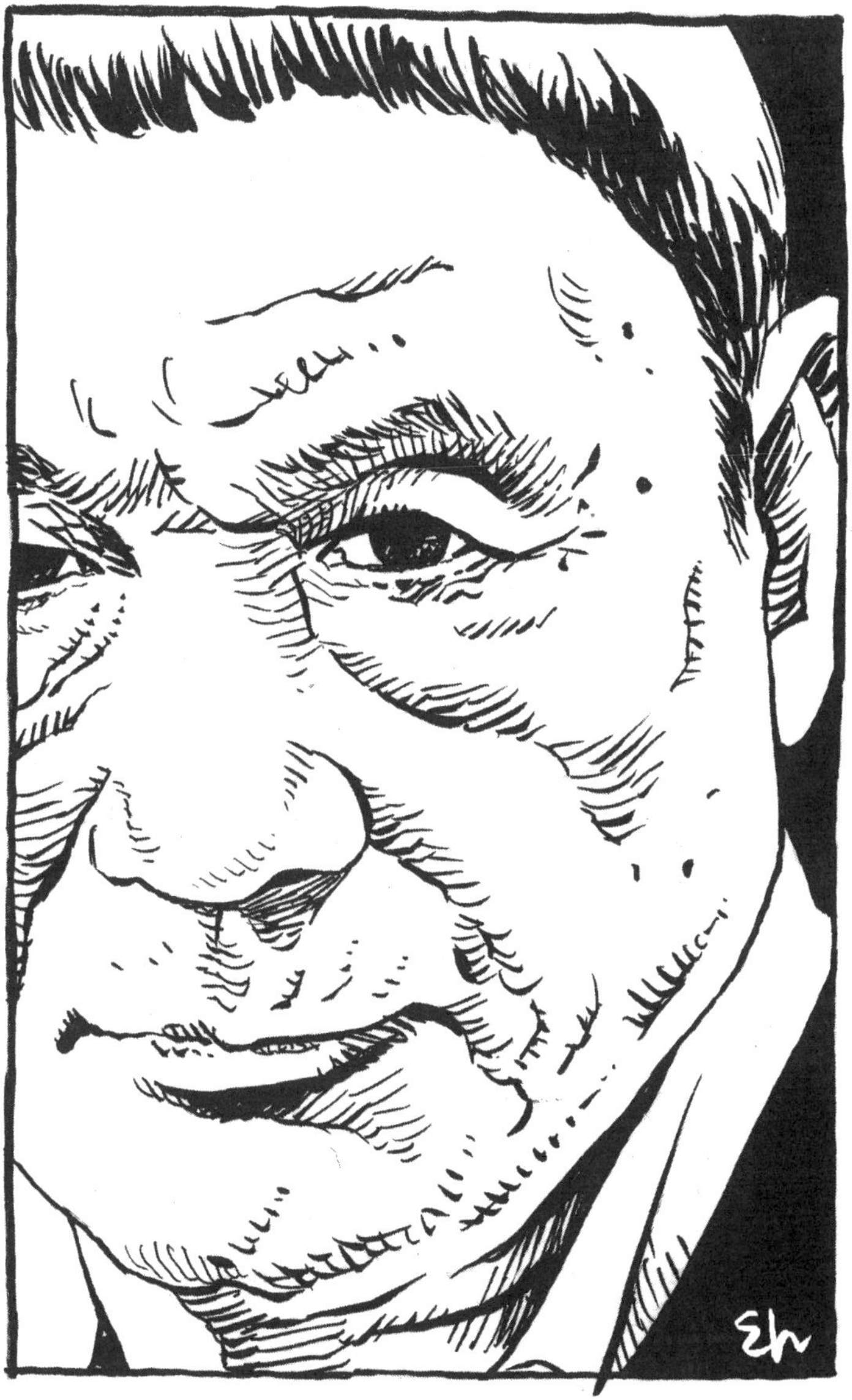
Eh

「なんだおい、オマエ、今までそんなのも知らなかったのかよ?」

「え、ボクだけじゃないですよ!」

ボクと同様に周囲の殿番スタッフも今まで殿の一人称である「オイラ」と「オイラー」を聞き違えていたらしく、全員で長年の謎解きが解決できてバカ笑いした。

「『オイラーの定理』ってのも、やたらに種類があってだな、そもそもオイラーってのは18世紀の大天才でよ、素数が無限にあることを証明してだな……指数関数と三角関数の関係をだな……」

と何時ものように、殿の数学雑談は尽きることがなかった。

北野武70歳——。

以前には「もし違う道を選ぶなら、数学の研究者になりたかった」とコメントしているほどだが、実際、フジテレビの深夜番組『たけしのコマ大数学科』では数学者を演じていたこともある。

2006年4月から2013年9月まで放送されたこの番組で、殿は数学の鉄人・マスマティック北野(マス北野)として毎週、難問を解いていた。

数学に限らずビートたけしという才能の多面体ぶりはよく知られていることだが、今、改めて本格的に小説家の道へと踏み出そうとしている。

そして、既に世界的評価の固まった映画監督としては通算18作目の『アウトレイジ　最終章』が10月7日より全国公開される。

去る9月9日に閉幕した第74回ヴェネチア国際映画祭では、クロージング作品として世界初上映され大喝采のスタンディングオベーションを浴びた。

『HANA-BI』（1997）で「金獅子賞」、『座頭市』（2003）で「銀獅子賞」と、ヴェネチアに愛された北野監督がレッドカーペットに現れると、観客が一斉に詰めかける熱列な歓迎を受けた。

コーロッパでの監督・北野人気は日本では計り知れない。

そして、今までの言わば極私的美学に貫かれたギャング映画から2010年代に入ると、その路線が変更された。

『アウトレイジ』（2010）シリーズの第1作は「全員悪人」というヤクザバイオレンス集団劇で始まった。

男たちの怒声、咆哮の応酬は「バカヤロー節」と称され、メタリックで腹に響く重たい銃声がテンポを刻む。

北村総一朗、三浦友和、國村隼、石橋蓮司、小日向文世……といったホームドラマでお馴染みの面々を全員、強面のヤクザや悪徳刑事に変貌させスクリーンに血と共に花咲かせた。

その2作目『アウトレイジ・ビヨンド』（2012）は報復編。

前作、たけしは刑務所内で殺されたかに見えたが実は生きており、出所後、復讐に奔走する。

組のトップの座を掠めた三浦友和がたけしに報復され、刑事でありながら東西ヤクザの抗争を焚き付けていた小日向文世もまた滅多撃ちにされて物語は閉じた。

前2作を役名を排し、簡易に振り返ればこういうことになる。

両作が共に大ヒットすると3作目の製作発表が告げられ、2作目のキャッチコピー「全員悪人完結」は即行で、ご破算にされた。

つまり映画は完結していなかったのだ。

『ビヨンド』から5年の時を経て、このたび正真正銘の最終章を迎えることとなった。

今作は関東「山王会」と関西「花菱会」の抗争が終結し、大友（北野武）はフィクサー張会長（金田時男）を頼り韓国済州島へ向かう。

そんな折、取引のため来韓した「花菱会」幹部・花田（ピエール瀧）がマヌケなトラブルで張会長の手下を殺めてしまう。

多くの犠牲を払い収束したはずの東西抗争は日韓フィクサー「張グループ」と関西巨大組織「花菱会」の国際抗争に突入。

大友は最終決戦の覚悟で帰国するが、その頃「花菱会」では内紛が勃発していた……。

北野映画マニアのボクは贔屓目なく、この3部作は「21世紀以降の北野映画の最高傑作」と思っている。

と言うと、映画通からは『ソナチネ』（1993）よりも上なのか？　との疑問の声もあがるだろう。言うまでもなく、英BBC選出の「21世紀に残したい映画100本」に選ばれた『ソナチネ』は世界映画史に残る大傑作だ。

だからこそ「21世紀以降……」と断りを入れた。

別表現で言えば「『ソナチネ』が芥川賞！　『アウトレイジ』は直木賞！」ということになろう。

北野監督は両作を比較してこう回答していた。

「『ソナチネ』から全然進歩してねぇじゃねえか!?　とか言われるから『アウトレイジ』はバイオレンス・エンターテインメントと割り切って極力わかりやすく、それでいて、すごく〝痛い〟作品にした」

確かに1作目の〝痛さ〟は強烈であった。

カッターナイフによる指詰め、中華包丁に切断される指、歯科道具での口腔内拷問責め、〝ミニにタコ〟ならぬ耳に箸……。

2作目は逆に暴力を抑制的にする反面、台詞の多用と物語性の重視を徹底。それでも、新たにバッティングセンターで椅子に拘束され、死ぬまで顔面に豪速球を受け続ける新手の処刑シーンを加えた。

最終章には一体どんな新手の〝痛い〟シーンがあるのか——。

『アウトレイジ』シリーズは殿の大好きな数学的な映画術が際立っている（数学者の竹内薫は北野映画を「デルタ関数的」と評している）。

過去の北野映画は計算式に端数が残る割り算のような余韻をあえて残すことで解釈を観客に委ねる作風も多かったが、『アウトレイジ』全3作はラストで数式が一気に解けるようなストーリーテリングの快感を提示してきた。

人間関係とはXの値を1つ決めると自動的にYの値も決まるという、小中学校から慣れ親しんだ「陽関数」の関係性ではなく、XとYの組み合わせが多様な「陰関数」の関係性である。

その定理は変えずに、本シリーズでは複雑な人間関係と伏線をキレイに回収しながらラストへと向かう作品に仕上げてきた。

「群像劇にする時、難解な人間関係は、いったん数式で考えて因数分解して最適解を出すんだよ」と事も無げに殿は言ってのける。

北野監督は『アウトレイジ』で主人公をはじめ登場人物の誰にも感情移入を許さぬ設計を施し、彼らの生と死を「0」か「1」かデジタル的な記号として処理している。

故に観客にとって、映画の死体の山は単なるカタルシスとして消費される効果を産んだ。

殿の視点からさらに作品を考察すれば、物語には数学のみならず物理学が応用され、不穏な世界情勢にも似た暴力的な破壊の応酬と殲滅が継続する空気が全篇を覆っている。

エントロピーとカタストロフィーが交叉する、尽きることのない抗争、底なしに思えたその熱量も、やがてどこかで必ず物語の終着点を迎える。

「でも生き返るのが〝あり〟だったら、このシリーズも『仁義なき戦い』みたいに半永遠的に続けることが出来るんじゃないですか?」とボクが素朴な疑問を口にしたら、

「オマエは甘いな！　それはだな、普通なら細胞分裂は無限に続くと思うだろ。これは解剖学で言えばな『ヘイフリック限界』ってやつが訪れるわけだな、だからオイラもそろそろ限界が来るぜ！」と答えた。

それらの意味するところは、もちろん「死」だ。

北野武監督はデビュー作『その男、凶暴につき』以来、常に「死と戯れる作家」だ。

思えば『アウトレイジ』は登場人物11人の不毛な殺し合いから物語は始まった。11は素数である。

偶数の4人死ねば、残りは「7」。

さらに2人死ねば、残りは「5」。

そこから3人死ねば、残り「2」。

「エラトステネスの篩《ふるい》」のように素数のヤクザが残っていく。

もはや最小素数「2」の後ろに残る数は2つしかない。

「陰関数」で最初に明らかなのは、XとYが「0」になる関係性だけだ。

最終章のラストシーンは「1」か「0」なのか!?

そこが必見である！


そして北野映画の次回作として予定している小説『アナログ』は本人が「手書き」にこだわり、あらゆるものが「デジタル化」する世間の風潮を否定する純愛小説として書かれている。

ビートたけしと北野武の振り子がもたらす「オイラの定理」は、我々をどこまで翻弄するつもりなのだろうか。

73歳という「素数」の歳をまたぎ、2021年1月18日に74歳を迎える北野武監督の次回作は『アナログ』ではなかった――。

どうやら、もっと大作を準備されている様子だ。

殿の数学好きはいまだに続いており、27時間テレビでコンビを組んだ、関ジャニ∞の村上信五くんには、1000ページを超える『虚数の情緒』(吉田武・著)という大著を推薦していた。

帯には「虚数を軸に人類文化の全体的把握を目指した20世紀最後の大著　新世紀の教養はこの本から始まる」と書かれている。

殿の言うことはなんでも取り入れる素直な村上くんだが、さすがにこれを読んだらと言われたら困っただろうな。

2017年の4月29日、幕張メッセで開催された『ニコニコ超会議』に初めて参加された時も舞台裏で、京都大学工学部卒のドワンゴの総帥・川上量生さんとも数式で会話をされていた。

殿がメモ用紙に走り書きした数式を、川上さんが大事そうにお持ち帰りしていたのが印象的だった。

それはさておき、今回は『アウトレイジ 最終章』の公開に合わせて書いた一文なのだが、「映画を撮ったこともないくせに何をエラソーに映画評論してんだよ！　数学のイロハもわかんねぇくせに！　馬鹿野郎ォ！」と言われそうだが、師・ビートたけしの話題は、この後念入りに書くので、そちらを期待していただきたい。

9 天才アナウンサー・安住紳一郎の穴

「うんこは︷　︸《こうもん》から出ます。」

こんな例文が載っているのか定かではないが、現在、全国の書店で平積みにされているシリーズ累計250万部突破の『うんこ漢字ドリル』（文響社）のポップには「全例文で〝うんこ〟の使用に成功しました！」と誇らしげな文言が掲げられている。

過去には『新明解国語辞典』（三省堂）のシュールな解説文や、受験生の定番英語辞典『ジーニアス』（大修館書店）の第二版における、度を越した阪神タイガース贔屓の例文の多用が話題になったこともあった。

退屈な勉強を語呂合わせや珍例文で楽しく学びたい——そんな発想を誰もが一度は持った経験があろう。問題はそうした珍例文が、現実社会で役に立つのかどうかなのだが……。

「昔に観ていた、ふざけた英会話のテレビ番組で〈水戸黄門が真後ろにいるぞ！〉っていう英語の構文があったんですよ！」

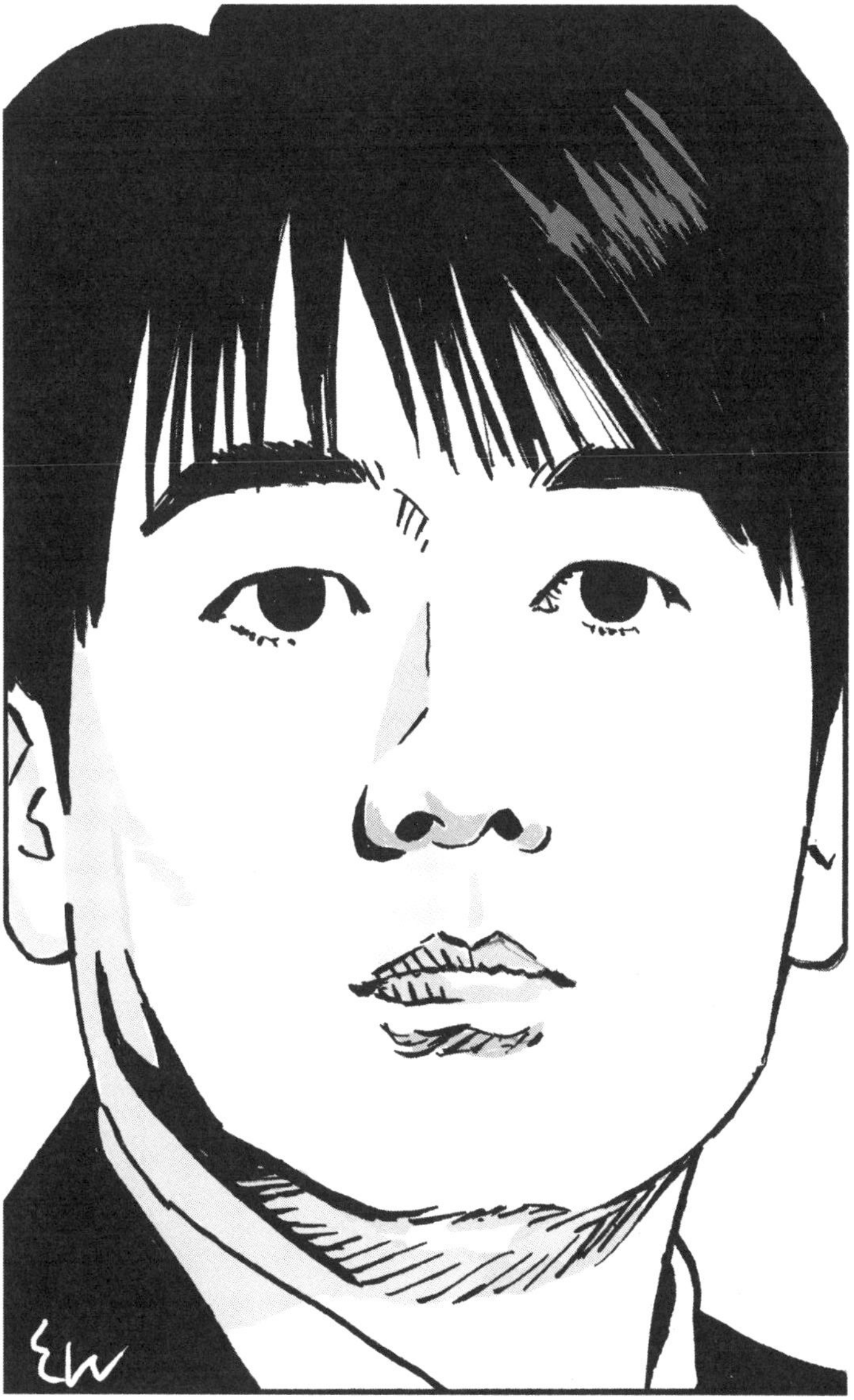

２０１６年12月11日放送のＴＢＳラジオ『安住紳一郎の日曜天国』で、安住アナが熱弁を垂れていた。

こんな例文を実生活では生涯使うことはないだろうと高を括っていた安住だったが『ぴったんこカン・カン』のロケで里見浩太朗と日光を訪れた際に「外国の人が日光東照宮を見ているんだけど、真後ろに水戸黄門の里見浩太朗さんがいて、みんな振り返ると驚くんですよね。で、それを早めに伝えてあげたくて、思わず、

『Mitokoumon is behind you!』

っていう英語を使ったら、初めて役に立った！　絶対に使わないだろうなと思ってたんだけど、まさか日光東照宮で使うことになるとは思いませんでした！」

このエピソードをラジオで聴いて大笑いしたボクは、いつかどこかで、この〝黄門文〟を印籠の如く使えるベストシチュエーションに巡り合わないかと思い巡らしていたが、なんと、そのわずか1ヶ月あまり後……。

２０１７年1月17日――。

それは、ＴＢＳで長くレギュラーを務めている『別冊アサ㊙ジャーナル』のロケで奈良を訪れた時のことだった。

取材先の奈良大学の校門を後にし、春日の青芝、鹿の黒豆を踏み締めながら、奈良公園一帯や大仏殿周辺をロケ隊と共に巡った。

奈良には多くの外国人観光客が詰めかけていた。時代劇コスプレしたボランティアガイドが奔走。古都の雰囲気をてんこ盛りにしていた街の壁には、水戸黄門を登場させたマナー啓発ポスターが貼られていた。

ボクは、そのポスターを背にした外国人を見るや、思わず興奮気味に、

「Mitokoumon is behind you!」

と叫んでしまった。

それはまるで「志村うしろうしろーッ!!」と絶叫する『8時だョ!全員集合』の生放送に集まった、かつての子供たちのようだった。

「博士、それ、なんなんスカ?」

自分としては使うタイミングはベストだったが、あまりに唐突で意味不明なシャウトにスタッフは不満の口吻《こうふん》を漏らした。

その後も、TBS系列のCBCの昼のワイドショー『ゴゴスマ』に出演した際、エンディングで「この後は水戸黄門!」と、その再放送(中京地区)に繋げて出演者が声を揃える時に、ひとりだけ、

「Mitokoumon is behind US!」

と、小さな声で呟いていた。

ちなみに野暮は承知で、あえて説明をつけるが「US」は「ass」と掛けている。

仕掛けは、立て続けに成功した。

そして、2017年3月11日——。

その日、ＴＢＳ『新・情報７ｄａｙｓニュースキャスター』の生放送を控えたスタジオで、殿（ビートたけし）は本番直前まで、ボクを含めた座付きの弟子一同とエンコ（浅草）芸人トークを繰り広げていた。

本番1分前、ボクたちの輪から離れ、殿はカメラ前に向かい、司会の安住紳一郎の隣に収まった。

その時、安住がいつもはスタジオに居ないボクの姿に気づき、殿を背にして3歩ほど歩み寄ると深々とお辞儀をしてくれた。

「水戸黄門の話、良かったですよ！　英会話の構文で……」

「ああ、ラジオで話した！　〈Mitokoumon is behind you!〉でしょ！」

ふたりだけに通じる、あ・うんの呼吸で言葉を交わした。

その姿を殿が不思議そうにチラ見したため、ボクは口パクで、

「Tono is behind you!」

と黄門構文の応用形を安住に投げ掛けたが、それは糞ほどにも汲み取られず、数秒後、本番が始まった。

この話はボクと安住紳一郎にしかわからないだろう。

そう思うと、翌日のラジオの生放送『安住紳一郎の日曜天国』に投稿したくなった。

ちょうどその週のメールテーマは「困っていること」だった。スラスラと昨日の出来事を綴り、番組宛に送ってみたが、残念ながらボクの投稿が採用されることはなかった。

しかし、放送終了後、番組のメールアドレスから返信が届いた。

メールありがとうございました。

「困っていること」水戸黄門から殿への話の流れ、笑ってしまいました。

水戸黄門の話を殿の前で私はしていたのですね。

まさに、殿 is behind you！　笑

番組内で紹介できませんでしたが、私とスタッフの良いモチベーションになりました。驚きながらも、博士からメールが来たことでＡＤ君が「すげぇ、すげぇ、すげぇ」と大騒ぎしていました。

昨晩は、水戸黄門の話をしてくださって、とても嬉しかったです。

40を過ぎても、褒められると、めちゃめちゃウ・レ・シ・イです。

興奮のあまり、突然、オープニングでカメラを振ってしまい、申し訳なかったです。でも、生放送って、ああいう瞬間が醍醐味ですよね　笑

（全然反省していません）

今度、『ゴゴスマ』で確認してみます。取り急ぎ御礼をお伝えしたく、ありがとうございます。

安住紳一郎

そんな安住紳一郎は、この『週刊文春』の6月8日号に掲載された「好きな男性アナランキング」で堂々の第1位に輝いた。

日テレ・桝太一アナをして「絶妙な毒舌加減」とも評される安住。

二重人格、ヤヌスの鏡を心に持ちながらも、その腹黒感は、黒髪お坊ちゃまヘアの外見と腰の低さと礼儀正しさに打ち消される。

安住自身が、TBSラジオ『日曜天国』の放送内で、この文春のランキング記事に触れた際に「もともと、この類の企画は2005年からオリコンで行われており、5年連続首位で殿堂入り扱いだった。それが文春に場を替えたら、また首位になっている」とさりげなく過去の栄光をアピールしつつ「ランキングに左右されてはいけない」と謙虚に受け止めていた。

人気アナでありながら、こうした常に襟を正す姿勢が心憎く実に〝穴《アナ》〟がない。

しかし、もはや彼はアナウンサー界のトップランナーだ。誰もが彼の後ろ姿を追いかけている。

彼のライバルたちの本音をここに代弁しよう。

「オール・アナウンサーズ・アー・ビハインド・ユー！」

安住アナは滅多に乱れることのない無表情のまま、本日も大役を任されている。レコード大賞をはじめ、TBSの特番は彼に頼りっぱなしだ。

潜在的視聴率を考えても、今の放送界ではトップであり、その安定感あるアナウンスの実力も、自他共に認めるものである。が、もはや、地上波のなか空気のように存在しながら、それほど大きな話題になることがない。

人を惹き付ける人柄の反面、10年前に亡くなった後輩、川田亜子アナのことを思い出し、生放送のラジオで突如、嗚咽して後悔の心情を吐露したり、また別の日には「20年間ずっと殺害予告を頂いてます！」とクレーマーに対して怒り、それも「いつか本にでもして出版したい」と冷静沈着に対抗心を燃やしたりもしている。

ジキルかハイドか。こんな安住紳一郎が、もしもフリー宣言をしたならば各芸能事務所で争奪戦となろう。

２００７年に放送された、鈴木史朗、小倉智昭、徳光和夫、露木茂、福留功ら超ベテランフリーアナが勢揃いした日テレの『オジサンズ11』という番組で、ボクはよりにもよって総合司会を担当したことがあるが、その時、徳光さんがよく語っていたのは「キー局のアナウンサーでテレビ局の取締役、社長になった人はいない」という、その捨て駒人生の悲哀だった。

誰もが羨む民放キー局で、たとえ取締役への道は絶たれ、現場を外されて営業職や不慣れな職種に回されようとも、定年まで勤め上げた場合の生涯賃金を考えれば、悪くない人生が確約されているはずだが、アナウンサーという人種は人生のアナザーストーリーを求めて、その多くが半ば追われるように賭けに出る。

しかし安住紳一郎が考える安住の地は、案外そのままTBSのような気もする。

この男はそれほど昭和生まれのバンカラ明治大学出身の義理堅い一本気な男だ。

そして将来、キー局初の「アナ出身社長」の座を射止め、65を過ぎてなお真っ黒なおかっぱ頭で局の高層階から赤坂の街を見下ろし、心に何やら一物黒いものを抱えながら不敵な笑みを湛えているのかもしれない。


そう言えば、安住紳一郎の卓越したアナウンス技術と義理と人情が爆発した番組があった。

2016年6月10日放送の『ぴったんこカン・カン スペシャル』だ。

この年の3月31日に『報道ステーション』を降板した古舘伊知郎が番組に初登場し、司会の安住と共に古舘の想い出の地と軌跡を辿る回だ。12年間もキャスターの仕事に専念していた古舘は「死んでまた再生します」と挨拶して降板後、初のバラエティ番組出演だった。『藝人春秋』の1巻でも書いたが、古舘バラエティ復帰待望論者のボクには絶対に見逃せない番組だった。

ふたりは、古舘の母校・立教大学へ行くと、アナウンサーを目指す放送研究会の部員のもとを訪れる。そこで安住は思い入れたっぷりに憧れていた先輩アナへの敬意の証として、古舘伊知郎トーキングブルース７th『MOONLIGHT DREAM』（１９９４年／青山円形劇場）で披露した薬屋の栄養ドリンク実況に挑んだ。このトークは古舘実況芸の全盛期の極致であり、古典と言っても良いほどの純度と難易度を誇るものだ。

果たして……。

緊張感に包まれながら朗々と安住が語り始め、見事に完コピを終えた後、あの無表情の安住が顔をくしゃくしゃにして涙を流し、そして、あの「人より心が冷たい男」古舘伊知郎はここでも泣かなかった。

泣き崩れる安住、泣かない古舘――。

「これは名シーンだよ！」

思わずボクも呟いていた。

10 ハゲの名は。O倉智昭

「このハゲ―――――ッ!!」

身の毛もよだつ強烈な怒声。

多くの視聴者が釘付けになった、もしくはチャンネルを即座に替えた諸刃のワイドショーネタ。増長する自民党「魔の2回生」への鉄槌、メディアによるハゲヘイトの助長、その賛否両論は先月末からテレビと巷の話題を独占した。

さて〝世界の北野〟として天下に冠たるビートたけしが、今も十八番とするネタがある。それは何を隠そう「カツラ」だ。

本来、漫才師・ツービートのネタの基本は「王様は裸だ!」的な偽善に切り込む少年の叫びだ。毒ガス漫才、本音漫才と言われたその悪ガキ・スピリットはフランスから勲章が授与されようとベネチアで映画賞を獲ろうと今も健在で、カツラへの異常な偏愛をもはや隠そうともしない。

我々、浅草キッドも若手時代に、この師匠の意気を勝手に汲んで「カツラ・ガンガン・バラす」、

その頭の文字のアルファベットを並べて、通称「カツラＫＧＢ」を極秘裏に結成して芸能界に潜伏した。

ボク自身も番組で作ってもらった高級カツラを潜入取材と称して着用し、楽屋で堂々と着脱していると、想定内外のカツラ芸能人たちからバチバチとアイコンタクトを投げ掛けられ、この〝鮎の友釣り〟スパイ大作戦は見事な釣果を収めた。

その釣果を披露する際は決まって実名を避けイニシャルと暗喩でネタにする、師弟相伝の〝作法〟を貫いてきたが、最近では〝ド直球〟のバレバレ系が、大手を振る異例の事態になってきた。

まずは２０１５年、Ｔランプ米大統領候補が支援者に自らの髪の毛を引っ張らせ、カツラ疑惑を払拭する前代未聞の会見を決行した。

一方、日本の芸能界でもレイザーラモンＲＧがＨ川たかしの〝レゴ・ブロック〟な髪形をマネして世間を驚かせた。これにはＨ川サイドが怒り心頭だと噂されたが、最終的にはテレビ番組での共演が実現。ＲＧは「こぶしたかし」を名乗ることで、あの髪形が公認された。

そして、極めつきの事件が、６月末の豊田真由子衆議院議員による車内暴言事件報道だったわけだが、その陰で文春砲改め〝疑惑のバリカン〟は唸りを上げ、大物有名人の逢瀬に刈り込んでいった。

２０１７年６月22日――。

『週刊文春』による独占スクープ「Ｏ倉智昭〝古希の恋〟人妻美人記者と週１密会！」

中高年の星、人気司会者の古稀ロマンスを告げる一文は、中吊り広告のなかでピカピカと光り輝いていた。この号で、さらに驚きだったのは、『週刊文春』の長期連載「家の履歴書」が奇しくも〝浪花のモーツァルト〟Kダ・タロー氏であったというカブりっぷりだ。『週刊文春』編集部の欲張りな二毛作農法に、ボクは脱帽であった。

もちろん、ボクはこの日の朝8時、フジテレビ『とくダネ!』の第一声をカブりつきで見た。アップになった司会者は冒頭「ワタクシ、文春砲にマタ撃たれました!」とシャッポを脱いだ。確かにこれは〝アタマ〟ではなく〝マタ〟案件なのだ。

「密会は、事務所がミニシアターになっているので、2人で映画を観ていました。去年、膀胱がんをやりましたから、そういうことはご無沙汰ですから」と釈明した。

無論、「李下に冠を正さず」なのだが、我々カツラKGBとしてはO倉智昭と密会していたこの人妻美人記者は、他組織による潜入捜査官説、あるいは2人の密会があまりに定期的すぎるため、メーカーのメンテナンス部訪問説などヅラヅラと憶測を並べていた。

今回〝マタ〟と言うように、実際、O倉は文春砲に再三被弾しているのだ。この機に、ボクが編集部で調べたところ1990年から2017年まで計28回もO倉智昭は『週刊文春』の記事になっている。

その半分はヅラ疑惑だ。2000年代以降だけでもこれほどある——。

◉2004年5月20日号

「訊いちゃいけない『素朴な疑問』K布雅之・I田純一・O倉智昭〝ヅラ疑惑芸能人〟を直撃」

◉2013年11月28日号
「B東英二〝植毛会見〟で『とくダネ！』O倉が注目されたウラ事情」
◉2014年7月10日号
「『脱毛しなさそう』あの〝疑惑の男〟に菊川怜が爆弾発言」

ここまで下世話にも『文春』のヅラいじりは恒例になっているのだ。いや、ヅラだけに上世話か。

ちなみに、O倉智昭の前回の文春砲被弾は昨年9月のこと。

「覚せい剤逮捕　俳優はO倉智昭が『資金源』だった」というスクープを2週に渡って砲撃された。

〝レンブラントの生まれ変わり〟を自称していた肖像画家兼俳優の庄司哲郎が覚醒剤所持で逮捕。その古典技法の画力を長年買いカブり、小遣いを与え続け、彼から〝兄貴〟と呼ばれたのがO倉だったのだ。

文春報道を受けて怒髪天を衝き、頭を抱えたO倉は自らの番組で「自身のガン告知より悲しかった」と目に涙を浮かべ頭を下げた。

余計なお世話ではあるが、この時もボクはMXテレビ『バラ色ダンディ』でネタにさせてもらった。

「今回の犯人の場合、覚せい剤でも〝白い粉〟ではなく〝黒い粉〟の可能性があります。しかも、ブツの吸引方法は〝あぶり〟ではなく〝かぶり〟の可能性もあります」

古稀になっても、O倉智昭にやすらぎは訪れない……。そんな不倫報道をやり過ごしたと思った矢先――。今度は『週刊文春』のライバル誌である『週刊新潮』が、例の豊田真由子代議士の暴行・暴言報道を裏付けるICレコーダーの音声データを公開した。

もはや「前門の文春砲、後門の新潮波」だ。連日の〝毛《もう》〟攻撃であった。果たして、O倉の冠番組『とくダネ！』で、その音声はオンエアされるのか？　朝からテレビにカブりついた。

注目の第一声は――、

「怜ちゃんは、お肉を食べる時は、よく焼いて食べるほうですか？」

トップニュースは「焼肉店で32人食中毒」の話題だった。しかし、ガッカリした我々の意表を突くように、次のトピックで豊田真由子議員の「このハゲ――ッ！」を17分に渡って長々と映像と音声で流し続けた。まさに頭隠して尻隠さず。

放送中、スタジオのMC陣はダンマリを決め込み、ゲストを含め皆がほっかむりを被った。針のむしろ、ならぬ〝ハゲのむしろ〟状態だったことだろう。この時間こそ「庇《ひさし》を貸して母屋を取られる」と例えられようか。

そして、スタジオにトークパートが降りてくると極めて冷静に、「（高速道路を逆走するような）危険な運転をしたから罵詈雑言を浴びせたの？」とO倉は全マスコミ総攻撃論調のなか、唯一、中立的な視座で諌めるように口を開いた。

それは、いかにもベテランMCらしい〝ツルのひと声〟であった。

豊田真由子は、元秘書に対する暴言・暴行の責任を取り、自民党を離党。年末には第18回『ビートたけしのエンターテインメント賞』話題賞を受賞したが、恒例の本人出席はなかった。

2017年10月の総選挙に無所属で出馬したが自民党議員に敗れて落選。その後は穏やかな日々を送っていた。

しかし、2020年3月9日、フジテレビ『バイキング』に突如、ゲストコメンテーターとして、しれっと登場し、お茶の間を大いにザワつかせた。

このテレビ出演は、彼女が官僚時代の2009年に新型インフルエンザの担当外交官を務めた経験から、感染症の専門家としてコロナ問題の解説を行ったわけだが、『週刊新潮』で2017年に報じられたパワハライメージから一転、知識と経験に裏打ちされた論理的な解説で視聴者からも好評を得ていた。

その豊田さんと昨年、思わぬところで出会った。

2020年9月28日――。

日本テレビで加藤浩次と指原莉乃がMCを務めるクイズ番組『つぶし合いクイズ！悪意の矢』の生放送のスタジオ。参加者たちが、ほかの参加者たちをクイズを使って戦略的に〝抹殺〟する〝つぶし合いクイズバトルロワイヤル〟という趣旨。

解答者には旬のタレントが揃っていた。

ボクはあらかじめキャスティングされていたが二転三転して、本番前日に、急遽、豊田真由子、原田龍二、宮崎謙介、いしだ壱成などのいかにも脛に傷がありそうな人たちが加わった。役どころとしては斬られ役であろう。しかしながら、当日に「このハゲ――――！」は絶対禁句と知らされ、それは彼女の番組出演の条件であったらしい。

本番直前に豊田さんに会うと丁寧にご挨拶され、ボクも『週刊文春』の原稿について侘びたが、覚えてもいらっしゃらなかった。

本番、豊田さんを真ん中に、いしだ壱成、ナダルの薄髪人が囲んで座っていた。そこを見逃さず司会の加藤浩次も巧みにその並びをイジる。

ボクも豊田さんと向き合う瞬間があったが――。

「豊田さんと言えば『このハゲ――――!!!』問題がありましたが……」と語りつつも「このハゲ――――！」の部分は声を出さないまま唇の動きだけで表現した。

しかし、出演者は皆、それが何を語っているかはわかるので大いに受けた。

つまりは、いくらイニシャルにしても、何かを隠そうとしてもテレビ視聴者にはお見通しなのだ。

11 春風亭昇太

笑点司会の日［その1］

「え―――ッ！　笑点の司会者、昇太が昇格なの!?」

２０１６年5月22日―――。

平和で平凡な日曜日の夕刻。全国のお茶の間から悲鳴とも怒号ともつかない驚きの声が漏れた。

この日、日本テレビの国民的人気番組『笑点』の生放送で、桂歌丸に代わる大喜利の次期司会者として春風亭昇太の大抜擢が発表された。

当日の視聴率は27・１％の驚異の数字を記録し、この人事が国民的関心事であることを証明した。「歌丸」から「ＳＭＡＰ」から「こち亀」まで……。空前の「生前退位」が次々と続いた昨年。79歳の歌丸が23歳年下の昇太を後継指名したこの一件は、志ん朝、小朝の36人抜き真打ち昇進同様、落語界の堅牢な年功序列の壁を打ち破った壮挙として演芸ファンに長く記憶されることとなった。

このサプライズを日本テレビ番組側は１ヶ月前、4月30日の歌丸の勇退発表から仕掛けていた。すぐに後任を発表せず、あえて「笑点の次の司会は誰になるか？」と世間で憶測が飛び交うよう猶予期間を置いた。

ものすごく若く見えるが
笑点司会者
就任時の
年齢は
歌丸
69歳
に次いで
歴代
2位の
56歳!!
ヒヨエー
見えねー
EW

しかし、その間の情報コントロールは完璧であり箝口令も徹底され関係者でさえ皆目見当がつかず、最強スクープ集団『週刊文春』さえ、どんなに他社の中吊りを盗み見てもわからないという異例の状況であった。

後に昇太本人は「黙っているのがつらかった。2月に言われていて」（『東京スポーツ』2016年6月2日）と内示を受けていたことを告白したが、そんなことは露ほども知らない視聴者の多くは「どうせ既定路線だろ」と高を括っていた。

そもそも高齢で退く歌丸が、自分のたった9ヶ月年下の木久扇を後継にする理由はない。ならば人気実力知名度の点から大本命とされたのは、前司会者・五代目・円楽の愛弟子で「オヤジは警官警視庁、ムスコは休憩錦糸町」「嗚呼、牛タンと円楽は仙台（先代）に限る」でお馴染みの落語界の瀬古利彦こと、楽ちゃんこと、六代目三遊亭円楽師匠をおいて他にないと思われていた。実際、業界的にもお茶の間的にも誰もが半ばそう思っていた。

もちろん歌丸入院時の収録回で代理司会者として安定感を見せた好楽、小遊三などの「内部昇格論」も妥当な昇格人事として議論はあっただろう。

その一方で過去の、前田武彦、三波伸介などの異業種司会者を思い起こせば「外部招聘論」の線もあった。

実際、名前が挙がった例を書き記せば、タモリ、ビートたけし、太田光、ＴＯＫＩＯの城島茂、伊東四朗、高田文夫らに加え、古舘伊知郎のタイミングの良すぎるニュース番組卒業なども噂が噂を呼んだ。

また、もともとは立川談志が同番組の立ち上げに関わり大喜利スタイルの考案者であるという原点に立ち返れば、現・立川流のビッグ３、志の輔、談春、志らくのいずれかが起用される仰天企画も想定された。

だが、こうした世間の噂に対して志らくは、

「回答者としてのオファーなら自分の人生を座布団の取りっこに捧げるのは嫌なんでお断りです。でも司会者なら受けましたね。ただし条件がある。私が司会を受ける場合、座布団配りは山田クンではなく〝立川談春〟にします！」と兄弟子を挑発して実に小粋に笑い飛ばした。

今回の大胆な若返り人事を含め、保守的なバラエティ番組の代表格とされる『笑点』だが、現在は従来の型を破った斬新で革新的な番組運営が続いている。

この日の放送でもＴＯＫＩＯとの大喜利対決やナイツと歌丸師匠によるスペシャル漫才、普段は編集をかけて20分サイズのベスト版に落とし込んでいる大喜利を出たとこ勝負の生放送で挑むという攻めの企画が並んだ。

さらに大喜利も「新司会は誰か？」というお題に始まり、すべての出題が歌丸師匠の引退にちなんだもの。最後は小遊三の回答でメンバー全員の座布団が没収されるというアバンギャルドな展開で幕を閉じ、飽きさせない構成で繋ぎに繋いでようやく新司会者の発表に至った。

放送開始から51年を迎えた『笑点』は、テレビ史上屈指の長寿番組でスポーツ中継を除けば日本テレビ内では現役最長寿番組である。

この国民的番組の歴史は、視聴者それぞれの記憶に譲るが、我々浅草キッドもかつて演芸コーナーに出演歴があり、その舞台に立てたことに芸人として達成感を覚えたものだ。

しかし、その一方でテレビに映らない舞台の漫才では、我々にとって『笑点』とは、その旧套墨守《きゅうとうぼくしゅ》なマンネリズムを徹底的にネタにするのが常であり、それは我々の十八番でもあった。

我々の作った「漫才版笑点」その内容は、米『TIME』誌が日本の演芸特集を組んだというフェイクニュースの設定で、先代の三遊亭円楽を中心とした大喜利の様子を表紙にした手作りの雑誌を舞台に持ち込み、英文の記事を日本語に翻訳した態《てい》で読み上げる。

その内容は、

「日本の人気番組『笑点』は漢字で書かれたタイトルだが、英語の〈ゴー・トゥ・ヘブン〉=〈昇天〉のダブルミーニングの略だ。

その証拠に出演者は老い先短い老人ばかり。その意味に於いても『笑点』は日本の高齢化社会の縮図であり、まるで旧弊な日本の保守権力・自民党の支配構造のようだ。

この番組は権力亡者となった老芸人たちが、アルツハイマー型ボケ防止のために古臭いジャパニーズ・ジョークを競い合う。

『笑点』は本来地味で陰気な日本の老人に、色とりどりの派手な着物を着せ、艶やかに装いつつも、その実態は、日本の古くからの風習である姥捨てをバラエティ化した命懸けのパジャマ・パーティーである」


というような比較文化論のパロディで、同番組を揶揄した。

また『笑点』は長老支配、老世代の既得権の象徴に見えていたからこそ、永遠にメンバーチェンジしない国連の常任理事国に例えて、その小ズルい立場を笑い飛ばしてきた。

斯様に『笑点』に対して様々な思いを抱いてきたからこそ、今回の〝56歳の若手〟昇太の抜擢に驚いたのだ。


駆け出しの若手時代、放送作家の高田文夫率いる演芸ユニット「関東高田組」に属し、自他共に認めるエース漫才師として舞台に上がっていた我々は、落語界の俊英であった、当時二つ目の春風亭昇太とのガチンコ対決を何度も組まれた。

特に1991年10月25日——。

新宿安田生命ホールで開催された「激突！　昇太vs浅草キッド」の一騎打ちでは、昇太の飄々たる振る舞い掴みどころのない芸風でかわされ、勝てるはずの勝負に勝てず、昇太の生粋の笑いの才能、つまり業界符丁の「フラ」を実感させられたものだ。

とはいえ、その時点では、全テレビ番組のなかで最高視聴率を叩き出すカイブツ番組『笑点』の司会者に将来、昇太が昇格し「天下人」として成り上がるとは露ほども予想していなかった。

ましてや今年は、NHK大河ドラマ『おんな城主 直虎』での今川義元役の無口な怪演が「怖すぎる！」と評判を呼び、さらにはTBSの日曜ドラマ『小さな巨人』での悪徳署長役が「小さすぎる！」と背丈と人間性の両面に称賛が飛ぶなどドラマ界でも大活躍、なんたる出世運の持ち主か。

再び2016年5月22日――に時を戻そう。

テレビで昇太抜擢が報じられたと同時に、青梅街道沿いに建つ古びたマンションの電話がけたたましく鳴った。

部屋の主は佐竹チョイナチョイナ。この奇妙な名前だけで元たけし軍団と連想できる読者は、齢を重ねた演芸マニア、好事家である。

チョイナが受話器を取ると、聞きなれぬ女性の声が囁いた。

「もしもし……、チョイナさん？」

「……うん⁇　誰⁇」

芸界を引退して約20年、50歳を超えた彼を芸名で呼ぶ人は少ない。

「ワタシのこと、たぶん覚えてないと思うけど、今、テレビで春風亭昇太が『笑点』の司会になったよねぇ……」

それは過去からの罪の声だった。

（つづく）

春風亭昇太

笑点司会の日［その2］

２０１６年5月22日――。

♪パッパカパカパカ、パッパッー
平凡なる日曜日、何時もの『笑点』のオープニングテーマ曲が流れて数十分後のこと。

新中野にある元たけし軍団の〝脱北者〟佐竹チョイナチョイナ宅で電話が鳴った。携帯電話ではない固定電話のベル音である。

「今、テレビ観てる？　日テレ！　ワタシ、びっくりしたんだけど、昇太が『笑点』の司会になっているじゃない。えぇーって。そんなことありえる？　もう誰かにどうしても伝えたくて、それで古い電話帳を探したらチョイナさんの番号があったから、もう思わず電話しちゃったんだけど。まさか繋がるって思わなくて……。ねえ、ワタシのこと覚えてる？」

そこまで言われて、チョイナも25年前の〝ある出来事〟の記憶がおぼろげに蘇ってきたのだった。

それは高田文夫先生がパーソナリティを務めるニッポン放送『ラジオビバリー昼ズ』での話だ。

同番組に20年以上レギュラー出演し、現在では水曜日のＭＣでもある昇太だが当時は外回りのレ

昇天
いたしました。

ポーターを担当していた。

毎週、訪れた先の中継ゲスト宅で『建もの探訪』よろしく家や部屋の様子を実況しつつ、スタジオの高田先生を交えて住人との軽妙なトークを展開していた。

そして、ある日の中継ゲストが、件《くだん》の佐竹チョイナチョイナだった。


当時はビートたけしの第1次黄金期であり、たけし軍団の一軍の10人はパワハラを中心とした体力集団芸「ガンバルマン」で人気沸騰、たけし抜きでも冠番組を持つほどだった。二軍も5人から成るたけし軍団セピア（この名称は当時人気絶頂だった「一世風靡セピア」のパロディ）を組んでいた。

さらに、その下、三軍には浅草キッドブラザーズ（こちらは当時の人気劇団「東京キッドブラザース」のパロディ）の6人組が控えており、この最下層集団のなかでボクと相棒の玉袋筋太郎は漫才コンビ・浅草キッドとして売り出し中だった。


同期の芸人が売れていくなかボクたち同様、三軍所属のチョイナは低迷したままだったが本体が売れに売れている状態のため、度々その人気の恩恵に与ることができた。

たとえ無一文でも先輩に付いて盛り場に行けば必ず酒と肴を「ごっつあん」できて、さらに女性まで「おこぼれ」ながらも「おもちかえり」できる機会も少なくなかった。

しかもチョイナは性格的に「こびる。へつらう。おもねる。ごまする」という後輩芸人に求められる4大要素をすべて持ち合わせていた。

そんなチョイナだから『ラジオビバリー昼ズ』の出演を明日の昼に控えた大事な前夜であっても、先輩のラッシャー板前に誘われ渋谷のカラオケパブで大いに飲み食い歌い、そして気がつけば……自分のベッドに見知らぬ女性が寝ている……ということも茶飯事な日常に堕していた。

チョイナが起き抜けに記憶を辿る。確か彼女は、ラッシャーが連れていたバスガイドだったはずだ。女遊びや総じてセクハラにも煩い現代、チョイナを庇うわけではないが、25年前のたけし軍団にとってそれらはよくある光景であった。

寝入ったままの彼女を起こすことなく、それでもラジオの中継は正午以降からと二度寝を決め込んでいた午前10時前。

その時、チョイナ宅の呼び出し鈴がフイに鳴った。

ピンポ〜ン！

目覚ましのセット時間より早く響いたその音に驚き、寝ぼけ眼でドアの覗き穴から外の様子を見ると見知らぬメガネの小男が立っている。

「『ラジオビバリー昼ズ』から来ました春風亭昇太です」

と相手は名乗ったが、当時、チョイナと昇太は面識がなかった。

急いでドアを開けると、そこにいたのは昇太ただひとりだった。

「師匠、おひとりですか？」

「うん、そうなのよ。時間より早く着きすぎちゃうんだよねー。というより、俺、部屋の様子をレポートするじゃない？　スタッフより早めに来て自分なりにチェックポイントを探してんだよ」

とレポーター芸人の勤勉さを曝すが如くもっともらしく言うと、注意深く部屋を眺め回した。

ワンルームマンションだが高価なオーディオセットが目についた。

男の若手芸人の一人暮らしなら準ゴミ屋敷という光景が相場だが、チョイナの部屋は小奇麗で敷布団は万年床ながら清潔そうな白いシーツが覆っていた。

そして、なぜか掛け布団の真ん中が人の形に盛り上がったままだ。

「ん、誰かいるの？」

昇太が尋ねると、半裸の髪の長い女性が事の次第がわからない様子で布団から出てきた。

「あらー、そういうことだったの。ごめん、なんかタイミング悪かったかな？　チョイナくん。ひょっとして結婚してる？　それとも彼女かな？　うん、もしかして同棲？」

「師匠、違う、違います！　師匠が来るのが早すぎるのと、この娘がたまたま帰らなかっただけですから。しかも昨日、会ったばかりで無関係ですし、彼女でもなんでもないんで……」

テンパりながらアタフタと言い訳を並べ立てるチョイナの脳裏に、お笑い芸人として〝この瞬間、試されている〟という激情が沸き起こった。

それは今にして思えば未来の『笑点』司会者から、チョイナに振られた大喜利のお題――。

「もしも先輩芸人に、自分が裸の女と同衾中のところを見つかったら？」

という無茶振りの問いに答えよというという試練だった。

チョイナは考えた。そして、それはチョイナの脳内で瞬時にして「その時、自分が先輩にできる最高の『お・も・て・な・し』とは何か？」というお題に〝勝手に〟書き換えられた！

「でも、彼女相当可愛いじゃない！　さすが、たけし軍団だねー」

と精一杯、その場を言い繕う昇太にチョイナが返した回答は！

「師匠、もしよろしかったら、どうぞこちらの子もご賞味ください」

「なによ、ご賞味って？　バカじゃないの！　そんな展開ないでしょ？　だいたいそんな言い方、彼女に失礼でしょ！」

「いや、私はこれから正確に30分、この部屋を出ますから、何卒、師匠がお好きなようお過ごしください」

「え――！　これから、すぐラジオのスタッフも来るよォ!?　そんな時間あるわけないでしょ」

「いえ、まだスタッフとの約束の時間まで45分はありますから……それでは私はこれにて……」と早口で言い切るとチョイナはそのまま外へ出ていった。

そして、きっかり30分後に部屋に戻ると部屋は整頓されていて彼女は外出の身支度を整え「じゃあチョイナさん、また〝必ず〟電話するから！」と言って、そのまま部屋を出ていった。

その15分後、ラジオの中継スタッフも部屋に到着した。

そして何事もなかったかのように、その日の二度目になろうかの〝生本番〟も恙無く終了したのだった。

昇太とチョイナはその日以来、共演することはなく、またチョイナと彼女が再会することもなかった。

あの日、チョイナの部屋が〝チョンの間〟になったのか30分という短時間で昇太が衝動的に交渉し〝昇天〟したのか否か、本当にワカラナイ。

♪新中野、よいとこ～一度はおいで～チョイナチョイナ～

お医者様でも草津の湯でも独身の病は治らない。

ご存知の通り、昇太は今も昔もチョンガー、プライベートは芸風通りに身軽なままだ。

あの日から25年後。

昇太が『笑点』の司会者に昇り詰めた瞬間、電話が鳴ったのは事実。

昇太とバスガイドに何があったか？

この小さな事実、それだけで25年越しの疑惑の〝氷点〟は氷解したに等しいのだ。ドラマ『小さな巨人』のワンシーンであれば「あなたは１００％クロです！」と今まさに詰んだのだ。

それでも尚とぼけた顔で「さて25年前、ワタクシとあの娘の間に、あの日あの時、何があったのでしょうか？」と昇太が仕切る笑点の大喜利でこんなお題が出てきたら、ボクは回答者として乱入し、こう答えるだろう。

「相手はバスガイドだけに発車（発射）オーライしました！」

真っ赤な顔をした司会の昇太が返す。

「もぉぉー、なによぉ！　ハカセの座布団、全部持っていって！」

笑点このへんでお開きです。

その後の春風亭昇太師匠であるが、2019年6月27日、落語芸術協会の会長に就任。50代にして『笑点』の司会者」にして「芸術協会の会長」に昇り詰めた。

さらに衝撃が走ったのは、その3日後の6月30日、59歳にして19歳年下の元タカラジェンヌと電撃結婚を果たした。

こうなると旬な国民的スター、上級国民であらせられる。長年、独身でノースキャンダルであるが故に飛んだもろもろの憶測、と思いきや、フツーに女好きな一面。

これらを弄ることで、逆バリとして成立してきた笑いにとうとう蓋をされた格好だ。しくじったか……。と思いきや、この記事を書いた後にライブで二度同席したのだがニコニコと笑って挨拶してくださり、無論、この原稿の内容を叱られることもなかった。

本業の『笑点』の視聴率は、裏の大相撲中継の優勝争いが接戦になった場所など以外は常に高視聴率で安定している。

司会者席に座り続けてはや7年、舌っ足らずな仕切りのまま一向に増すことのない重厚感も何一つ問題視されず、大衆に支持され昇太師匠は昇太師匠であり続けている。このまま何も波風を起こさないまま、いつの間にか昇天に昇りつめているのだろう。

12

名優・石坂浩二 ヤリスギの郷

今、昼間からドラマ『やすらぎの郷』に連日釘付けだ。

新設されたテレ朝の昼ドラ枠、齢《よわい》82歳になる脚本家・倉本聰渾身の脚本を得て主役の石坂浩二（通称・兵ちゃん）が失われた〝何か〟を取り戻すかのように全篇〝喋りまくっている〟のだ。

キャストも大きな話題で石坂浩二と浅丘ルリ子の離婚後31年ぶりの初共演に加え、若かりし頃恋人関係にあった加賀まりこまで登場とあってはシルバー世代の青春を直撃し、日々「ヤリスギの郷」に目を奪われている。

1962年生まれのボクは特撮ドラマ『ウルトラQ』（円谷プロダクション／TBS）のナレーションで、まず〝声〟から名優・石坂浩二を知った。後にドラマでその声の主を目の当たりにするや、声は人なりに見事シンクロした品のあるハンサムな顔立ちに見惚れた。実際、70年代、人気タレント調査では3年連続1位を記録。NHK大河ドラマでは1969年の『天と地と』を皮切りに計3作品で主演を務め、テレビ時代の国民的俳優の座に就いた。

兵ちゃん
Eh

80年代になると石坂は横溝正史原作の映画、ドラマで金田一耕助の当たり役をものにする。

正史の父の故郷、岡山県に伝わる恐ろしい哀史の数々。

忌まわしい記憶を紐解かれる地元民、県出身者にはありがた迷惑な金田一ブームではあったが、ボクの倉敷の実家はそんな横溝作品にうってつけの純日本家屋の屋敷だった。敷地内に瓦葺きの母屋の他に、2棟の蔵が隣接していた。蔵のなかの黴臭い暗闇に入るとおどろおどろしい気配に包まれ、家に居ながら横溝映画の聖地巡礼気分を子供心にも味わったものだった。

2013年8月24日——。

そんなボクにテレビ東京『なんでも鑑定団』からオファーが届いた。鑑定依頼人としての出演は初めてであり番組自体には17年前、出張鑑定のレポーターとして出演して以来のこととなった。

今回、ちょうど実家が改装中で、蔵のなかの品を事前に数点、番組サイドに提出したところ手応えありの様相で、「もっとありそうなので倉敷まで行って、こちらで調査します！」と、スタッフからの反応があった。

その後、ボクには何も知らされぬまま収録日を迎えた。どうやら、この日の鑑定依頼品は数日前に兄が蔵で見つけた発掘品となり、ボクもスタジオで初めて目にすることとなった。

当日の司会進行は今田耕司。そして先代司会者・島田紳助曰く「日本一やる気のない」長寿アシスタントこと吉田真由子と、ネット上で「日本一喋らないメインMC」と囁かれ始めた石坂浩二が笑顔でスタジオに迎えてくれた。

鑑定依頼品は、箱書きのある年代物の木箱に入った12客の茶碗。赤のビロードの敷布の上に2段のひな壇に並べられ、雰囲気厳かで見た目も期待大の一式であった。

「さて、希望鑑定価格は？」

と今田耕司に促されるとズッコケの期待はずれのリアクションも心得て、あえて強気に大風呂敷を広げて「600万！」と打ち出した。

番組恒例の一通りの段取りを終えると、いざ赤い電光掲示板に数字がクルクルと回りだす！

そして、下の段から数字が……0・0・0・0・0・0・2・1

と露わになり、な、な、なんと！

1200万円の値がついた!!!

依頼品の茶碗は、金沢の大樋焼《おおひやき》の名匠・九代大樋長左衛門作であった。

いつものように、正絹の着物と色違いの羽織を美しく着こなした中島誠之介が流暢な解説を聞かせてくれた後「これは美術館に入って良いです！」と断じ、待ってましたの決め台詞「いい仕事してますねー」を何度も連発した。

ここまでボクに渡されていた事前の台本は、進行のペラ1枚のみ。

鑑定結果は最後まで予測不能のガチンコ。ボクの30年のテレビ出演で、最も驚いた瞬間だった。

その後もスタジオに居残り、初対面の石坂浩二と雑談に花が咲いた。

「金沢の長左衛門はねー……」と、その蘊蓄と美声にも改めて聞き惚れた。

ちなみに『やすらぎの郷』のなかでも、石坂の過剰な蘊蓄癖は登場する。

横山大観のスケッチを見ながら八千草薫に長広舌をふるうシーンなど、まさに確信的セルフパロディだ。

「これは番組史上、芸能人の持ち込みでも史上最高額クラスですよ！」

至近距離での蘊蓄と美声に加え、ボクはリップサービスまで頂戴した。

後日、よく調べると芸能人の高額鑑定額の記録は石原良純が持ち込んだ「岡本太郎の鐘（8000万円）」だったが、なべやかんの「マイケル・ジャクソンが『スリラー』の撮影で用いた顔型（1000万円）」を超え、たけし軍団史上では最高額レベルを記録した。

収録後、石坂浩二の楽屋を訪ねて肩を寄せ、やすらぎの2ショットをお願いすると気さくに応じてくれた。いつの日か実家の収蔵品を漁って兵ちゃんにまた会いに来たい……と思っていたが、ご周知の通りこの2年7ヶ月後、石坂浩二は同番組から突如、卒業することとなった。

2016年1月26日号で『女性自身』が石坂浩二と番組プロデューサーの確執を伝えると各週刊誌、スポーツ新聞も次々と後追いに走った。

「2年前ぐらいからでしょうか、番組で石坂さんの姿や発言が執拗にカットされ始めたんです……」

記事は総じてこのような〝番組関係者〟の証言を伝え始めた。確かに数年前から視聴者の間でも「今日も石坂さん喋らなかったね」という感想は一致していた。

降板圧力のイジメか？　パワハラか？　はたまた大病か？

石坂浩二は、ビートルズの番組オープニング曲のように、

「Help! I need somebody」

と、何かの救いの声をあげていたのではなかろうか。


この〝声なき声〟に応えたのが『世界まるごとＨＯＷマッチ』でナレーションを務めた小倉智昭だった。自身の『とくダネ！』で、この問題を取り上げ「関係者のほっかむり」「不自然なカット」に怒髪天を衝き、兵ちゃんを徹底擁護した。

その後、石坂は本当に降板したがＢＳジャパンの新番組『開運！なんでも鑑定団　極上！お宝サロン』に舞台を移し思う存分に喋りまくっている。

とはいえ降板の真相は藪の中。「解明困難な謎」、まさに「ウルトラＱ《クエスチョン》」となった。

この降板騒動が話題となるなかで、ボクが密かに思い出していたのは、

「あの人はほんとに博識なんだよ。しかも、よく喋る人なんだ。あの人の講釈と正論が常にあるか

ら、あの番組で俺がボケられるんだよ！」

とは、かつてビートたけしが自ら経営していた居酒屋『北野屋』で雑誌の取材を受けた際に語った『世界まるごとＨＯＷマッチ』の共演者、石坂浩二に対する論評であった。

もちろん石坂浩二とは、博識と正論だけの人ではない。

巨泉、石坂、たけしの80年代の蜜月時代、オーストラリアで巨泉が仕掛けたカニ籠から勝手に2人でカニを失敬して食したのだが、なぜか石坂だけが、あの天下の二枚目だけが無様に下痢を起こしてゴルフ場で往生した笑い話や、今回の一件でも「知識ありすぎて鑑定の〝答え〟を先に言うてしまう」と、なんとか騒動を笑いで鎮めようとした今田耕司の証言にしろ、完璧主義者の不完全性やインテリの天然性こそが、幾つになっても女性を惹き付ける石坂浩二の魅力であることは論を俟たないだろう。

まさか自分が55になる歳で、まさか自分が〝老眼ズ〟（@みうらじゅん）と呼ばれる年齢で老眼鏡ケースを握り締め、昼ドラに釘付けになる日が来るとは。

そして画面のなかの石坂浩二もまた、その厚いシニアグラスの底から澄んだ眼差しでキャリアを振り返り、自らの芸能人人生を「役」として演じている。

今日も実生活をも彩った美女に囲まれる石坂浩二に、ボクは思わず心から唸って人物鑑定してしまう。

「いい仕事してますねぇ」

その後のはなし

その後の兵ちゃんは相変わらずお元気である。

2016年3月に『開運！なんでも鑑定団』を降板後に、思う存分、時間を気にせず博識を披露し尽くせる〝やすらぎの薀蓄部屋〟をテレ東のBSチャンネルに得てからというもの、『開運！なんでも鑑定団　極上！お宝サロン』や後継の『石坂浩二のニッポン凄い人名鑑』（共に放送終了）で約2年に渡って誰に制されることもなく存分に薀蓄を語り尽くした。

さて『なんでも鑑定団』と言えば、この「週刊　藝人春秋Diary」の連載の石坂浩二の回で触れたことも手伝い、2018年3月20日放送回の収録で、なんとテレビ東京から再度、ワタクシ水道橋博士に出演依頼が届いた。

前回の芸人最高鑑定額更新を狙い、実家の蔵から選び抜いた「根来塗の盆」を持参したのだが、決して悪いものではないものの数が多いということで鑑定額は「1万円！」であった。無念！

まだまだ蔵には秘蔵の品々があるので、いつの日か再挑戦して再びいい仕事をしたいものだ。

13

女優・加賀まりこ　やすらがない郷

今、日本中が夢中になっている〝やりすぎ〟昼ドラ『やすらぎの郷』（テレビ朝日）で、往年の大女優・水谷マヤ役を演じているのは大女優・加賀まりこだ。

彼女の〝素顔の演技〟はドラマでありながら、いつ何時、誰かが叱られるのではとハラハラしてしまう。

脚本家・倉本聰の真骨頂である虚構とノンフィクションの交錯。

『やすらぎの郷』が熱視線を受け続ける理由は出演俳優たちの私的な過去の色恋のみならず、その人生観や地の性格までもがドラマに大胆に取り込まれているからであろう。

「彼女はやすらがない。心に思ったことはなんでも口にしてしまう」

脚本で出演俳優たちを操っているはずの倉本聰がインタビューで思わず脱帽してしまうほど、このドラマの加賀まりこは癇癖《かんぺき》で、口さがなく、されど「口先ばかりでハラワタも無い」まさに江戸っ子らしい、パブリックイメージ通りの〝女優・加賀まりこ〟を演じきっている。

GANSO
KOAKUMA

ボクが初めて加賀まりこを目の当たりにしたのは、１９８８年7月のこと。場所は横浜市郊外にあるＴＢＳ緑山スタジオの『風雲！たけし城』のプレハブの楽屋だった。決して広くない粗末な作りの楽屋でパイプ椅子に腰掛けて紫煙をくゆらせ、殿（ビートたけし）の仕事終わりを待っていた。

この後、ふたりはお出かけなのだ。

この頃、加賀は殿と蜜月で密会を重ねていた。とはいえ、その模様を深夜ラジオ『ビートたけしのオールナイトニッポン』のなかで下世話な週刊誌に抜かれるよりも先に自らの口で筒抜けに語っており、その明け透けなカミングアウトは伝説的だった。

そもそもデートの発端は、加賀からの猛アタックだった。

「自宅に電話してちょうだい」と加賀から言われ、殿が加賀宅に電話を掛けたのだが緑山スタジオのスタッフルーム、そのレオパレスばりに壁の薄い薄い部屋から電話したものだから出演者やスタッフに聞き耳を立てられて「弱っちゃったよ！」だの、電話を受けた加賀の実家の母親に話がなかなか通じず、「どちらさまですか？」「たけしーです！」と連呼するが「うちはタクシー呼んでません！」とガチャ切りされてしまっただの……。

ハナっから爆笑エピソード満載だった。

大女優との１対１の対面に照れた殿は六本木で軍団を合流させ、デートは宴会からのカラオケ大会と化した。

店を替えるたびに、加賀は十八番の『天城越え』の絶唱を繰り返す。

宴は早朝を迎え、新宿でとある店に飛び込みで入ると先客としてホステスと熱唱中だった三木のり平と出くわした。

「あ〜ら、のり平先生〜！」と言いながら、加賀はまたもや『天城越え』を歌い出し、そのヘビーローテーションっぷりに全員ズッコケ、大笑いのオチとなった。

そして殿に随行したガダルカナル・タカが泥酔し、加賀の頭にチンチンを乗せ「チョンマゲ！」とのギャグをかましたところ、事も無げに「私を誰だと思ってんのぉ！」と返した姐御肌には一同仰け反った。

セクハラも粋な返し一つで流れ去る、大らかな時代だった——。


ちなみに、そのチンマゲ男が司会を務める麻雀番組『THEわれめDEポン』（フジテレビONE）では、加賀は今も咥えタバコのまま徹マンを満喫している。

あの日、25歳のボクが緑山で見た加賀まりこは44歳。

女優の凛とした佇まい艶やかさにたじろぎ、10代の頃に観た邦画『泥の河』のモノクロームの想い出が一瞬で蘇った。彼女が演じたのは廓船に棲む娼婦。その揺蕩《たゆた》う表情、その鮮烈な美貌がフラッシュバックした。

「俺よー、今、あの加賀まりこに口説かれちゃって大変なんだよォ！」

ラジオで参っちゃったよトークをしながらも、殿は明らかにご満悦だった。

昭和22年生まれの殿にとって同時代の女神《ミューズ》だった加賀まりこからデートに誘われることが、どれほど男冥利に尽きる出来事であったか！

当時の加賀《カガ》様と言えば、現在のガガ様以上に最先端のセックスシンボルだったのだ。

しかし、逆にこの時分のビートたけしのセクシーシンボルぶりたるや、大女優に追いかけ回されるにも宜なるかななのである。

ボクは後に加賀まりこの自叙伝『とんがって本気』（新潮社）を読んで、殿の本懐を追体験した。

波乱万丈のザ・女優！　加賀まりこ――。

その「とんがり人生」は少女の時から突出している。神田生まれで神保町の古本屋に通い詰め、小学生の頃から澁澤龍彦訳の『マルキ・ド・サド選集』を愛読。映画を観るや、子供ながらヘップバーンカットをしにひとりで美容院に行く都会っ子。

今に続く辛辣な言葉攻めや、ショートカットヘアへのこだわりの原点を見る思いだった。

そして10代で〝真夜中の教室〟と呼ぶ飯倉のイタリア洋食店「キャンティ」に出入りするようになると、マスコミに「六本木族」「小悪魔」と名付けられ、黛敏郎や丹下健三など、そこに集う文化人たちと縦横無尽に人脈を広げてゆく。

20歳、売れっ子アイドルの時「もう女優業とはおさらばしたい」と半年先までのスケジュールをキャンセルして渡仏。今まで稼いだあぶく銭を散財する決意で一人暮らしを始め、毛皮を買い漁る豪遊の傍らサンローランやトリュフォー、ゴダールやサガンと交友を重ねる奔放すぎる行動をとった。

大物スターとの恋や、結婚生活と離婚も経験。まだシングルマザーという言葉もなかった時代に未婚の母を決断して大いに世間を賑わすが、しかし、それは出産後7時間だけしか母親でいられなかったという哀しい経験も赤裸々に回顧する……。

2004年には年下のTBS社員との〝事実婚〟が報じられ「5年越しにアプローチしてやっと振り向いてくれた男性、これが最後の恋」とコメント。

そして今や、やすらぎの郷の主として君臨している。

加賀まりことは、その後も何度か仕事現場で一緒になった。

彼女は、いつも〝やすらがない〟女神だった。

忘れがたいのは、1988年の年の瀬に日本テレビで行われた『ビートたけしのお笑いウルトラクイズ!!』の第1回目のスタジオ収録。

この日、三田佳子の入り時間が大幅に遅れ皆が待たされ続けていると、ゲスト席の加賀がいきなり立ち上がり「タケちゃん！　どうなっているのぉ!!!　私も帰るわよ！」と凄んだ。

フリップを立てる黒子役としてスタジオの隅に居た軍団の下っ端のボクは、あまりにもの恐ろしさに縮み上がった。

そして、2011年4月14日——。

殿が司会のテレ朝『みんなの家庭の医学・3時間SP』にて大物ゲストが一堂に会するなか、前室の隅っ子でボクが直立で待機していると加賀まりこが近づいてきて突然「貴方‼」と呼びつけられた。

「貴方には、いつかお会いしたら一言申し上げようと思っていたの！」

訳がわからず呆然とするボクに、

「貴方！　以前に雑誌の記事で私の本を褒めてくださったでしょう。その節は……ありがとうございます」

と彼女は深く一礼した。

それは7年も前に、とある雑誌（『日経エンタテインメント！』）に書いた『とんがって本気』の書評だったにもかかわらず……。

この収録の当時は、沢尻エリカが「別に」発言をきっかけに生意気女優として世間の顰蹙《ひんしゅく》を買っている時期だったため、一か八か加賀に軽口を叩いてみた。

「杉村春子の『女優の一生』なんて本がありましたけど、加賀さんの『とんがって本気』こそリアル『女優の一生』です！　そして今こそあの本を、沢尻エリカに読ませるべきです！」

ボクがそう提案すると、加賀まりこは「そうね」と言って不敵に笑った。

加賀まりこさんにも石坂浩二さんにも、その後、お会いしていない。

しかし2016年の『やすらぎの郷』終了後、1年の充電期間を経て、続編『やすらぎの刻〜道』は2019年4月より放送開始され、丸1年という民放ドラマでは異例のロングランを駆け抜けた。ボクは両作とも1話も欠かさず観た。だからこそ、この数年は、お昼に毎日、おふたりにお会いしているような錯覚に囚われた。


『藝人春秋』はテーマを「あの世のものとは思えぬこの世」を掲げて書いていたが、このドラマこそが俳優という人生の生死、表裏の皮膜を写す縮図だった。特に続編は、テレビ朝日開局60周年の目玉として、NHKの大河以外では昨今稀である1年間に渡る大長編ドラマだった。

86歳の巨匠・倉本聰が主人公の老脚本家（石坂浩二）を通して描く「老い」が、あまりにもリアルすぎた。

この続編の出演者の平均年齢は80歳を超えており、超高齢者ドラマの舞台裏だけで一冊の本が書けるだろう。

2020年の3月にフリーライターの木俣冬さんが、同ドラマの中込プロデューサーにインタビューして「倉本聰の『やすらぎの郷』『やすらぎの刻～道』制作奮闘記』という秀逸なネット記事を書いている。（ロングインタビューなので是非現物を当たって欲しい！）

この続編は老人ホーム「郷」で巻き起こる現実と、「郷」に暮らす老脚本家がシナリオで描く過去から今へと時世を辿る「道」、ふたつの物語が行き来する複雑な構成だった。

しかし舞台裏では、ご高齢のキャストが次々と逝ってしまうことが起こり、ドラマと現実が錯綜した。

撮影当時は生きていた俳優が幽霊の役で出現するテレビドラマは、まるで黄泉の国で起こる物語、「あの世のものとは思えぬこの世を」を幻視しているような不思議な想いに陥った。

中込「お悔やみだらけです。『やすらぎの郷』の野際陽子さんからはじまって、8人亡くなりました。津川雅彦さん、佐々木すみ江さん、織本順吉さん。『やすらぎの刻～道』で八千草薫さん、梅宮辰夫さん、山谷初男さん、中村龍史さんですね。打ち上げは『やすらぎの郷』も『刻』も黙とうから始めました。こういうことはなかなかないことだと思います」

特に梅宮辰夫さんは、主人公の父親の幽霊役で出演しており、テレビ越しにも死相がくっきりと出ており、まるで遺言のように「これが最後だ」と台詞を口にするさまは、死の間際まで役を演じる俳優という職への鬼気迫る執念が映し出されていた。

そして、〝国民的大女優〟八千草薫さん、野際陽子さんも本作が遺作である。

中込「八千草さんの場合は〝姫〟と言う役はそもそも前作『郷』の中で亡くなっている設定ですから、当初から幽霊で出演していただく予定でした。降板のお話も先々の治療のための降板で、いまはお元気だというから、「じゃあ、撮れるだけ撮りません?」とお誘いしました。（中略）八千草さんはものすごく喜んで、撮影も真摯に取り組んでくださいました。現場には、清野（菜名）さんも風吹（ジュン）さんも駆け付けて、みんなが見守り、なにか厳粛な時間が流れていましたよ。野際さんのときも、本人が闘病しながらも、絶対最後までやるとおっしゃいましたが、来る車中では酸素吸入器を付けているほどの状態だったんです。でも車を降りる瞬間に全部外し、何事もなかったように控え室で準備してカメラの前に立つ。あらかじめ監督たちに、セリフが飛ぼうが、何かが見切れようが、必ず1回でOKにしてと言ってありましたが、野際さんも石坂さんも100%セリフが入っていて、完璧に1回でOKでした。皆さんの最後の撮影がどれも、俳優としてのこれまでのキャリアと矜持を見せつけられるものでした」

「やすらぎの郷」という引退した芸能人が暮らす老人ホームを舞台にして、実生活では石坂浩二も加賀まりこも老いてなお現役のまま、人生という名の夢幻のドラマで〝共演者〟を続けていくのだ。

14 ウディ・アレンの誰もが知りたがっているくせにちょっと聞きにくい……。

２０１７年5月12日——。

歌舞伎町ＴＯＨＯシネマズ新宿へ、ウディ・アレン監督最新作『カフェ・ソサエティ』目当てに妻と駆けつけた。

舞台芸人としてキャリアをスタートした後、監督・脚本・主演を兼ね、映画でも世界的な評価を得て天才性を証明したのは史上、チャップリンとキートン、北野武、そしてウディ・アレンだけだ。

ボクのウディ・アレンへの興味と敬愛は、思春期以来尽きることがない。

80歳を超えても毎年、新作映画を作り続ける創作意欲に感嘆し、しかも最新作の出来栄えも大満足。鑑賞後の気分は「ピースフル！」だ。

近年のウディの映画は老いてなお、若い美女にモテる妄想を綴る、自身の「夢の砦」を描いている。

スクリーンに魅入りながら今、ボクの現実にも起きている、まるで映画のような実話を思い返していた。

女優Hに出会ったのは、2013年11月3日、園子温監督の短編映画のロケにボクが端役で参加した時だった。

下北沢で行われた半日がかりの長回し一発撮りの撮影。その現場の片隅にいた彼女は、まだキャリアが浅く「少しでも映りたい！　役が欲しい！」という野心が漲っていた。

撮影を終えて昼から小さな中華料理店で打ち上げとなり、真向かいに座った彼女に話しかけた。

彼女の映画への情熱の聞き役となり、その場でTwitterをフォローし合った。

メガネチビ老人が若い美女にモテる妄想――それは下北でもNYでも同じなのだろう。

とはいえ、その後、彼女の存在はすっかり忘れていた。そんな彼女のツイートが突如、地球の上を回り出したことに気づいたのは、それから3年後のことだった。


2016年8月1日――。

彼女は、ウディの新作『カフェ・ソサエティ』をマンハッタンのミニシアターで観たことを呟いていた。

初めて彼女にDMをしてみた。

「君は、NYでウディ・アレンの新作を観たの？」

すぐに返信が来た。

「それよりも、これ見てください！」

メールには、ウディ・アレンと彼女が仲良く頬を寄せ合うツーショット写真が添付されていた。

「何!!! これ!? 話の流れがまったくわからないんだけど?」

「この写真は4ヶ月くらい前に、NYのCAFÉ CARLYLEで一緒に撮ってもらったものです。詳しい事情は、また帰国した時に……」

そのまま彼女との連絡は途絶えた。

そして今年の4月、新しい写真と共にまたメールが送られてきた。

「突然メール失礼します! 昨日のウディと私です。ウディ様、相変わらずめちゃ元気です。81歳とは思えない。ウディがカッコ良すぎてメールしちゃいました!」

これは、いったいどういうことなのだ?


2017年7月2日——。

NYから一時帰国した彼女をGINZA SIXのフードコートの個室に招いて、独占取材させてもらった。

「確か、ウディ・アレンとの出会いはTwitterなんだよね?」

「3年前、Twitterに私がウディ・アレンのことが好きだって下手な英文で書いていたんですよ」

「それをまさかウディ本人がエゴサーチをしていて見つけたの?」

「ううん、違うんです。最初、co-workerの人が見つけてくれて……」

「コ・ワーカーって何?」

「ウディの仕事の協力者で、ウディの映画の音楽を作ってたりもする人が『いいね』をしてくれて。それで、私がフォローしたらフォローを返してくれたのでDMを送ったら、そこから普通に返事が来るようになって……」

「文通状態になったってことだね」

「はい。その方がウディのバンドのピアニストもやってる人だったんです！　バンドもカッコイイとか、この曲いい！　とか書いてたらNYにライブを見に来たらって言われて。それで一所懸命、お金を貯めて自費でNYに行ったんです」


ウディが「ウッディ・アレン・アンド・ヒズ・ニューオリンズ・ジャズ・バンド」のリーダー兼クラリネット奏者として毎週月曜日、NYのレストランで演奏していることはファンの間ではよく知られている。

「それで一人で何度も通い詰めて。でも食事の値段がすごく高いんですよ……。それに、ウディのファンが世界中から来ているんです」

「そのライバルのなかで、君は、とにかく目立ちたいわけだよね」

「そうなんです」

彼女は今年28歳だが小顔のベビーフェイスで、海外なら年端も行かない少女のようにも見えるだろう。

「君の容姿だと周りが心配しない？　まだ、子供に見えるから……」

「はい、心配されちゃいます。それでも通っていたら、ある日、ウディが私のことを『she is so cute!』って言ってくれたらしくて。普通なら絶対にありえない話なんですけど」

御年81歳にして、今なお〝アジア系童顔好き〟の世評を彷彿とさせる現役ぶり、その女性の好み、実にクセがすごい！

「そのピアニストの方が『アニーホール』とかにも出ているウディのマネージャーさんの連絡先を教えてくれて。それからは毎週、その方が私の隣に座ってくれて一緒にライブを観るようになったんです」

うーむ。こうなると、誰もが知りたがっている話を聞き出すしか無い。

「……ちょっと聞きにくいんだけど、……それは下心があるからなんじゃないの？」

「て、思うでしょ。その人、ウディより年上の86歳なんで、そういうのは……。でもめちゃ元気。マネージャーというかウディの親友的な方でステーキをご馳走してもらったりして。それで、ついにバックステージに連れて行ってもらえて、あのツーショットが撮れたんです！」

「本人と何か会話はしたの？」

「ウディがすごく早口なんで『アイ キャント アンダースタンド』って言ったらため息つかれてしまって……。だから、またお金を貯めて、今年からNYの語学学校に通うことにしました！」

「すごい行動力だね。英語をマスターしたら、やっぱりいつかはウディの映画にも出演したいの？」

「もちろん出たいです。でも、今は彼にずっと健康で長生きして欲しい。それが私の一番の願いです！」

「ウディの作品では何が好き？」

「たくさんあるけど、一番は『カイロの紫のバラ』ですね」

それは、ミア・ファロー演じるごく普通の日常を送る女性が、銀幕のなかから飛び出した映画の主人公と恋に落ちるファンタジー映画だ。

「それは、まさに君じゃないか！」

そう言いかけた瞬間、そのラストシーンでは、夢を追うヒロインに儚い冷酷な現実が突きつけられることを思い出した。ならば女優Hには、ボクから希望に満ちたエピソードを贈るとしよう。

「実は君に似た境遇の日本人俳優がいるよ。その人はトム・クルーズが来日した時、レッドカーペットで偶然、目が合ってトムに『横に並べよ！』と呼ばれている気がしたんだって。そして、彼もまた映画スターに憧れ、君と同じく語学留学を兼ねてNYに飛んだんだ……」

「え、誰ですか？」

「その未来のハリウッドスターの名は――」

♪ドラムロール
――ピース・綾部祐二!!

ウディ・アレンはその後、#MeToo運動で映画も公開できない現状だ。

そして、ここに書かれた人は……その後、語学学校の成果はボチボチのようである。

しかも、残念ながら「ハリウッドで映画に出ました！」という吉報もまだない……。

あ、この後日談は……無論、女優Hではなくピース綾部祐二のほうの話だが……。


一方、彼女は帰国後、女優を続けながら映画監督に転身。

2020年、第8回 八王子ショートフィルム映画祭に『知らない息子』を出品し、見事にグランプリを受賞した！

もう匿名の必要はない。誰もが知りたがっているくせにちょっと聞きにくい、その女優Hの名は――。

♪ドラムロール

――平岡亜紀監督!!

15

サスペンス・蔵書バカ一代

『蔵書一代』――。

とは、7月に出版された著述家・紀田順一郎の新刊のタイトルで、副題に「なぜ蔵書は増え、そして散逸するのか」と書かれている。

この本、活字中毒者にはサスペンスの如く鬼気迫り身につまされる。

1935年生まれの著者とは面識はないが、書籍蒐集を主題にした紀田の著作には10代の頃から接してきた。その紀田が一時期、岡山に居を移したことを知り、その地がボクの生まれ故郷であるが故に強く関心を持った。

本作は、著者が80歳を超え伴侶との余生を大切にしようと、蔵書3万冊超のなかから600冊だけ残して一括処分に至る経緯を綴ったものだ。

作家、蔵書家や大学の研究者などが亡くなれば、それすなわち蔵書の廃棄か散逸を意味する。

そもそも体系的に蒐集されている学術書などは、コンプリートされた形で保存されてこそ価値があるものだ。

ヤツはのんでるんですよ

例えば、映画・ジャズ評論家の植草甚一の死後、膨大なコレクションの散逸を避けるために、かのタモリが4000枚近いジャズのレコードを引き継いだ話は単なる美談を超え、文化保護のためにも意義深い英断であった。

紀田は本作のなかで、井上ひさし、渡部昇一、草森紳一、山口昌男、谷沢永一、江戸川乱歩など名うての蔵書家たちの膨大な蔵書の行方、寄贈先を追った。

そして「蔵書数13万冊」と言われた谷沢永一が1995年の阪神淡路大震災で被災し、書庫が瓦解したことに紀田は大きな衝撃を受ける。

なにしろ、当時、川崎市新百合ヶ丘にあった紀田の自宅は鉄筋コンクリート造りだったが、築21年で、蔵書は既に満載の状態だった。

しかも、現行の耐震基準への不備も指摘されたことから、ここで人生の一大決心をして、巨大活断層も少なく土地代もリーズナブルな岡山県の広々とした新居を終の住処として移転したのだ。

その時、紀田は伴侶から「あなたが死んでも、この本をあなたと思って、守っていてあげるからね」と言われ感涙したが、やがて家庭の事情で、再び横浜に戻ることになる。

すると一転して伴侶に「私は本なんかと心中するつもりはありません。一人でも施設にいきます」と言われてしまう。

「いまや女房どのは十年前に発した決意など、すっかり忘れ、終活まっただ中の険しい表情で断案をくだすのであった」と短期間での態度の一転ぶり、熟年夫婦が陥る恐怖のミステリーが綴られるのだ。

男子の蔵書の趣味は、人生を共にする伴侶にすら理解されないものだ。

ボクは独身時代に狭小ながら一戸建てを新築し、地下室の壁一面に作り付けの書架を配して、書庫を設けるなど蒐集癖男子の本懐を実現したことがある。ところが、それから10年、結婚、そして3人の子宝に恵まれ、家族が増えると妻と子供たちの生活スペース確保が優先となった。

そこで蔵書を維持するために自宅近くのビルのワンフロアを借りて倉庫代わりにし、岡山の実家に置いていた10代の頃の蔵書も持ち込み、上京する前の「思春期の本棚」を再現するなどして悦に入っていた。

しかしながら、ビルの家賃が高額のため、3年で持続を断念。現在、行き場を失った大量の本と雑誌は、厳選してトランクルームに保管している。

それがどれほどかけがえのないものを失う感覚かは同じ「癖《へき》」がある人にしかわからないだろう。

蔵書処分を決断した紀田は書いている。

「およそ本というものは段ボール箱に詰めたらおしまいなのだ」――。

わかる――！

読書そのものよりも書籍蒐集と書架への陳列のほうにも執着しているボクにとっては、処分するのは勿論のこと、本を目に触れない場所へ押し込む決断すらも辛いのだ。

実は以前、番組企画にかこつけて、第三者に本の〝断捨離〟を実行してもらったことがあった。

2007年11月11日——。

日テレ『今田ハウジング』という、家のリフォームをメインとする番組から出演依頼があり、自宅にある大量の本や雑誌の一掃をお願いした。

撮影当日、チュートリアルの徳井・福田の二人と当時、芸能界一の「お掃除名人」として売り出していたベテラン女優が我が家に来た。

彼女はボクの騒然たる部屋を見るなり「なんなのヨー、こんなの置いてちゃ駄目！　部屋が汚くなるわ！」と一喝！

「雑誌なんて捨てないと、積もるだけで汚らしいのよ！」

そう言えば部屋にあった数々の週刊誌のバックナンバーのなかでも、とりわけ『週刊文春』に対して激情的だったような記憶があるような、ないような……。

チュートリアルに指令して、後に有名となる布巻きの割り箸を指揮棒代わりに振り回し、所狭しと山積みにされた本や雑誌を次々とダンボールに詰め込み、運び去った。

その日、一行が帰った後、さっぱりと綺麗になった部屋を見て、ボクは悔恨の情に苛まれ心と体に大きな後遺症を抱えた。

そしてついに3年後「処分した本の泣く声が聞こえる！」と幻聴を理由に、手放した本や雑誌を再び買い漁り始めた。

手元に戻った古書の山は先述のビルの一室、倉庫部屋に収蔵されたが……結局、維持費が続かず解約後、またもや行き場を失った。自分では決断できないので、今度は妻に蔵書の取捨選択をしてもらった。

「これは、もう読まないでしょ！」

集めていた本や雑誌が、どんどんと無慈悲にダンボールに詰め込まれ、再び旅立って逝った。

一例を挙げれば、大友克洋の短編初出の１９７０年代の『週刊漫画アクション』数十冊を「これは単行本に入っているから、ページを切り取って捨ててもいいでしょ！」と処理されてしまったのだった。

必要な時にすぐに手の届かない場所に仕舞い込まれたり、廃棄されたり、また買い戻されたり……。

現在、古本市場では古典や文学全集のような〝基本書〟には値がつかず「これまで古書界では異端の品目であったサブカルチャー系の書物などに突出した値がつく」状況が生じ、伝統的な古書店が悲嘆していると紀田は記しているのだが、まさに自分のようなサブカルマニアがこういった事態を招いてるとしたら誠に返す言葉もない。

さりとてサブカル本、タレント本は、時として過去と現在を繋ぎ、異様な輝きに満ちる瞬間があり、それを常に所持していたいという衝動はなかなかに止められないのだ。

あの日『今田ハウジング』のロケでボクの部屋を掃除して意気揚々と引き揚げた、世にも恐ろしい女優は「貴方もこれを読んだらわかるわ！」と一冊の本を置いていった。

このたび、この週刊文春の連載のために『蔵書一代』と共に、本棚の奥の底からサルベージしたそのムック本『超整理・収納術』の30頁を読んで戦慄した。


世間は彼をサスペンスの帝王と呼びます。（略）ところがそんな彼もたった五年前まではモノを捨てられない性格でガラクタに宿った妖怪に囲まれて暮らしていました。（略）私は船越が抱えていた不要品を捨てて運気を上げることを夫に徹底的に伝授していきました。ときに厳しく、あるときは強制的に。（略）その結果運気は急上昇。もちろん人には言えない血の滲むような努力とみなさんの声援があってのことですが、身辺を整理整頓したことで、福の神を呼び寄せたのは間違いありません!!


おわかりいただけただろうか？

鬼気迫る、この本の著者は……YouTube 再生数日本一を記録した「『週刊文春』は私を騙したんです！」でお馴染みの、

『松居一代』――。

松居一代は２０１７年7月、ブログやYouTubeなどで船越栄一郎の不倫疑惑の告発を続けたことから、船越の所属事務所ホリプロから訴えを起こされ、また船越から離婚調停も申し立てられた。

同年12月、松居は電撃的に離婚に応じた。離婚に難色を示していると報じられていた松居であったが離婚成立後の記者会見では「ついに離婚を勝ち取りました！」と、あたかも自分のほうから船越を〝断捨離〟してやったのだとでも言いたげな笑顔で息巻いた。

また、ホリプロからの訴訟は２０１８年5月に和解が決まった。

本人のブログによれば、今年、ニューヨーク・マンハッタンのど真ん中に位置する「90階にそびえ立つ、超有名レジデンスの新築物件」をキャッシュで購入したとのこと。

このニュースに直接関係ないボクでも彼女がもう日本にいないことに、ほっと安堵した。


しかし！　誰もが予想などしなかった２０２０年の新型コロナウイルス蔓延によって、ニューヨークは厳戒態勢となった。

そして、松居一代が一時退避として選んだ滞在先は……「日本」だった。

♪デデンデンデデン（映画『ターミネーター』より）

16 新しい地図

2018年5月6日——。

ボクはBSスカパー！『はじめてのたけし』の収録のため、早朝から茨城へと赴いた。

この番組はビートたけしが、その長い人生で初経験の物事に毎回トライする趣旨だが、今回のテーマは「はじめてのレンコン堀り」である。

霞ヶ浦のほとりにある集合場所の居酒屋に、我々は待ち受ける。

やがて最高級外車のピカピカのマイバッハを乗り付けると、後部座席から世界の北野武が降り立つ。部屋に入ると、さっさとハイブランドのお召し物を脱ぎ捨て、ゴム長に履き替えて、泥だらけのあぜ道に踏み出した。

その落差が凄すぎる。

この日のロケでお世話になったレンコン農家さんは東京でレストランの経営やITプログラマーとして活躍後、17年前、茨城にリターンして家業を継いだという。

レンコンの売上は稲作よりも小さい水田ながら、実質的な収入は上場企業のサラリーマンの約2

New Map て
いいネーミング
EW

倍とのこと。

それを聴くや否や、殿は「そんなに儲かるなら、新しい事務所の定款に農業を入れておこう！」と言い出した。

さらに「そういやぁ、（つまみ）枝豆の実家は静岡のわさび農園だから、あそこで軍団の暇なヤツを働かしておけよ。芸能界はレンコンみたいに地下で根を張ってないと、いつ売れなくなるかわからねぇからな。基本、二毛作で準備しておかなきゃな！」などと、某城島リーダーを見習えとばかりの〝芸農人〟理論をぶった。

収録の合間、ボクは帯同した新任の31歳の私設マネージャーと24歳の新弟子を殿に紹介した。オフィス北野騒動で、裏方さんが次々と辞めていく現状だった。

2人とも、殿上人を前に震えるほど緊張している。

「Twitterで急募をかけて個人で雇いました。今、彼らと一緒に住んでいます」とボクが報告すると殿は「ホー！」と感心し、新しい地図に踏み出した彼らを優しく激励した。

32年前、ボクも家出と勘当を経て、全てを捨てて師匠に帰依し、師弟の契《ちぎり》を結んだ。

この契とは、全人生を懸けて全人格的な関係を築くことであった。

蓮田のあぜ道を歩きながら、今晩、Abemaで「新しい地図」と「たけし軍団」の共演があることを告げると、殿は「何それ？」と聞き返した。

「『新しい地図』は元ＳＭＡＰです。ジャニーズを抜けた香取慎吾、稲垣吾郎、草彅剛の３人の新しいグループです」

と言うと「ふーん、それと軍団が対談やるのかい？　面白いじゃねぇか、軍団もジャジャン、こういう機会にテレビに出とけよな！」と念を押した。

ロケを終え、茨城から赤坂のオフィス北野へと帰還した。

赤坂の一等地に、ビルの3フロアを借りていた事務所も、ビートたけしの独立騒動を経て、今や一室を残すのみ。

残務書類を詰め込んだダンボールが散らばる、兵《つわもの》どもの夢の跡であった。

ここから『7・2新しい別の窓』～「たけし軍団VS新しい地図」と題したAbemaTVの生配信番組が始まる。

立会人には、カンニング竹山が起用された。

バラエティの名手・竹山は、予想されるたけし軍団側からの不規則発言をホイッスルを吹いて止める役だ。

ボクも芸歴は長い。当然、何がNGワードかの分別ぐらいはあるが、生放送で過激になるのは芸人の性だ。

逆に言えば、竹山が起用されていることなのでギリギリの線までは踏み出して欲しいということだと解釈した。

21時過ぎ、カンニング竹山に伴われ、香取、稲垣、草彅の3人が事務所にやってきた。

すぐに番組が始まった。ボクの第一声。

「オフィス北野と言えば森社長こと森昌行、そして元SMAPのメンバーと言えばオートレーサーの森且行。今日は、お互い森って名前がNGなんです！」

とボクが挨拶代わりのジャブをかますと、早速、竹山のホイッスルが鳴ったが、それでも怯まずに「そこは〝夢がモリモリ〟ではなく〝闇がモリモリ〟だからね！」とぶっこみギャグを乗っけると3人の表情が瞬時に凍りついた。

さらには同時間帯、ジャニーズ事務所がTOKIOの山口達也との契約解除を発表とのネットニュースが流れ始めたため、

「今、Yahoo! ニュース見ました？　山口くん、さっき退社しましたよ」

と追い打ちをかけると、3人はますます困惑し黙り込む。

竹山のホイッスルでCMに入った。

すぐにボクは3人に向かって「生放送で受け身のとれないようなことを言ってスイマセン」と謝った。

「いえいえ！」彼らは揃って首を振る。

「博士さんはネットで話題になるのを狙ってるからね」と竹山がフォローしてくれる。

それどころか香取くんが、

「博士さん、映画を観ていただいたんですね。ありがとうございます！」

と、彼らが主演したオムニバス映画『クソ野郎と美しき世界』を激賞してネットニュースになっていたボクに逆に礼を言ってくれた。

あの映画の「エピソード3」である太田光監督『光へ、航《わた》る』は正直、素晴らしい出来だった。

「草彅くん、あの演技は年末の映画賞で主演男優賞を獲らなきゃおかしいよ！　あれは大傑作だった」

と、言いながらグループでひとりだけ贔屓にしているような言い方だったので「あ、ゴメン、草彅くんだけじゃなくて皆、良かったんだけど……」と取り繕いのフォローを入れると、稲垣くんが「あ、大丈夫ですよ、そこ気にしないでください」と丁寧に言い、香取くんは「つよポン良かったジャン！」と草彅くんに言うと「ボクらひとりが褒められたら、皆、それで嬉しいんです」とボクにニッコリと笑った。

それは今までメンバー内で、何度も比較されたり競争したり個人を揶揄されたりを繰り返してきたスーパーアイドルの一員の流儀だった。

オフィス北野を離れて、ロケバスで赤坂の制作事務所に移動。

そこは地図上、ジャニーズ事務所とオフィス北野の中間地点だった。

「へー、オフィス北野って、こんなにうちと近かったんですね。知らなかった……」と稲垣くんが呟いた。

芸能界の地図は近くて遠い。

上階へ向けて狭いエレベーターに一緒に乗ると、彼らの鍛え抜かれたアスリートのような体幹を中心に贅肉のない体格を意識した。

肉体そのものにオーラを宿している。

その間近に受ける肉感は、エンタメの最前線を闘ってきた男たちの履歴書を体感するようだった。

そして、たけし軍団の兄さん方、面々が待つ会議室へと案内し、両者の対談が始まった。

「3人が10代の頃、毎週のようにたけし軍団と会ってましたよね？」

とボクは切り出した。

そう、それは今から4半世紀前のこと。

毎週日曜日に日本テレビの『スーパーJOCKEY』で2組は何度も共演してきた。

当時の記憶が蘇る。

あの頃、香取くんが名物の〝熱湯風呂〟に挑戦したことさえあった。

当時、麹町のGスタジオの個室には殿が陣取り、たけし軍団はその隣の大部屋に詰めていた。

ゲストのアイドルたちは本番前、この大部屋に来て挨拶するのが恒例で、SMAP以前、バックダンサー＝ジュニア時代の彼らの童顔を当時、軍団の足軽の身だったボクも鮮明に記憶している。

80年代、人気絶頂のお笑いアイドルだったたけし軍団の下降線と、SMAPという、後の国民的アイドルの上昇線が一瞬だけ交叉した時間が、この番組だった。

そして、SMAPの成功は同業のアイドルのみならず、『SMAP×SMAP』で見せたコントの才によって、歌って、踊れて、イケメンで、しかも笑いも出来るという四刀流が我々、芸人たちのフィールドを侵していった。

彼らの音感に優れた笑い、コメディアンとしての正統性を、かの音楽家・大瀧詠一は「ぼういず物」の進化系であるとさえ評価した。

対談は要所要所、スイングした。

「新しい地図のバックダンサーとして、たけし軍団の高弟たちを採用して欲しい」との冗談に、60歳を超えたガダルカナル・タカが「その時は、ジュニア扱いじゃなく、シニア待遇でお願いします！」と、泣きを入れるなど和気藹々のなか、約1時間のトークは終了した。


奇しくも、アイドルという誇張と孤独の存在に耐えかねた残念な事件が起きてしまった折だったが、新しい地図の面々は皆、顔色が良く、元気そうで、こちらこそ励まされた。

地図を名乗りこそすれ、彼らはもうメルカトル図法の南極やグリーンランドのように、どこかが無理に誇張された姿ではなく、どこまでも正積で等身大の40代の男たちだった。

昨年11月、新しい地図はAbemaTVで『72時間ホンネテレビ』を配信し、7400万視聴という偉業を達成。そして今年に入って、サントリーやロトなど、テレビCMにも復活している。


漫画家・島本和彦は『炎の転校生』のなかで、「地図なんてのは……現在地点がわからなきゃ、ただのラクガキよ」との名言を記したが、新しい地図の面々は今日も、彼らの成功へのロードマップに真っ赤な矢印で現在地を示し、踏み出し続けている。

芸能界で古くから居座り「漂えど沈まず」の2組。

次の共演は何時になるだろう。

若い人に向けて説明すると、たけし軍団は「セクハラとパワハラを中心とした芸能」で80年代を席巻したスーパーアイドルグループだったのだ。

その人気は「光ＧＥＮＪＩ」「THE ALFEE」「たけし軍団」がライブの観客動員力の御三家と言われたほどだった。その証として、今でもカラオケのJOYSOUNDで「たけし軍団COUNTDOWN」とアーティスト名を検索すれば、ズラズラ～ッと曲名が……1曲だけ……出てくるはずである。

そして現時点、オフィス北野はもう古い地図になってしまった。

新事務所の名前はＴＡＰ。こちらの新しい地図に我々、ロートル軍団も踏み出すしかないのだ。

それからも、ファンやボクらの願いも虚しく「新しい地図」はテレビから消えていく傾向が続いたのだが、２０２１年9月13日月曜日――。

「新しい地図」の3人が出演する、子供も大人も楽しめる新しい教育バラエティ『ワルイコあつまれ』（Ｅテレ）が、事前の告知や宣伝もまったくないまま朝8時25分から突如スタートし、世間を驚かせた。

初回の放送では「慎吾ママの部屋」「芸能界むかしばなし」「国宝だって人間だ！」などのコー

ナーが設けられた。「慎吾ママの部屋」で慎吾ママが迎えたゲストは、現在放送中のNHK大河ドラマ『青天を衝け』で徳川慶喜役を演じる草彅さん。「芸能界むかしばなし」では、稲垣さんが芸能界の偉人伝としてあの勝新太郎のエピソードを朗読（Eテレで！）。それはもう『SMAP×SMAP』の後継番組としか思えない完全なるバラエティ路線だった。

スタッフロールには、SMAPの盟友・鈴木おさむの名前が記されている。SNSに溢れ返る視聴者の迎え手、3人の芸達者な現役感も相俟って、ボクは懐かしさと共に画面に魅入った。それは「新しい地図」の指針が、再びお茶の間に見えてきた瞬間だった。

17 BIGBANG
～スイドウバシ博士、BIGBANGを語る。＋BTSも。

「BIGBANGについて語りたい！」と「宇宙を語る」かのように切り出したボクは水道橋博士であって、決してホーキング博士ではない。

ボクが紹介したいのは、ベルギーのカトリック司祭ジョルジュ・ルメートルがビッグバン理論を提唱してから約90年後のこんにち、エンタメ界をリードし、数々の新記録を打ち立てている２００６年結成の韓流５人組ダンスボーカル・グループ、BIGBANGについてだ。

『週刊文春』の読者には初めて名前を聞く人も多いことだろう。しかし、人気と実力は既に地球レベル。とはいえボクとて、にわかファンであって、昨年まで一度もその存在を気にかけたことはなかった。

２０１６年10月21日、ボクが司会を務めるＢＳ番組『メルマ旬報ＴＶ』の収録が丸屋九兵衛をゲストに迎えて行われた。

BA BAN BA BAN
いかりや長介
志村けん
加藤茶
仲本工事
高木ブー
BAN BAN
EW

さて「丸屋九兵衛」も、『週刊文春』の読者は初めて名前を聞く人も多いはず。

彼の本職はサラリーマンだが元は黒人音楽専門誌の編集長であり、全身に刺青を施した異様な風貌ながら個人的に〝平成の荒俣宏〟と呼ぶほど、あらゆるジャンルに精通する博覧強記の語り手でありながら人気と実力はまだ局地レベルだ。また丸屋は、バイセクシャルであることをカミングアウトしている。そこへの興味から「今、世界で最も寝てみたい男」について質問したところ、彼は至極当然のようにBIGBANGのG-DRAGONの名を挙げた。

「BIGBANGって韓国のアイドル？　俺、全然知らないけど……」

「説明しますね。G-DRAGON、T.O.P、SOL、V.I、D-LITEの5人組です」

「ん？　今のは人の名前なのね。現代自動車の車種じゃなくて」

「で、リーダーのG-DRAGONは小柄で全身にタトゥーあり、髪形や髪の色が度々奇抜に変わって化粧もしていて作詞作曲ができて、おまけに世界最先端レベルで半端なく歌って踊れます！」

と言われても、ゼンゼン、ワタクシ、ワカリマセン。

『R－1ぐらんぷり2017』で披露された女ピン芸人・紺野ぶるまのカタコト日本語アジア系占い師ネタによれば、BIGBANGのファンとは「29歳、歯科助手、彼氏いない、当たり障りない茶髪……あんたBIGBANG好きだろ！　それでいて3代目・J Soul Brothersファンのことミーハーってバカにしてるだろ！　仲良くしろ！　興味ない人間からしたら、その2組の違い全然わかんないから！」というイメージらしい。

この放送後、紺野は哀れ〝両陣営〟からネット炎上に遭ったが当時のボクの認識も、このネタとさして変わらないレベルか、それ以下。脳内に広がるBIGBANG知識は、宇宙創造前の「無の世界」だ。

その日の帰宅後、件のG-DRAGONをネット検索してみると、日本の韓流ブームも既に下火なのかと思いきやBIGBANGは別格だと知った。『日経エンタテインメント!』によれば、日本での観客動員力は年間180万人を誇り堂々1位、それも2位の嵐にダブルスコア(公演回数も2倍だが……)を付ける圧倒的人気ぶり。さらに米フォーブス誌選定の2016年有名人収入ランキングでは推定約48億円で、かのジャスティン・ビーバー等と並ぶレベル。それらの数字・記録から世界屈指のアーティストであることは理解できた。

そして偶然にもG-DRAGONとボクは、共に8月18日生まれで誕生日が同じだった！　ならばと、レギュラー番組のNHK『総合診療医ドクターG』出演時のみ、ボクも〝G-DOCTOR〟に改名しようかと冗談めかすとマネージャーに「ファンから死後、墓にクソぶっかけられます！」とドラゴン藤波辰爾のライバル、長州力の形相と口癖で本気で叱られた。

これほどまでにBIGBANG音痴であった自分だが、よくよく思い返してみると2012年6月8日、TBS『タカトシの時間ですよ！』で既に彼らと共演を果たしていた。

「あなたの知らない女芸人の世界SP」と題した企画で、オアシズ、いとうあさこ、森三中の6人を前にしてボクが講師の役割だったのだが、最後にBIGBANGが登場すると彼女たちが大興奮していた……ような……気が……する……(ビデオで確認したが、確実に共演していた)。

その後、BIGBANGの音源と映像を買い揃え、短期間ですっかりハマった2週間後の2016年11月5日、ボクは娘と後輩芸人2人を引き連れ東京ドーム公演へと赴いた。

ノンストップで3時間。にわかファンながら、そのエンターテインメント性の高さに魅了された。5人の超絶テクニックの歌とダンスに共振する5万人の観客、ドーム内を巡る絹の光沢のような色彩の波、曲と完璧に同期する映像に息を呑むほど圧倒され国内トップの動員力にも納得だった。

しかも、この日はメンバーのなかで最も人気のあるT.O.Pの誕生日で、なおかつ来年に控えた兵役前の日本ラストステージでもあり、ひときわ熱狂的な声援が送られていた。

この興奮を過去に見た他の興行で無理くり例えれば、東京ドームの天蓋を突き破るようなボブ・サップvsアーネスト・ホーストのK−1頂上決戦のカタルシスが丸3時間継続するエレクト状態と言っておこう。

アンコール後、突然拍手が広がりスタンド席から見上げると日本BIGBANG好きとして既に名高く、メンバーとも親交のあるナイナイ岡村隆史がVIP席から手を振っており、次第に「岡村コール」がドームに広がった。同じ芸人として負けじと彼と同じポーズで手を振ってみたが、目の前のオバサンだけがボクに気がつき「あら、博士もファンなの?」と言われたのみだったのを隣で小4の娘が苦笑しながら一言。

「パパ……、私までミジメになるからヤメて……」

公演観覧後、さらにBIGBANG熱は高まり、ボクが編集長を務めるメールマガジン『メルマ旬報』では丸屋九兵衛筆によるBIGBANG研究の緊急連載もスタートした。


「BIGBANGについて語りたい！」

２０１7年6月1日――。

レッドブルスタジオ東京ホールを借りて、丸屋九兵衛とBIGBANGをテーマにしたトークライブを開催した。日本一の動員力を誇るアーティストについて語るイベントなのだから集客は簡単、チケットは瞬殺だと思っていたら、まさかの大苦戦。

60人の定員がなかなか埋まらず、前日までSNSで告知して、なんとか満席にできた。

だが熱狂的なマニアを前に、トークの口火を切るのに今一つツカミがない。

と思っていたら、開演1時間前に目を疑うニュース速報が入った。

「BIGBANGのT.O.P、大麻使用容疑で摘発！　本人も使用を認める」

開口一番の台詞はこれで決まった！

「BIGBANGファンの皆さん、正真正銘の〝トップニュース〟です！」

冒頭から会場がざわめく。今、入ってきたニュースです。皆、大好き、T.O.Pさん、韓国軍に徴兵どころか……懲役です！」

（そんな悪趣味なギャクも解禁になったと思ったが、結局、T.O.Pの処分は「執行猶予」となった）

博士と名乗りながらも、ボクにはまだ「ビッグバン」も「ブラックホール」の理論的説明もわからず、いやいやブラックジョークまでも語れないようだ。

その後も、しばらくの間、この韓国で発生したBIGBANGの宇宙は膨張するばかりだった。リーダーのG-DRAGONが、2017年に自身二度目となるワールドツアーを開催、全世界18カ国29都市36公演全てでチケットは完売、計70万人以上を動員した。G-DRAGONだけでなくSOL、D-LITE、V.Iもそれぞれが数十万人単位を動員するソロツアーを敢行していた……。

しかし、2017年2月に兵役に就いたT.O.Pに続き、残りのメンバーも順次、入隊するためグループとしては2018年より約2年間活動休止を決めた。唯一、ソロ活動を続行していた最年少のV.Iが、この2月に不祥事が発覚し、自ら当局に出頭し芸能界引退が報じられた。BIGBANGは膨張から一転、縮小が続いている。

K－POPの男性アイドルグループは、常に28歳までの兵役のタイムリミット問題と直面する。そして時代の流れは早い。今や韓国発のアイドルはBTSの時代。

ビルボードチャートを何度も制して、その活躍ぶりはもはや説明不要だろう。彼らのファンは「アーミー」と呼ばれ感染力が強く、コロナ禍で全世界レベルに増殖した。それは「ビートルズの再来」とも言われるほど、短期間に世界制覇を成し遂げたのだ。

しかし、BTSですら兵役の義務は免れない。が、彼らの世界進出がもたらした、外貨の猛烈な獲得ぶりから韓国世論でも彼らの入隊は国益の損失とまで言われるようになっていた。

そして、2020年12月1日、CNNがトップニュースで報じた内容がこちらだ――。

（CNN）韓国の国会で1日、ポップスターらの兵役延期を認める法改正案が可決された。男性アイドルグループ「BTS（防弾少年団）」のメンバーも兵役を先送りできることになった。
韓国の法律では原則として、健康な男性は28歳までに入隊し、18ヶ月間の兵役に就くことが義務付けられている。これまでは一流の芸術家やスポーツ選手、クラシック音楽のコンクールで優勝するような音楽家らに限り、特例として兵役免除などが認められていた。

今回の法改正で、BTSのように大衆文化や芸術の分野で活躍している場合も30歳までの期限延長が可能になった。今後は個別のケースについて、大統領令で判断が示される。

BTSの最年長のメンバー、ジンさんは4日に28歳の誕生日を迎える。法改正がなければ年内には入隊する必要があった。


世界中にアーミーを展開し「ダイナマイト」を爆裂させた結果、「防弾少年団」という、名前だけ見れば最も軍事色の強いグループが兵役延期を実現させたのだ。

18

みうらじゅん

ロン毛ですいません！

２０１６年の大晦日――。

さいたまスーパーアリーナで開催された格闘技イベント「ＲＩＺＩＮ」の収録で、ボクはリングサイドの柵内に設置された特別席に座っていた。

隣には進行役のケンドーコバヤシ。５試合ほど経過したところで、「なんスかねー？　外国人選手が入場の時に、何故か博士にだけ丁寧に挨拶してきますよね？」と不審げに尋ねられた。

答えは明白だ！　リングサイドのこの位置にいつも座っていたのは、ＶＩＰ兼リングドクターである高須クリニックの高須克弥院長であった。

そう、最近、髪を金色に染めメガネを掛けたボクを外国人選手とセコンドはおおまかに「ニッポンの金髪スポンサー」として誤認していたのだ。

それならばと、選手たちからアイコンタクトを投げ掛けられるたびに満面の笑みで「ＹＥＳ！高須クリニック！」とサムズアップで挨拶を返し続けた。

人違い――。

恥ずかしい思い出から職務上の大失態まで誰もがひとつやふたつは思い当たる節がおありだろうが、ボク自身は過去、スチャダラパーのＢＯＳＥくんや、ゴスペラーズの安岡優さんに何度かガチで間違われた経験がある。

今回は、その経験からさらに数例、ご笑覧いただきたい。


２０１３年11月19日――。

今もなお続くポール・マッカートニー〝最終来日！〟。

その東京ドーム公演にアーティストの岡村靖幸さんから招待され、至福の時を過ごしたボクは
「この後、どうします？」と終演後さらなるお誘いを受けた。

「まさか〝六本木でカルアミルクを飲む〟ってことはないですよね？」

「フフフ。じゃあ、ボクが行きつけの西麻布の蕎麦屋にしましょうか？」

「いいっスね！」と即座に同意する。

水道橋駅前でタクシーを拾い、岡村靖幸とボクが後部座席、マネージャーのＫ氏は助手席に着き、いざ出発。

すると歓談中の後部座席に向かって、

「失礼ですけど……お客さん、永六輔さんですよね？」

と、運転手がバックミラー越しに話し掛けてきた。

〈へー、いよいよ俺、永六輔さんに間違われるようになったのか……〉

既に経験済みの、そっくりさんリストの斜め上をゆく新手の人違いであった。この頃、髪形を坊主にしており、ちょうど毛が生え始めのごま塩頭だったことも災いしたのかもしれない。

「いえいえ！　違いますよ！」一応、否定した。

「いやいや、いつも車のなかでTBSラジオを聴いているから、声だけでわかりますよ」

〈ナニ!?　オレ、声まで永さんに似ているのか！〉

「いやいや永さんは今は車椅子ですからねー。ボクではないですよ」と舌っ足らずな浅田飴ボイスにならぬよう、明瞭な滑舌で再度否定した。

しかし運転手は疑いをかけたまま、勢い、隣のKマネに顔を向けて、

「私、仕事柄、声でわかるんです。お客さんは野坂昭如さんですよねぇ？」

と今度は永さんのラジオ番組に、毎週手紙を寄越してきていた親友に見立てた。

「いえいえ違いますよ！」Kマネも状況を面白がりつつも優しく言う。

そもそも野坂昭如は今、病床にいるはずだ。

それでも運転手は「いやいや、声でわかりますよ！」の一点張り。

「お客さん○○さんですよねぇ？」

は、さながら車内を、大悟がノブに無茶振りを仕掛ける千鳥の十八番であるタクシー漫才のような様相に化した。

そうなると、残された岡村靖幸を一体、誰と間違うのか？

ＴＢＳラジオの系列で言えば……。

小沢昭一か、毒蝮三太夫か、大沢悠里か、はたまた宇多丸か！

耳をダンボにして固唾を呑む３人。

♪ Listen to what the man said 〜（彼の言うことに耳を傾けよ！）
『あの娘におせっかい』より

思わず先刻、東京ドームで聴いたポールの歌声が蘇る。

そして、いよいよ運転手の口から発せられた言葉は！　何と！

「西麻布です。２１７０円になります」

〈ナンもないいんかい！〉

車内で同時に、声なき声でツッコミながら崩れ落ちる３人。

永六輔風に言えばまさに「今夜はヘンな夜」であり、岡村靖幸を誰かにちゃんと見立てるまで、もっとどこか「遠くへ行きたい」気分であった。

『週刊文春』連載陣のひとり、みうらじゅんもまた人違いされやすい人だ。

最近では元〝現代のベートーベン〟こと佐村河内守とよく間違われ、ハワイではオジー・オズボーンと勘違いした人に記念撮影を求められ、居酒屋では「片山さつきさん頑張れー！」と声を掛けられた……などなど、ジャンル、年齢、人種、性別を超えた誤認テロ被害の常連である。

人は男性が長髪であるだけでも、顔面の記号性を高くするのだろう。

２０１7年1月3日——。

沖縄家族旅行の際、ボクは娘と体が冷えるまでホテルのプールで泳いだ後、大浴場の入り口で分かれた。

まてよ……。落ち着いて……。

前日の夕食時だった。誤って女性用のトイレに入ってしまい、家族に「しっかりして！」と笑われたため、今日は「GENTLEMAN」の文字を、しつこく指差し確認して入場した。

脱衣所には誰もいなかった。昼間だし浴場もきっと貸し切り状態に違いないと高を括り、海パンを脱ぎ捨て股間の〝ちんすこう〟をフラつかせながら磨りガラスのドアを開けた。

「…………おや？」

湯気の向こうにぼんやりと輪郭が見える。だんだんと目が慣れてくると肩までお湯に浸かった白い肌の女性と完全に目が合ってしまった。

「わぁ——！　すいません!!!　間違えました！！！！！！！」

ボクは激しく取り乱し腰を抜かしたまま脱衣所に戻り、衣服を抱えて全裸のまま入り口から飛び出た。

幸い、そこに人はいなかったが、施設内の敷地とはいえ浴場から一歩外に出れば全裸が許されるはずもない。

軍は軍でも我々は米軍ではなく、たけし軍団だ。ここ沖縄でも治外法権はないはずだ。

絶体絶命の〝ハカセ100％〟状態。ステンレスのお盆の代わりにガウンで前を隠しつつ入り口でもう一度「GENTLEMAN」を確かめる。

あれ？　大丈夫、オレ、間違えていない！

間違えているとしたら、今、入浴中の、あの「女性」のほうだ。

今度は入念に股間を隠し、大きく咳払いをして脱衣所に入り直した。

磨りガラス越しに浴室を見ると、件の女性は先ほどと同じ位置で入浴していて湯船から顔と肩だけが出ている。

相手もボクが再び現れたことを視認した様子だが微動だにしない。

入念にタオルで体を隠して「すいません。こちら男湯ですよ！」とボクのほうから話しかけた。

すると、ヤングみうらじゅん風の長い髪の〝彼女〟は実に申し訳なさそうに一言。

「ロン毛ですいません！」

一を聞いて十を悟った。

だがしかし、もしかしたら……と一抹の不安が頭をよぎる。

互いに息を潜め、しとどに汗を噴き出させながら、無言のまま湯船に浸かり続ける。

1分が永遠とも感じられるロングランの緊張感……。

そしてついに、相手が立ち上がった。

思わず、あそこに目をやる。

後ろ姿のシルエットでも、はっきりとわかった。

YES！　ジェントルマン！

沖縄だけに実に立派な〝ゴーヤ〟の持ち主だった……。

その後のはなし

2020年末、映えある『第23回みうらじゅん賞』が日本の音楽評論家、ヘヴィメタル専門誌である『BURRN!』の編集顧問、伊藤政則さんに授与された。

その理由は、ふたりが年を経て顔面相似形だからだった。

実際、ふたりは何度も、みうらさんは伊藤さんと、伊藤さんはみうらさんと互いに人違いされているらしい。

特に伊藤さんがサングラスを掛けると、ほぼ同一人物だ。

そして、この授与式のYouTubeを観ると、みうらさんと特殊漫画家・根本敬さんが寄せ合っていることがわかる。

2018年2月1日――。

みうらじゅん還暦誕生日のこの日、川崎へ向かった。

2018年1月から3月まで川崎市の市民ミュージアムで『MJ's FES みうらじゅんフェス！マイブームの全貌展 SINCE 1958』という、みうらじゅんマニアにはたまらない展覧会が催されていたのだ。

ここで展示されたものの多くは、2019年2月に文藝春秋社より刊行されたマイブームの集大成『マイ遺品セレクション』にも掲載されている。

「マイ遺品」とは「死ぬまで捨てるもんか！」と強い意志を持って蒐集、所有し続けているモノのことで〝断捨離・こんまり・生前整理〟の対局に位置する概念である。

還暦を過ぎても断舎離をせず人に見せて笑ってもらうためだけに倉庫まで借りて蒐集を続ける、みうらじゅんの執念に呆れ果てる。

そして展覧会を見た足で、そのまま横浜文化体育館へ向かった。

この日、こちらでは『みうらじゅん&いとうせいこう　ザ・スライドショー14　前夜祭』が開催されていた。

客席は2階席のみが四方開放されていた。

隣席には、猫ひろし、宮藤官九郎がいて「あんたも好きねぇ！」と旧交を温めた。

1階のアリーナ全面は白い幕で覆われ、その下には、みうらじゅんが半世紀を超えて切って貼った500巻、3万ページ以上のエロスクラップ写真が隠されている。

白幕が開いて閉じるだけの演出だが、観客は入場時に手渡された、簡易オペラグラスで、それを鑑賞する。それだけのイベントだったのだ!

くだらないことを真面目にやる。真剣にふざける。

還暦を超えても、そのキープオンの姿勢に再び呆れ果てた。

「そこがイイんじゃない!」を堪能したこの日、みうらじゅんのWヘッダーを終えると楽屋挨拶で一緒に写真を撮ってもらった。

ロン毛のみうらさん、そして白髪のボク。

どちらももう老人だけど、ふたりとも最高の笑顔でVサインだった。

19 麻生漫☆画太郎・誕生秘話

「（政治は）結果が大事。何百万人殺しちゃったヒトラーは、やっぱりいくら動機が正しくてもだめなんだ」

２０１７年8月29日、自民党麻生派の夏季研修会の講演でそう述べ、激しい批判の声に曝された麻生太郎副総理は、翌日「動機も誤っていた」と釈明し、自身の発言を撤回した。

〝失言常習犯〟麻生太郎は、２０１３年7月にも「ワイマール憲法も、いつの間にかナチス憲法に変わっていた。誰も気がつかなかった。あの手口に学んだらどうかね」というセメント発言で物議を醸している。

何度、党から注意されてもナチスにかこつけた軽口を出すほうも出すほうだが、ナチスを引き合いにしただけで内容を問わず、すぐさま排外主義者だと批判する側も沸点が低すぎることが常で、とにかくナチス問題はもともと議論ベタの日本人にとって最も不向きなテーマの代表例でもある。

とはいえ、凡百の政治家なら政治生命を失いかねない度重なる失言癖に、多くの識者が「麻生太郎が例え話にナチスやヒトラーをすぐ出すのは何故か？」と首を傾げる。

麻生太郎――。

明治の元勲大久保利通の玄孫にして、昭和の大宰相・吉田茂の孫。その血筋こそ、まさに華麗なる〝純血〟政治家である。

学習院大学卒業後、麻生産業に入社し、麻生セメント社長や日本青年会議所の会頭などを経て、1979年（昭和54年）衆議院選挙に初当選。

漫画に例えれば〝リアル『こち亀』の中川巡査〟とも言うべきセレブだ。

また、クレー射撃日本代表としてモントリオール五輪に出場した経歴（コマネチと同期）から〝政界のゴルゴ13〟との異名も持つ。

総理在任中には「未曾有」を「みぞうゆう」と誤読して一時期集中放火を浴びたのだが、国会の質疑が麻生総理に対する漢字クイズ、はてはカップラーメンの値段あてクイズなどが横行するにあたり、日本の政治レベル、報道レベル全体を危惧する有権者の声にも繋がった。

また当時、麻生総理の愛読書が『ゴルゴ13』と知った中曽根康弘大勲位が漫画本を取り寄せパラパラめくった後「こんなモノを読んで国際情勢を勉強しとるのか。麻生クンはバカだねェ～」と揶揄したと『週刊文春』が報じたこともあった。

もちろん、さいとう・たかを氏と『ゴルゴ13』ファンの名誉のために健康番組風にテロップを付け足しておこう。

＊これはあくまで中曽根康弘と当時の『週刊文春』編集長個人の感想です。

しかし〝麻生漫☆画太郎〟とまで渾名された、この「漫画好き」キャラ……実は何を隠そう、きっかけを作った張本人はボクなのだ！

経緯を説明しよう。

ボクは麻生太郎をＴＢＳ『週刊アサ㊙ジャーナル』という政治家とのトーク番組で二度取材している。


初対面は２００３年2月19日。

場所は自民党本部の政調会長室。

テレビ・新聞嫌いで鳴らし、無愛想な麻生太郎から、ひとしきり生い立ちや経歴などを聞き出した後、

「実は漫画がお好きだとお聞きしましたが」とカマをかけてみると……

「漫画は横山光輝『三国志』を読んで面白いなと思ってね！」

と不機嫌に曲がった口元から、突如、一瀉千里《いっしゃせんり》に漫画愛が溢れ始めた。

「面白く興味を持たせるものって漫画に勝るものはない」と打ち明け、当時62歳ながら「今も少年誌、青年誌、30年欠かさず読み続けてる！」と豪語。

「老眼かけて漫画読んでるんだから、努力がいるよ！」と実にチャーミングな笑顔で語ったのだ。

そして「漫画は時代がわかる」と前置きした上で、時代状況を代表的な漫画を挙げて例え始めた。

「60年代の『忍者武芸帳』『サスケ』は反体制を象徴している。つまり、安保はこれだな。70年代

に入ると『宇宙戦艦ヤマト』『巨人の星』、つまり地球、チームのためという体制に体を張っちゃうヒーロー像。80年代の『バツ&テリー』『浮浪雲』は雲助とか野球のチームに属しているけど、俺が俺がの個人主義になった象徴。90年代に入ると『ジョジョの奇妙な冒険』『犬夜叉』とかオカルトが入ってきて。それに合わせてオウム真理教が出た。ああいうのは漫画が影響するんだって！」

と、漫画と世相の流れを得意げに分析してみせた。

「なるほど。たかがマンガとか言いますけど、部数で言えば小説より全然多いし、確かに影響力も違いますね」と同意すると「活字など問題にならん。新聞社は鍋釜つけて宅配だけど、漫画はスタンド売りで500〜600万部だからね」とまで言い切ったのだ。

収録時、オンエアでは使われなかった雑談があった――。

「マンガの単行本はどこに置いていているのですか？」とのボクの問いに、

「九州の実家に並べてある……」

ここで突如、ボクの思春期の記憶が一葉の写真と共に仄かに蘇った。

「嗚呼ぁ!! それってひょっとして、20年くらい前に週刊誌のグラビアになりませんでした!?」

「君、よく憶えているねー。『週刊文春』のグラビアが取材に来て、写真を撮らせたことがあるんだよ！」

「でも、その時の肩書は政治家じゃなかったような……」

「そう、俺が日本青年会議所の会頭になる頃だよ。やー！ ホント、君、よくそんなこと憶えているねぇ」

「印象がとにかく強烈で。部屋がまさに『まんだらけ』でしたもん！」

「『まんだらけ』!! そりゃいいや！ ガハハハハハハハハハ」

麻生太郎は膝を叩いて大笑いした。

当時ボクは、この麻生の部屋の写真に衝撃を受け、少年漫画だけではなく、青年漫画にもジャンルを伸ばして耽溺し尽くしたものだった。

（今回、バックナンバーを調べてみたら『週刊文春』１９７７年9月8日号のグラビア記事だった）


そして2回目のインタビューは２００４年4月12日、総務大臣時代に行われた。

愛読書である『ゴルゴ13』のカルトクイズを出題する趣向だったが、いつものへの字口は終始、破顔し、取材の間、相好を崩し続けた。

この放送は大反響を呼び、その後『ビッグコミックオリジナル増刊』（２００３年7月2日号）「麻生太郎 コミックを語る」で番組を踏襲した特集が企画され、追加取材の模様が掲載された。

さらに、そのインタビューが麻生太郎の公式サイトに転載されたのをきっかけに、若者層や海外のメディアにも「漫画に理解のある自民党次期総裁候補」の側面が一気に認知され、政府のクールジャパン政策推進にも一役買った。

羽田空港で『ローゼンメイデン』を読んでいたとの噂が出回って以降は、ネットでは「ローゼン閣下」と呼ばれるようになり、オタクの聖地・秋葉原での演説には若者が殺到する事態に……。

まさに未曾有の人気を博し、見事に92代目の総理の座を射止めたが、やがて「漢字が読めない」ことが発覚、「漫画の読みすぎ」と誇られた。

そんな〝ゆうひが丘の総理大臣〟の黄昏を見つめながら「ボクがあの時、思い出さなければ……」と勝手に〝渾名任命責任〟を感じたほどだった。


ここで冒頭の一件に戻る――。

麻生太郎が、ここまでヒトラーに執着する理由は何か？

それは1983年から1985年にかけて、この『週刊文春』に連載されていた手塚治虫の問題作、ヒトラー自身にユダヤ人の血が入っていたとする実在の説をもとにフィクションを織り交ぜた長編『アドルフに告ぐ』を読んでいたからではないか？

いや、手塚治虫ではなく水木しげるの『劇画ヒットラー』を熟読していた可能性もある。そればかりか、藤子不二雄Ⓐ作の『ひっとらぁ伯父サン』の線も……。

麻生漫☆画太郎なら実際、この3作の比較論を語ることも可能であろう。

次回、麻生太郎の口からヒトラーの名が語られる時、どのヒトラー漫画で〝勉強〟してきたか考察するのも一興である。

ともかく人類への取り返しのつかない過ちを犯した為政者として遥か未来に、ご自身が三度も四度も漫画の主人公になるようなことにだけはならないよう十分にお気をつけ願いたい！

ハイル!!　ローゼン閣下!!

この問題は、思わぬ形で再燃した。

ラーメンズの小林賢太郎が、東京五輪開会式・閉会式の演出家に大抜擢されたが、開会式前日に突如解任された。その理由は、23年前のコントのなかで「ユダヤ人大量惨殺ごっこ」という言葉を使用したためだった。そして、深く議論されないまま五輪大会に突入し、話題としては切り捨てられた。

ナチスの問題が欧米社会で絶対的タブーであることについて、まだまだ日本社会全体が鈍感すぎるということが様々に起こる問題の根底なのであろう。

しかしナチスやヒトラーに関しては、それを連想させてはいけない、議論もしてはいけない、創作もしてはいけないのだろうか？

『ヒトラー ～最期の12日間～』（２００４年ドイツ・オーストリア・イタリア）や『帰ってきたヒトラー』（２０１２年ドイツ）という映画などが公開されるたびに、ドイツ国内でもヒトラーの人物像、その肯定的側面を決して描くべきではないとする意見や、あの恐ろしさを伝えるためには、あえて日常的な姿や優れた人間性もある側面を描かなければリアリティは生まれないとする反論などが衝突するという。

一方では『ジョジョ・ラビット』（2019年アメリカ）のように「孤独なドイツ人少年のジョジョは周囲からいじめられており、イマジナリーフレンドのアドルフ・ヒトラーのみが救いだった」という設定から、コメディアンで監督兼脚本のタイカ・ワイティティ（出自はポリネシア系ユダヤ人！）がヒトラーに扮して、反ナチの反戦映画でありながらヒューマン・コメディの傑作にしてしまうという技法もあるのだ。

これは、欧米の文化に伝統的にあるコメディアン（道化）にだけ許される表現なのだろう。


日本でも実は、数年前に高須クリニック院長が再三Twitterでヒトラー、ナチ礼賛を綴り問題になった。当時、ボクも高須さんにTwitterで何度も直接メンションして「やめてください！」と呼びかけた。ところが、こういう話はネットニュースにすらならない。しかし、いや、むしろテレビの大スポンサーなので問題にならなかった。と、言うべきかもしれない。そのほうが問題だ!!!

………と、誰も言わないことを、ひとりだけ毒ガス噴射気取りで書いていて気がついたが、おっとっと文藝春秋にも〝古傷〟のある問題であったので、この辺で……口を閉ざそう。

って、舌禍事件やタブー意識って、みんな他人の顔色を見ながらやり過ごす、こんな感じの日本人特有の集合的無意識の産物なんだろう。

2016年3月、『報道ステーション』（テレビ朝日）から降板する古舘伊知郎が最後に海外取材した『ワイマール憲法から学ぶ自民党憲法草案緊急事態条項の危うさ』は渾身の作品だった。

古舘は、25万人のユダヤ人、共産党員が収容されたワイマール市のブーヘンヴァルト強制収容所跡地を訪ねた。人体解剖室、人間焼却炉、腐乱した遺体、骨と皮だけになった生存者の写真をテレビは映し出す。

戦後、アメリカ兵が初めて収容所に入った時言葉を失ったこの場所に、アメリカ兵はワイマール市民を連れてきた。女性は気を失い、男たちは顔をそむけた。「知らなかったんだ」と語る市民たち。「いいや、あなたたちは知っていた」と突きつける生き残った人々の声が国を越え、時代を超えて現代にも心に響く。

世界史で誰もが習う「私は声をあげなかった」というニーメラー牧師の後悔は、皆が二度と繰り返したくないはずだ。

「ワイマール憲法から学べ」と、のたまわれた麻生先生にこそ、漫画ではなく、この映像を見返して欲しいと思った。

20

日野皓正

ビンタ ビンタ

文春砲ならぬ文春ビンタ炸裂——。

2017年8月31日。『週刊文春』が「世界的トランペッター・日野皓正（74歳）が中学生を『往復ビンタ』動画」と題し、日野が中学生との共演イベントでドラム奏者の男子生徒A君の頬を往復ビンタしたという記事を掲載した。

この進軍ラッパを機に、堰を切ったように他のメディアもこぞって取り上げた。

翌日、日野は取材に応じ釈明。パートを無視して演奏を続けるA君に「軽く触っただけ」で「父と息子のような関係」に基づく教育の一環であることを強調した。

この事件の映像を見た映画ファンには、名門音楽学校を舞台に鬼教師とジャズ・ドラマーの生徒の壮絶な師弟関係を描いた、映画『セッション』（2014年）を想起した人も多いだろう。

50年吹いてきた唇やで

劇中、Ｊ・Ｋ・シモンズ演じるフレッチャー教授は教育現場での体罰を肯定している。「世の中、甘くなった。ジャズが死ぬわけだ――」

報道から3日後の日曜日。

朝のワイドショーでも〝口撃ビンタ〟の応酬が繰り広げられた。

爆笑問題が司会のＴＢＳ『サンデー・ジャポン』では西川史子が「日野さんの行動はわかる気がする。師弟関係ってそういうもの」と発言すると、太田光は明らかに不満げに「コミュニケーションするのにビンタしなきゃいけないんだったら、たいした音楽家じゃない！」と断言し、日野を批判。「僕の息子にこれをやったら、逆に感謝する」と言った杉村太蔵に対しても「じゃあ日野さんのやったことが気に入らなかったら、日野さんをビンタすればいいわけ？」と反発。杉村から「愛のムチはありえないのか」と問われると太田は「うん！」と明瞭に答えた。

一方、同じ時間帯――。

ダウンタウンの松本人志はフジテレビ『ワイドナショー』で「この中学生の彼が、叩かれたことをクソっと思っていたら指導として間違っていた。反省していたら指導として正しかった。中学生の心のなかが答えだと思う」と話し、「我々の世代は体罰受けてきたけど、今の時代はありえへんってみんなよく言うじゃないですか。なぜ、今がダメで昔は良かったんですか？　誰も明確な理由を言ってくれないんですよ」などと持論を展開した。

さらに「体罰を受けて育ったボクらは、変な大人になっていないじゃないですか。なんなら普通の若者より常識あるじゃないですか。にもかかわらず、体罰を受けて育ったボクらは失敗作みたいに言われている気がしてどうも納得できない」と続け、最後に「難しい問題ですけど、日野さんも2発じゃなくて連打でドラムまでいけば良かった」とオチをつけてスタジオを笑わせた。

この東西お笑い界の50代両巨頭による対照的な発言を興味深く聞きながら、ボクは今から23年前、1994年に勃発した「松本人志vs太田光・フジテレビ一室恫喝事件」を思い出していた。

詳しくは『お笑い　男の星座』（文春文庫）の「第6章　爆笑問題問題」に書いたが、端的に言えば、雑誌のある挑発的発言を巡って芸歴的に先輩である松本が爆笑問題をフジテレビの一室に呼び出し、現代風に言えばパワハラ的な強い忠告を与えた――とされた事件だ。

ボク自身、現場に居合わせたわけではないし、ましてや文章も創作だ。（ウラを取りながらルポライティングの手法で描く『藝人春秋』シリーズとはそこは相違点だ）

しかし、この件を契機にダウンタウンと爆笑問題の共演は2014年3月の『笑っていいとも！』の最終回まで実現できないほど、深い溝を生む要因となっている。

ダウンタウンの名作コントには理不尽な暴力が登場するものも多々あるが、お笑い好きならば、誰もが日本テレビ『笑ってはいけない』シリーズでの、プロレスラー蝶野正洋による月亭方正（山崎邦正）へのビンタを思い浮かべるはずだ。

今回の騒動を受けて『FRIDAY』に直撃された蝶野は「本当はビンタなんてイヤです。そもそも俺は、芸人がツッコミで頭を叩くのを見るのも嫌いなんです」と答え「今年はオファーがあってもビンタはしません」と言い切っていた。

そう、確かに、言い切っていたのだが……。

その2017年年末の『笑ってはいけない』では、さすが黒のカリスマ、「(週刊誌へのビンタ自粛発言は)リップサービスだ！ ガッデム！」と完全に反故にし〝無事〟に月亭方正へのビンタは執行された。(2018年年末は、言わずもがなである……)

太田光個人の体罰への潔癖性、特に子供に対してそれを絶対に許さない考えは深く同調できるし、児童相談所が子供の命を救えない昨今、それは絶対的正論だ。と同時に太田光が芸人としてときおり見せる、彼の狂気的ビンタのツッコミ(劇団ひとりとの応酬はお馴染み)とは、かなり矛盾に満ちていることも確かだ。

さて一方、我が師・ビートたけしは日野皓正問題について『週刊ポスト』の連載でまず「子供なんて殴りゃいいんだ」と従来からの体罰肯定論を前提に置いた。

ちなみに1976年東京12チャンネル(現テレビ東京)で司会としてツービートが抜擢された『ちびっ子集まれ！海賊船』の、その初回収録時に騒いで言うことを聞かない子供の頭をスリッパでひっぱたき、鼻血を出して倒れたところをプールに突き落としたことに視聴者の抗議が殺到し(編集しない局も局だが……)即刻クビになっている。

またその話を2018年11月15日、テレビ東京『いきなり、たけしです』で、テレ東の社長に面と向かって自分から蒸し返しており、いまだ悪びれる様子もない。

と、斯様に体罰に対しては世情に反する〝実績〟を持つビートたけしではあるが、ポスト誌上では日野にひとつ苦言を残した。つまり、日野が客前でジャズマン的な即興芸ができなかったことを残念がったのだ。

お笑いビッグ3のもう一角、ジャズトランペッターとしての顔も持つタモリは、かつて『人生が変わる55のジャズ名盤入門』（鈴木良雄著／竹書房新書）に、ジャズの名盤20選を寄せた際、日野皓正の『Blue Smiles』を第17位に選出しており、あんな騒動さえなければ、彼の演奏家としての評価に誰も疑問は持たず、少なくとも「たいした音楽家じゃない！」などと言われる筋合いはなかったであろう。


侃々諤々の日野の行動および体罰の是非を巡って、世間の意見が二分するほどの議論が巻き起こった。

体罰への許容性は個人的体験に左右されることが多く、世代によってはテレビドラマからの影響も大きい。例えば1984年にTBSで放送された大人気ドラマ『スクール・ウォーズ』で、完封大敗したラグビー部員たちを山下真司扮する滝沢賢治先生が叱咤するシーンでは「お前ら109対0で負けて悔しくないのか！　相手は同じ高校生だぞ！　俺はこれからお前たちを殴る！　殴られた痛みは3日で消える！　だがな、今日の悔しさだけは絶対忘れるな！」と部員たちを1発ずつ殴っていく。

しかも、この場面のナレーションでは「これは暴力ではない。もし暴力だと呼ぶ者があれば出るところに出ても良い。賢治はそう思っていた」と完全に体罰を擁護、公認していた。

余談だが、撮影の裏話として、あのシーンは途中で昼休みが入り、生徒たちが外食に出たため山下はずっとひとりで待ちぼうけ。一同が現場に戻ってくると「飯食って、そんな幸せそうな顔でできるのか!?」と叱った後で、あのビンタシーンに至ったと振り返っている。

つまり、あれは演技ではなく、本心から怒りが込み上げていたのだ！

さて、日野皓正は記者会見で「アントニオ猪木のビンタより痛くない！」と主張していたが……。

確かに猪木の闘魂注入ビンタはすっかり世間公認の恒例行事にまでなり、誰もが好んでぶたれたがり、その被害者は、のべ1万人はゆうに超えよう。

しかし、プロレスラーが素人相手に手加減しているのは当然だろう。

が、その猪木から最も痛い手加減抜きの全力のビンタを受けたのは何を隠そう、このボクだ！

2002年8月28日、格闘技イベント「Dynamite!」——。

会場の国立競技場には格闘技史上、最多観客動員記録となる9万1000人の大観衆が詰めかけた。大会の目玉のひとつが3000m上空のヘリから、猪木がスカイダイビングを敢行するアトラクションであった。

事前の情報では猪木は高所恐怖症であり、このイベントを了承していないので中止になる可能性も囁かれていた。

注目のハーフタイム。照明が落ち、ヘリコプターの音が仄かに聞こえてきたかと思うと上空からパラシュートが降下してきた！

地上に降りた猪木は怒りで目が血走り鬼の形相であった。（やっぱり無理強いさせられたのだ）いざリングに向かう際、猪木は客席の最前列にいたボクと目が合った。

その瞬間だった――。

「馬鹿野郎ォォォォォ！！！！」

バチ――――――――ンッ！

３０００ｍ上空から無理やり投下されたことに憤懣やる方ない猪木の、渾身の怒りのビンタを思いっきり被弾してボクは吹っ飛んだ。

「あぁ～～～～～～～～～～～～～～～～～～～～～～」

それは、日野晧正の喇叭《ラッパ》よりも大きな咆哮だった。

芸人のそれぞれのビンタ論を書き綴ったが――。

水道橋博士よ、お笑い芸人なら、あの場にいて暴走する少年ドラマーを収束させる即興芸があるのか？　と問われるかもしれない。

ある！

あのシチュエーションに対するお笑い的解法が一つある。それは……

咳払い！

他の中学生全員に演奏を止めさせ、みんなで咳払いをするのである。するとどうだろう。ドラムの音は次第に小さくなり、彼は照れくさそうに一言言うだろう。

「お呼びでない……こりゃまた失礼いたしました！」と。

植木等ならこうしただろう。

21 Yes！ユーキャン！ やくみつる

「共演NGですよね？」

テレビに長年出演していて、よく腹を探られる〝忖度〟がある。

ボクの場合、この手の質問では、昔から天敵扱いされている爆笑問題、最近は生放送で降板騒動に巻き込んだ橋下徹、そして今回取り上げる、やくみつるの名前がやたらと挙がる。

聞かれるたびに不本意に思う。

何故なら、ボクは、奇人・変人・偏屈者は大好物であり、むしろ、そういう類はテレビに出没するモンスターとして網を構えて自らゲットに向かっているからだ。

やくみつる——。

1959年生まれの漫画家。デビュー当時はプロ野球を風刺する4コマ漫画の名手であったが、現在では博覧強記の平成のクイズ王としてのテレビ出演が定着。ゴールデンタイムの売れっ子だ。

昭和を知る者なら、彼が「平成のはらたいら」、「2代目はらたいら」を襲名しても良いほどの活

ここらへんかな

躍ぶりだ。

それだけでもない。

ワイドショーの時事ネタのコメントでも、定期的に物議を醸す火薬庫でもある。

そして長年、年末恒例のユーキャン新語・流行語大賞で選考委員を務めていることでも知られている。

また、ボクが「カツラKGB」として申し添えれば「スヴェンソン」のヅラ着用を髪ングアウトしている、公表済みの実にレアな〝このハゲ!〟モンスターでもある。

また芸能人の「吸い殻」など、珍品グッズコレクターとしても名高いが、逆に我が家にはやくみつるのサイン入りグッズが溢れ返っている。

実は、クイズ・歴史好きの末っ子が小学1年生の時、初めて好きになった有名人がやくみつるだった。

「パパ、やくさんにサインもらってきて!」とせがまれ、共演するたびに、息子へのクイズを添えたサインと似顔絵が入ったフリップや台本を貰うほど懇意だったのだ。

そんな良好な関係を築いていたボクとやくが昨年、テレビ番組内で大論争を起こした。

経緯はこうだ。

２０１６年7月22日、『ポケモンＧＯ』の配信が始まった途端、日本中でこの携帯用ゲームが大ブレーク。

スマホを片手に老いも若きも街中を徘徊する姿が散見され、社会問題になった。

7月25日、読売テレビ『ミヤネ屋』の生放送で、やくみつるは「愚かでしかない！　こんなことに打ち興じてる人を心の底から侮蔑します！」とブームに水を差すと、案の定、ネットが大炎上した。

その炎上の延焼が続く2日後、7月27日、早朝。やくと共演しているテレビ東京『モーニングチャージ！』の本番前のロビーで、ボクは手ぐすねを引いて待っていた。

「やくさん、やりましたね！　久々の狙い通りの炎上、大バッシングじゃないですか？」

「……らしいねぇ。俺、ネットを読まないから、どこまでの騒ぎかよくわかってないけど……」

やくみつるは、現代では数少ない、スマホやネットに頼らないアナログ主義を貫いていた。

そして、生放送が始まった。

番組は『ポケモンＧＯ』ブームの賛否両論を取り上げ、神社などでのプレイ禁止や鳥取砂丘でのゲーム解放区宣言など両論併記のＶＴＲを紹介した。

スタジオに降りて大橋未歩アナに意見を求められると、ボクは毅然と「我が家では思春期の中学生の長男と、ポケモンを通じてようやく会話ができるようになりましたよ」とコメント。

すると、やくは冷笑しながら、「博士、末っ子のお子さんが歴史が好きなら、そういった芽を育ててあげることが親御さんの務めだと思いますがねぇ……」と苦言を呈する。

「余計なお世話だ！　ゲームをきっかけに神社とかに行くようになって、そこで歴史に触れるようになることもあるよ！」

そして、敵意露わに睨みつけ、「こんな風に物事を決めつけてコメンテーターとしてポジショントークしている人を、ボクは心の底から侮蔑します!!」と強く批判した。

その後は番組のエンディングでも目も合わさず、怒りの形相で、「だいたい『ポケモン』のアニメを放送している、この局であんなこと言う、やくみつるはテレ東出入り禁止にすべきだ！」とまでボクが断言した。

喧嘩腰のまま生放送を終え、ネットを覗くと……それはかつてないほどの凄まじい炎上ぶりだった。

しかも、発言が切り取られた上、瞬く間に延焼に次ぐ延焼が続き、火の手が収まらなかった。

しかも、今までのパターンとは違って「よくぞ言った水道橋博士！　やくは老害だ！　やくを降ろせ！」と、ボクが正論正義側、やくみつるが完全に悪役ヒールであったのだ。

1日放っておいたが、あまりの拡散ぶり非難轟々ぶりに、さすがにやくさんが気の毒になった。

その後、SNSを通じて、ボクは事の一部始終を書いた。

「やくさんと言い合いになったのは、テレビ東京の朝の番組です。やくさんとは全部打ち合わせ済みでした」

舞台裏を全て曝して擁護したのだが、ネットは一度炎上すると、火の元の事情説明を拾ってくれない。

さらに、やくみつるの「ポケモンGOより昆虫採集のほうがより素晴らしい！」という直言も「終日、部屋に閉じこもって漫画を書いている、おたくのくせに！」と世間から嘲笑を浴びたが……。

実のところ、やくは長年、昆虫採集の日本の権威として知られ、『オール讀物』の連載「やくみつるの秘境漫遊記」を10年がかりで書き続け、珍獣ハンター・イモトより危険な世界の秘境に毎年行っているリアル・ポケモントレーナーなのだ。

そして今だから明かすが……。

当時、この騒動が評判を呼び、広告会社から秘密裏に『ポケモン』のCMのプレゼン案があがった。それはボクとやくが激しく論争をしながらも、最後はふたりがゲームをプレイして仲直りするという企画であった。

その展開は意表を突いて面白いし、高額なギャラを考えても、こんな美味しい話はない。ボクは連絡を頂くと二つ返事で快諾したが、やくの返事は「自分の主義に反するからNO！」だった。

ここまで我と筋を通す、やくみつるの偏屈ぶりに、正直、シャッポを脱いだ。


さて、昨年末、新語・流行語大賞の選考委員会から鳥越俊太郎の名前が突如として消え、話題となった。

本人は都知事選に立候補した段階で「降りた」と言っているが、流行語大賞有力候補の「ゲス不倫」に託《かこ》つけて、自らの女性問題報道を勘ぐられるのを避けたからに違いないとボクは推測し、MXテレビの生放送で本人に疑惑を直撃した。

「違うよそれは！」と言いながら、オロオロと口籠もる鳥越。それはもはや〝鳥葬〟に等しい修羅場だった。きっと鳥越は、ボクを今後、共演NGにしてくるに違いない。

さて、今年の同賞の展望であるが、「このハゲ！」が候補に選ばれることは、もはや確定的だ。となれば新語・流行語大賞の選考委員を長く務めるやくみつるには、よもや2年連続選考委員が〝トンヅラ〟する事態は避けていただき、選考会議に参加して、李下で冠を脱ぎ捨て、「このハゲ！」という今年〝ピカイチ〟の流行語を大賞に推挙してもらいたい。

あなたならきっと出来る！　Ｙｅｓ！　ユーキャン！

その後のはなし

やくみつるには、もう一つ恩義がある。

かつて同じ事務所の後輩芸人であった、そして「改名王」でもある、元「ダイオウイカ夫」が、新たに殿から命名された新芸名「やくみつゆ」を襲名する際に、本人から直接快く承諾を得ているのだ。いろいろとテレビ的には問題があるので、正式には表記が「薬味つゆ」ではあるが……。

もはや、彼が売れる気がまるでないのは間違いない。

さて２０１７年の新語流行語大賞は「インスタ映え」と「忖度」であった。

ちなみに「このハゲ！」はトップ10にすら入らなかった。

誰とは言わないが「インスタ映え」する独特の髪形をしている、一部の審査員への「忖度」が働いたものと推定されるが……。

令和のクイズ王の冠を頭上に戴く、やくみつる氏には「ご明答！」とお答えいただきたい。

22 爆笑問題 太田光とたけしのズル休み

「たけしさん！　くれぐれも次はズル休みしないくださいね！」

2017年10月6日、金曜日――。

眩しいほどの朝日が差し込む虎ノ門、テレビ東京本社、11階の楽屋前、1週間の早朝生放送の共演を終えた爆笑問題・太田光が殿（ビートたけし）に直訴した。

その2ヶ月前のこと――。

「オイラはさぁ、どうせ毎日朝まで起きてんだから、朝刊を見ながらさぁ、好き放題言う生放送ってどうだい？」

と『アウトレイジ 最終章』の公開を控え、映画の出資元であるテレビ東京を利用した宣伝方法を思案するなか、興に乗った殿は周囲にこんな冗句を飛ばしていた。

瓢箪から駒、それがまさかの展開で、同局は実際に10月2日からの5日間、『おはよう、たけしですみません。』なる朝7時半からの30分間の生番組を緊急編成したのだった。

番組開始の1週間前「オイ、例の番組やることになったから頼むぞ！」と、ボクは殿から勅命を

ほんとはみんな
きらいだよ

受けた。「はい！」と即答したが、自分以外にもう1人の共演者がいることは事後承諾だった。

その男が我が芸人人生の天敵、爆笑問題・太田光であったとは……。

思春期を直撃されたビートたけしチルドレンとして、ボクと太田は共に殿を慕いつつも、今から27年前、我々は決定的な敵対関係に陥った。

決裂の舞台は、ニッポン放送の深夜ラジオ『ビートたけしのオールナイトニッポン』。

10年も続く深夜25時からの生放送を、当時、殿は何かにつけてズル休みすることが増えていた。

そのたびに、たけし軍団が穴埋めをしたのだが1990年10月25日の放送は例外で、太田プロを独立したばかりの爆笑問題が大抜擢された。

生放送の第一声、太田光は「実は、たけしさんが……死んじゃいましてね」と不謹慎なツカミで番組をスタートさせ「今日我々がやっているということで、カリカリしている芸人も多いんじゃないですか？　特に浅草キッド！　文句あるんだったらここへ来いよ！」と挑発を続けた。

それを聞くやボクは家を飛び出しスクーターに飛び乗り、エンディング間際にスタジオに乱入を果たすと放送中にもかかわらず太田と激しく言い争った。

本番終了後も抗議を続け「殿のズル休み」をキッカケに、ボクと太田の確執は決定的になった。

そして1999年元日のフジテレビ『爆笑ヒットパレード』の生放送のエンディング、出演者勢揃いのモブの片隅で浅草キッドと爆笑問題は掴み合いを演じ、西川きよし師匠に〝リアル大目玉〟を喰らって以降、両者のテレビ共演は完全に途絶えた。

そんな因縁がありつつ、今回、殿のご指名による共演だった。

事前に番組スタッフから「お2人の起用は、たけしさんのご指名であり、生放送ならではの化学変化を望まれている」との説明を受けた。

そこでボクは今までの2人の確執を説明し、本番冒頭、太田にビンタを喰らわせる決意を打ち明けた。これは本連載で「日野皓正のビンタ事件」を取り上げた際、太田光、松本人志、ビートたけしのビンタ論を敷衍《ふえん》して書いた故、いざ生放送で仕掛けられたら太田はどう受け身を取るのか興味があったからだ。

「いきなり、生放送でビンタで始めるってことこそ、展開が未知数だし、それこそ〝未来はいつも面白い〟ってことじゃない?」

もちろん、スタッフはビンタ案を不安視して即、却下したが、その代わりに事前の顔合わせはせず、本番で初めて対面するというガチ案を呑んでもらった。しかし当日、誤算が生じる。3人の楽屋が同じフロアだったのだ!

ボクの目論見は脆くも崩れ去った。結局、殿の局入りに合わせてボクも太田も同時に楽屋挨拶へと向かい、そこで当然のことながら鉢合わせた。

最初は揃って畏《かしこ》まったが上梓されたばかりの殿の小説『アナログ』を巡って、互いに歯の浮くような感想を述べ合うと「オマエら、わざとらしんだよ!」とそのヨイショぶりを逆に殿にからかわれ、気づけばすっかり3人で和んでしまった。そして本番の数分前、一足先にスタンバイしたボクと太田は、ようやく2人きりで短く言葉を交わした。

「キミの小説『文明の子』の文庫版の著者あとがきを読んだけど、日野事件の時のビンタ嫌い発言は意識的なんだね」

「あれ、読んでくれました？」

文庫版あとがきでは、石原慎太郎とのイジメ論争（ボクは以前に『藝人春秋』のなかで引用している）と共に、慎太郎のビンタ肯定論に対する反論を、父親の戦時中の軍事訓練でのエピソードと共に描き「子供には決してビンタを受けさせない」と誓っていた在りし日の父親像を想い出深く綴っている（正直、文章家の太田の作品のなかでも随一の名文だ）。

だからこそ本当はそのまま、ビンタ肯定論の殿を交えて、生放送でこのビンタ論争をやりたかったのだが、いかんせん出たとこ勝負で、そちらへ話の流れが向かわなかった。

殿が着席し、怒涛の生本番へと突入。

いきなり不倫問題について太田から「一線を超えた」の言葉の定義を尋ねられると殿は「男性器がですね、女性器のなかに突っ込まれて3回以上動かしたら……」と初回から期待通りの不規則発言を繰り返した。

番組は2日間順調に進んだが10月4日、中日の水曜日に恐れていたことが現実となる。

とうとう殿が十八番の「たけしのズル休み」を上演したのだ。

その日、たけし不在のまま、ボクと太田は2人きりで、ぎこちなく時事ネタを語り合い、最後に松村邦洋に電話を繋いで殿のモノマネをさせてなんとか乗り切った。翌朝、マスコミ各社はこぞって「たけし、生放送を無断欠席！」と報じた。

とはいえ「部屋にお化けが出た言うて『ひょうきん族』を休みよった！」と、長年、明石家さんまによってこの悪癖が喧伝されていることなども手伝い、どこも論調は、むしろ好意的。

当のテレ東スタッフさえ「おかげで話題になりました！」とありがたがる始末だった。

かくして、金曜日まで辿り着いた早朝番組は各方面に波乱を呼びながらも無事終了した。

そして冒頭の台詞——。

生放送後の楽屋前で1週間後に迫った爆笑問題の事務所が主催する『タイタンライブ』への出演依頼を太田は殿に再確認した。

その依頼は「来てくれるだけでいい」というフリートークのゲストではなく、落語を一席演って欲しいというハードルの高いものだった。

昨年2月12日、殿は同ライブの20周年記念公演に出演し、立川談春の弟子・立川梅春として『人情八百屋』を披露した。太田は殿が江戸弁で語る、その高座姿を「まるで志ん生のようだ」と称えた。

だが今年8月25日の同公演でも予定されていた梅春のサプライズ出演は結局、ドタキャン。伝統芸「たけしのズル休み」にしてヤラれた！

そのため、今回、太田が連日、繰り返し念を押すのも無理はなかった。

テレビはもちろん、こうした生の舞台、演芸の世界でも無断欠席や休演は当然のことながらご法度だ。立川談志やビートたけしは、この掟破りを確信犯的に自らの行動でネタにしてみせ、周囲を翻弄してきた。

いったい、今回はどうなる⁉

迎えた注目の10月13日――。

殿は立川梅春として無事に『タイタンライブ』の舞台に現れた。

予定通りに来場しただけ、ただ「ズル休み」しなかっただけ、それなのに、満員の客席からやんややんやの大喝采を浴びた。

演目の『大工調べ』のオチは、大岡裁き『三方一両損』に改められた。

「細工は流流仕上げを御覧じろ」

数週間に渡る殿の仕掛けに振り回され続けてきたボクも太田も、殿裁きの見事な結末を見るにつけ「三方一両得」を実感したのだった。

その後のはなし

2018年10月17日、さいたまスーパーアリーナで開催予定だった沢田研二のコンサートで9000人の客入りが7000人しか集まっていないことに憤慨した本人がコンサートをドタキャンしたことがあった。この件について、総じてジュリーに対する批判的な論調が繰り返された。対してビートたけしはテレビ出演をドタキャンしたのに、テレビ局のスタッフから感謝されたり、数々のズル休みが後々、笑い話になったりと、怒られるより呆れられる「しょうがねぇなぁ」のポジションを作り上げてしまった。

TBSの『情報7days』でこのジュリー問題が取り上げられた時、殿は「年を取って、有名になって売れてくると、だんだんと図々しくなるんだよね、私もそうですけど。売れてくるとだんだん天狗になってきて『客少ないじゃないか』とかやるよね」と、少なからず同情を示した。無論「おばけが怖いから休む」の理論が、この場では通用しないことも重々承知であった。

太田光とは、この1週間の共演から今までの長い交戦状態が一転雪解けして、むしろ懇意になれると思っていたが、思わぬところから火がつき再び開戦することに。ナイナイの岡村隆史を巻き込んで、またバチバチの論敵相手になってしまった。芸能界にいて、これほどプライベートの趣味嗜好が近いのにバチバチバチの因縁を持ち続ける理由は何なのだろう?

23 ユーミンに捧ぐ！「守ってあげたい」

「守ぉーってあげーたいぃ♪」

人生で何度目のマイブームか。

昨今、松任谷由実のベスト盤をまた頻繁に聴くようになった。


2017年7月1日――。

妻と中学受験を控えた小5の娘と共に、ユーミンの母校でもある立教女学院のオープンキャンパスへ向かう道すがらもカーステレオからは彼女の曲が流れていた。

『やさしさに包まれたなら』～『守ってあげたい』～『ダンデライオン』と聴き通すと娘を持つ親の心情とも重なり思わず感極まってしまう。

校内に足を踏み入れると、新緑の藤棚の向こうに雨に濡れた紫陽花が顔を出し、礼拝堂からはハンドベルの調べが聞こえてきた。

目に映る全てはメッセージを帯びていた――。

此処は、少女時代のユーミンを育んだ大切な箱庭だ。

ユーミンが男女を問わず幅広い年代から愛されていることは数字でも実証されている。

オリコン史上で女性最多となるアルバムのミリオンセラー通算10作。

さらに70年代から現在に至る全年代でアルバムチャートの首位を達成した、唯一の全世代対応型ミュージシャンでもある。

それに加えて山田邦子や清水ミチコらの誇張しすぎのモノマネ芸に対しても昔から決して憤慨することもなく、アーティスト然としない大らかな気概を貫き通してきた。


２０１６年10月30日――。

日本テレビ『行列のできる法律相談所』にユーミンがゲスト出演した。

縁のある芸人として、ビビる大木、いとうあさこ、天津・木村も登場し、ユーミンからの驚きのプレゼントやプライベートでの知られざる交流が語られた。

現在、ロケバス運転手に転身したとも囁かれる天津・木村に至っては、かのエロ詩吟がなんとユーミンのお気に入りで、その日も本人を目の前に一節唸る羽目になった。

「吟じます。あんなに恥ずかしがってたのにぃ〜　事が終わったあと彼女はぁ〜　スッポンポンでお茶飲みに行くぅ〜　あると思います！」

安定のエロネタと不安げな決めのカメラ目線に、ユーミンは爆笑した。

番組には、ボクがＣＢＣ『ゴゴスマ』でいつも共演しているユージも出演していた。そこで彼に後日、番組の合間に「ユージとユーミンはなんでユージンなの？」と尋ねてみると、「もともと母がユーミンと友人で、ボクが子役でバックダンサーだった頃から仲良くしてもらっていたんです」と教えてくれた。

なんと『行列』出演は、ユーミン直々の指名でもあったそうだ。

「ところで、そういう博士はユーミンさんと会ったことがあるんですか？」

「あると思います！」

少し得意げにボクはユージに言い返した。

ボクがユーミンと初めて会ったのは、有楽町のニッポン放送だった。

１９９１年、浅草キッドは『オールナイトニッポン』（以下ＡＮＮ）２部（月曜深夜３時）のパーソナリティに抜擢され、半年後、土曜夜11時からの２時間枠へと栄転した。

当時、土曜深夜１時の枠には『松任谷由実のＡＮＮ』が君臨。１９８８年から１９９９年まで11年間続いたこの名番組の露払いを、ボクらが２年半務めることとなった。

土曜枠に移動してしばらくはユーミンと遭遇する機会はなかったが、何度も差し入れを頂き恐縮至極のところ、とうとう、ある日、ご本人が予告なしで我々の生放送のブースのなかにまでツカツカと乱入してきた。一瞬、誰だかわからない――。

「お！　これはこれは、若井小づえ師匠が遊びに来てくださいました」

「バカ野郎ッ！」

ボクの咄嗟のギリギリのアドリブに、ユーミンが笑いながら突っ込む。

放送後、ニッポン放送の関係者からは叱られたが、この初対面のやりとりで我々はユーミンに顔を覚えてもらえた。それゆえ『行列』での芸人との逸話の数々を、ボクはかつての自分と重ね合わせて聞いた。

2007年9月13日――。

代々木競技場第一体育館で行われた『ユーミンスペクタクル シャングリラⅢ』に光栄にも招待され赴いた。

松任谷夫妻の夢であった、サーカスとコンサートの合体を現実に叶え、その規模と演出は回を追うごとに大スペクタクルになっているとのこと。

この日、ボクはテレビ朝日のスタッフの橋渡しで、生のユーミンを初めて客席から見ることになった。しかも、4歳になったばかりの長男タケシと二人きりの観覧だ。

ユーミンと共演するのは、国立グレートモスクワサーカス団。そして、武田美保とヴィルジニー・デデューの日仏のシンクロ五輪メダリスト。

水陸両用の舞台に驚愕し、空中ブランコや綱渡りに息を呑む。舞台美術、演出、照明、特効、パフォーマンス、全てが世界最高峰芸術的なプロフェッショナルの頂点を極めていた。

今、振り返っても、2020年の東京五輪・パラリンピックの開幕式で再演して欲しいほどの超絶的な完成度のステージだった。

息子を膝に座らせたままノンストップの2時間半。子供にとっては初めてのサーカス体験だ。

「スッゲー」と何度も声をあげ興奮していた。

幼子はこの日見た光景を一生懸命言葉にし、その日、絵日記に書き残した。


「おおきな、たいいくかんに、いっぱい人がいるのでビックリした。なにがはじまるのかワクワクドキドキ、ユーミンさんが出てきてピアノをひきながら、おおきな声でうたった。光がアチコチから出てきてクルクルまわってプールで女の人がおよぎながら足でおどって人魚みたいだ。いつのまにか水がさえたり、ふえたり。ふうせんがいっぱい出てきて、てんじょうからブランコがおりてきて、人がおらそうになるほど回って、でもおちない。さいごは水の中へ人魚がいなくなって……かなしくてさびしくて泣きそうになった」


これは、4歳の秋にパパと二人きりで見た息子の〝シャングリラ〟だ。

ステージが終了。万雷の拍手が続くなか「ユーミンも楽しみにされていますので楽屋にどうぞ」とスタッフに囁かれ控室へと誘導された。改めて見回すと、楽屋挨拶に同行するこの夜の綺羅星の如きＶＩＰの顔ぶれと人数にビビってしまう。

子供と二人だけだと楽屋で注目されてしまうと予想して、その場にいたたまれない圧迫感を感じた刹那――。

「タケシ、逃げるぞ！」

ボクはそう叫ぶと、子供の手をギュッと握り、列を抜けて駆け出した。

代々木体育館のバックステージは巨大な迷宮だ。出口もわからない。

扉を開けると、白塗りで半裸のロシアンダンサーが……。次の扉を開けると、付け鼻のピエロ軍団が……。さらに扉を開けると、着替え中の水着姿の金髪の女性たちが……。

ボクも息子も、先刻までの夢のシーンが反転して続く目眩《めくるめ》く現実に戸惑いながら最後には肩で息をしていた。

ハァーハァーハァーハァー。

父親の取り乱した姿を見上げながら、息子が不安げに一言。

「パパ、ちゃんとボクを守って！」

その後のはなし

２０１７年12月22日——。

ユーミンからのラブコールに応え、ビートたけしがニッポン放送『松任谷由実のオールナイトニッポンＧＯＬＤ』に生出演した。

ユーミンは１９８５年８月29日に『ビートたけしのオールナイトニッポン』にゲスト出演してお

り、二人の共演は実に32年ぶりのこととなった。

ボクは当日に母を亡くしたことを殿に報告するため、この生放送の現場を訪ねた。

リスナーから「北野映画でユーミンを使うとしたら役柄は？」との質問に、

「キャバレー歌手で相手がヤクザ」

「おっ、いいですねぇ」

「それでね、ヤクザが撃ち込みに行って死ぬ時にね、『ラヴ・イズ・オーヴァー』を歌ってんの」

「ウハハ！　欧陽菲菲さん好きですよ」

「『恋の十字路』も好きなの俺。キャバレーそのまんまの感じじゃない」

「私キャバレー好きですよ。時々そういう回路で曲作る時ある」

「俺が売れない頃、キャバレー行って、綾小路きみまろが司会やんの、それが上手いの。ボンボン喋って。ゲストがケーシー高峰、シモネタばっかのオンパレード、ドッカンドッカンウケるわけ。そこでその所属のクラブ歌手が、チャーリー石黒さんぐらいのバンドでタカッタタカッタって出てくるわけ」

「あ～いいなぁ」

「それでラメの衣装着てダーッて外国の歌唄うの」

「青江三奈みたいな感じ？」

「そう。映画として日本の高度成長の時代のワルとキャバレーとお笑いが組んだってヤツを今、台本書いてんだけどやりたくてしょうがない」

「えーほんと、やりたい私！」

「やってくださいよ」

「演技力はまったくないですけど」

「歌うだけでいいですから」

「歌うだけ、いいなぁ～ホント」

「そのかわり、ヤクザの男に騙されちゃうんですよ」

「いい別に！　演技がなければ是非歌いに行きます！」

ユーミン出演の妄想北野映画に、二人の話は盛り上がった。

母の訃報を伝えに行ったのに、話の全てがボクのツボで大笑いしていた。

また、その日、ユーミンが両親の話に触れ、「母親が芸事が好きでね、大正モガなんですけど、あらゆるものを観に連れてってくれたの」と、実家は呉服屋なれど芸人としてのDNAを授かった経緯を説明した。そして続けざまに、

「（観に行った）市川雷蔵のエロ～い時代劇とかは、映画と映画の間にミカド（池袋ミカド劇場）のヌードショーの宣伝とかが入ってくるわけよ」

と、今もエロ詩吟をこよなく愛する歌姫の性への原体験を披露していた。

そう言えば、32年前のラジオでビートたけしと初共演した時も、二人の丁々発止のやりとりがあった。

「私、ピンクレディーの前にスパンコールの短いのとか着てたからねー」と言ってのけると「私、あんまりオンナっぽくないから、そういう格好しても小柳ルミ子みたくなんない。バービー人形っぽいわけ」と、自らの女性としての無機質性を語っていた。

これに対して殿も、目の前にいるユーミンに対して、「セックスを想像できないタイプだよな、なんかバイブレーター使ってる人みたいでよぉ。ぜったい道具を使ってる気がする！」と言いたい放題だが「ホント⁉　そうですかぁ！」と、ユーミンもその例えには爆笑していたのを思い出す。

この際どい洒落がわかる感じが、姉御肌を醸すユーミンらしさであろう。

時は流れ、２０１８年大晦日——。

平成最後の紅白歌合戦。フィナーレは白組、サザンオールスターズ。

『勝手にシンドバッド』を唄う桑田佳祐に、その日、サプライズでＮＨＫホールに現れたユーミンが、桑田の頬にキスをし淫らに絡み合い大団円の熱唱に花を添えた。それは、女・荒井由実の幼心に刻まれた市川雷蔵にまといつく女の妖艶な姿が化身した瞬間であった。

それはもう実にエロティックな「胸騒ぎの腰つき」であった。

24 安倍晋三と総理の椅子

「眼の前に安倍晋三がいる!!」

2017年2月14日、夕刻。

確か前日までトランプ大統領との首脳会談、今日の午前中は予算委員会で答弁をしていたはずなのに何故此処にいるのか?

目黒雅叙園・飛鳥の間でボクは目を白黒させていた。

この日、催されていた「おさみ・瑠美子夫妻　幻の金婚式」は金婚式を前に残念ながら逝かれた瑠美子夫人(笹るみ子)を悼み、そして、なべおさみを励ます集いだった。

ボクは息子のなべやかんの兄弟子として招待を受けたわけだが、昭和の名芸人・なべおさみの面目躍如、各界の大物が勢揃いの大宴会であった。

ボクの右隣は元『週刊文春』編集長の花田紀凱夫妻、前席には五木ひろし、大村崑、そして中央にポツンと空席がある。そこに座るのは誰あろう日本国総理大臣とのこと。

当日まで明かされなかったゲストの出席が知らされると、SPたちが物々しく一斉に蠢き出した。

「昨日までトランプとゴルフをしていた人が、ここへ現れる……？」

俄には信じがたい展開だったが、次の瞬間、風のように安倍総理が来場すると、色めき立つ招待客をよそにそのまま登壇。

父・安倍晋太郎から2代に渡る、なべおさみとの絆を情緒たっぷりにスピーチし会場中を聞き入らせた。

その後、総理はボクの眼前に着席。列席者と順番に記念撮影をする総理の視野にはボクも入っていたはずだが、目礼すらなく、しばらくして側近から何か耳打ちされると短く頷き途中退席した。

ちょうど金正男の暗殺が報じられた日だった。

ボクは総理が去った席を見つめ、以前に面会した時のことを想った。


2004年9月15日——。

当時、司会を務めていたTBSの深夜番組『アサ㊙ジャーナル』では我々、浅草キッドはTBS政治部に派遣された新米記者という設定だった。

2001年の小泉政権誕生以降、劇場型政治は大いに人気を博し、視聴率向上に貢献。テレビでも政治家バラエティが多々作られていくこととなる。

今でこそ珍しくない芸人と政治家の絡みは、この番組が嚆矢だった。

この日、安倍晋三自民党幹事長が番組に2回目の出演を果たした。

初対面はその2年前、第1次小泉内閣の官房副長官時代。

当時まだ47歳でソフトな顔立ちではあるがガチガチのタカ派で、既に「ポスト小泉」の呼び声も高かった。しかし番組では、持論の憲法改正などの堅い話には進まず、子供時代の家庭教師が、あの平沢勝栄議員だったという話でひときわ盛り上がった。

そして、2年後、2回目の取材。恐れ多くも自民党総裁室に通され、余興として「総裁の椅子」にボクが腰掛けるところから取材はスタートした。

途中、話が脱線した。

「前回、この番組に出られた時には『気分転換にビデオで映画を観るのが趣味』と仰ってましたが、最近、映画を観る機会はありましたか？」

「この前、劇場で久しぶりに『ディープ・ブルー』を観ましたね」

「えっ？『ディープ・ブルー』ですか？　あのぉ幹事長、『華氏911』は、まだご覧になってないんですか？」

当時話題だったマイケル・ムーア監督の『華氏911』について、あえて話を振ってみた。同作品は、カンヌ映画祭のグランプリを受賞していたが、その反米・反ブッシュのメッセージに対して、小泉総理が「政治的な立場が偏った映画は、あんまり観たいとは思わないね（略）ブッシュ批判、小泉批判、批判ばかりしてもいいことはないんじゃないの」とコメント。1本の映画の感想が、全米だけではなく日本の政治家にすら「踏み絵」となっていた。

「それは趣味の問題ですからね。仕事で観るって言うなら観なきゃいけないですけどね。ま、別にいいかなって感じですかね」

「別に観なくても……と？」

「はい。それより『ディープ・ブルー』のシャチとかアザラシを……」

「いやぁ、ボクは是非、安倍さんの『華氏９１１』の感想を聞きたかったですけど……」

〝気分転換に観る映画〟を、なんで一介のチビ漫才師に強制されなければならないのか？　とでも思ったのだろうか、突然、安倍幹事長に〝スイッチ〟が入ってしまった。

「マイケル・ムーアも大金持ちになっちゃってね。『米国にはアメリカンドリームは存在しない！』と言ってるんだけど、『アンタがアメリカンドリームじゃないか！』っていうことなんじゃないの？」

安倍幹事長の、このおちょくった言い方に対してボクは笑い流せず、引っかかった。

未見にもかかわらず作品批判をする一方、どこかで聞いた風な監督批判までまくし立てたからだ。

確かに前作『ボウリング・フォー・コロンバイン』も『華氏９１１』も、持たざる者、弱き者に寄り添う視点が、結果、監督に巨大な名声、巨万の富をもたらす結果になり、そこに批判もある。

「米国でもそういうことを仰ってる方もいますが、マイケル・ムーアは資産をたくさん寄付もしているんですよ」

「それは使い切れないくらいありますからねぇ……」

双方譲らず、水掛け論のような緊張状態が続く。

「観ていただいてから意見を……」とボクが切り上げようとすると、「（ムーア監督の小泉批判を）でもそれは余計なお世話じゃないの？」と語気を強くして言い放った。

身も蓋もないこのバトルは熱気を帯びた。その室内の温度も「華氏451」ほどであっただろうか……。ボクは気を改めて話題を変えた。

「以前に『ギャング・オブ・ニューヨーク』を観に行かれたら、偶然、小泉総理がいらしたそうですね？」

「そう。女房と『ギャング・オブ・ニューヨーク』を観に品川のシネコンに行ったら、警察とかSPがたくさんいるんですね。当時、私は官房副長官だったので、官邸で顔見知りのSPに『総理来てるの？』って聞いたら『……お答えできません』って」

「それは向こうも任務だし、そう答えるしかないですよね」

「SPもニヤニヤとそう言うしかなくてね。それで席に着いたら、私の後ろが5列ぐらい空いていて、もしかしたら？　と思ったら、小泉総理が『オウッ！』とか言って入ってきて、後ろに座られた」

「小泉総理の例の調子で！　すごい偶然ですね」

そして〝すべらない話〟を語るかのように安倍幹事長が言った。

「それで、小泉総理が『席、結構、空いてるんだなぁ』とか言うんですよ……」

「総理の椅子の周りが……」

「違いますよ！　総理！　空いてるんじゃなくて空けてるんですよって！」

その後、安倍晋三は小泉純一郎に代わり、自民党総裁室の空いた椅子に座ることとなった。しかも二度。

今まさに、解散総選挙で空席に戻った「総理の椅子」――。

その座り心地をボクは想い出した。

その後のはなし

2020年8月28日、12年12月の第二次内閣発足から約7年8ヶ月をもって安倍晋三内閣総理大臣は潰瘍性大腸炎の再発を主な理由として辞任、総理の椅子を譲った。

日本のこの8年間の「分断」の象徴でもあった。

A級戦犯岸信介の孫という肩書は、その存在だけで全共闘世代の錆びついた怒りを焚き付けるに十分であったし、ましてや改憲を標榜しては、様々な陣営が激しく何かにつけて糾弾する存在であった。

しかし、この本で後に出てくる「野中広務」の章でも触れるのだが、ボクは芸人として、舞台上の狂人性と舞台を降りた時の人間性のコレクトネスの共存のバランス感覚の上に生きている。政治家も芸能人も、それぞれの虚実の皮膜を見抜き、芸人としての感覚で皮肉ったり、おちょくったりしているだけの話で結局はどの陣営にも属しない。

松任谷由実が自身のラジオで、総理をねぎらったことに「死んだほうがいい」とまでのたまえる某大学の専任講師とやらの発言には首を傾げざるを得ない。

安倍総理の野党への退任の挨拶では、笑顔で互いに深々とお辞儀をする姿が報じられ、また議員会館の廊下でばったり宿敵と遭遇した辻元清美議員が「お疲れさまでした。あれだけ激しくやり合ったので寂しいですね」と声を掛けると「次は菅さんとやり合ってください」と苦笑いされたとTwitterに投稿するなど、そのノーサイドの光景が各所で見られた。

政治家はいがみ合って闘っているのではなく、国を良くするために論戦をしているという基本的な姿を、何かにつけて分断している人々は忘れてはならないのではないか。

しかし今、米国ではトランプの2024年立候補が算段されていたり、安倍3選すらあり得るという輩もいるのである。

総理の職を辞した。

それは「絢爛たる醜聞」であった。

25 博士の「遺書」と松本人志さん

「ズルいのは水道橋だわ！　自分の手を汚さず、人を焚き付けてるよね！」

２０１７年10月８日――。

日曜日の朝、フジテレビ『ワイドナショー』の冒頭で松本人志さん（以下、敬称略）が獅子吼した。

「アイツは悪い！　水道はシメたらなあかんわ。１滴も出ないように、しっかりシメないと！」

その横で司会の東野幸治は「水道橋さん聞いてますか？　シメます！」と、実に楽しげに悪ノリ報告した。

朝からテレビの前でボクは笑いつつ、かつての因縁を内包させた「水道（橋）＝閉める（シメる）」という掛詞に「上手い！」と唸った。

松本人志がボクの「排除」を宣言したのは、10月初旬に５日間生放送された、テレビ東京『おはよう、たけしですみません。』内で起きた、とある一幕に対してのことだった。

番組では、不倶戴天の敵同士であるボクと爆笑問題・太田光が、18年ぶりにテレビ共演を果たした。

なんやねん
その体

このキャスティングをあえて命じた殿（ビートたけし）は生放送中「犬猿の仲が仲良くなることくらい強いものはない」と二人を諭したが、それに応えてボクは「じゃあこの席もボクを抜いて、松本人志を置いてください！」とやり返してしまった。

太田光にボク以外の共演NGがいることを初めて知った殿は「ん!? 松本人志、嫌いなの？」と振り返り尋ねると「大嫌いですよ！」と太田は即答。間髪を容れず「だ・か・ら！ 言わすなよ！問題になるんだから！」と声を荒げてボヤいた。

そこで最終日にボクが、「この番組で結局一番損をしたのは太田くんだよ」と釈明すると、太田は「あれ、昔の話ですよ。私が全部悪いんです。それで怒られた。ようやく雪解けかっていう時に……博士に言わされた。松本さんは大好きですよ！」と反応した。

いったんは殊勝な態度を見せた太田だったが、ボクが再び「これが松本人志ではなく恵俊彰だったら？」と水を向けると「それは、本当に嫌いなのは恵。だって、つまらないから！」と芸人の性で反射的に持ちネタを繰り出し、さらなる墓穴を掘った。

これら一連の経緯が週末の『ワイドナショー』で取り上げられると、松本人志は「盛り上がって話題になって笑いになったならいいと思いますよ。そういう意味じゃ何だってありだと思うんですよ。僕はもう、BIG3（たけし・タモリ・さんま）が大嫌いですよ！」と松本は太田発言に理解を示しつつ、「恵さんはなんにもしてませんけど……」との東野の指摘にも「ですね！」と頷き、返す刀で批判の全矛先はボクに向かって冒頭の言葉と相成った。

笑いとは、常に敵を作る可能性があるブーメラン構造だ。

とはいえ、今、振り返っても今回の発言が確信犯であり、故にボクにブーメランとなって返ってくるのも演者として覚悟すべき当然の報いなのだ。

松本と太田のアンタッチャブルな確執。

それは1994年、一世を風靡した男性向けデートマニュアル雑誌『ホットドッグプレス』（講談社）のコラムで、読者層を意識して気負ったのか、ファッションセンスをネタに、太田が下克上的に松本人志をイジったことに端を発する。

当時、既に天下取り寸前の地位にあった松本に対して、太田は太田プロから独立してドン底状態。太田は、やさぐれ、ささくれ立った気性のままトンチンカンな切り口で某スポーツブランド製品を愛用する松本を批判した。

程なく、その内容は本人に伝わり松本は大激怒。フジテレビの楽屋に爆笑問題を呼び出して〝シメた〟と、まことしやかな記事が当時の週刊誌に掲載された。

後年、ボクはそれを元に拙著『お笑い 男の星座』で「爆笑問題問題」と題して、この抗争を面白おかしく憶測し活字活劇化した……というのが大まかな三者の睨み合いの構造、あたかもアディダスのトレフォイル（三つ葉）マークのような、三者の因縁のカタチができあがった。

その後、2011年12月18日、TBSラジオ『爆笑問題の日曜サンデー』のゲストに、長く共演NGのはずだった浅草キッドが招かれた。

スタジオに不穏な空気が漂うなか、ボクが第一声で「迷惑だからゲストに呼ばないでよ！　自分らも『ダウンタウンDX』に呼ばれたらどうする？」と言うと、太田は一本取られた風に顔をしかめて「行かない！　そんなの絶対行かねぇよ！」と答えた。

この瞬間、松本・太田の「国交断絶」は依然として継続中であることをボクは理解した。

一方、この日のトークは思いの外盛り上がり終始笑い声が絶えなかった。

コーナーも終盤を迎え、もし爆笑問題の二人もたけし軍団に入っていたらという話になると、田中裕二は「俺は野球が好きだから軍団で重宝されて幅を利かせてたと思う」と語り、太田は「俺は博士とはもしかしたら本の話とかで結構気が合ったかもしれない」と吐露した。

これに対してボクも、「俺はいろいろと譲ったかもしれないね。太田くん、こういうのやりなよとか」と返した。

共演NGが嘘だったかのように、ビートたけし愛の下で、彼らとの長い確執がやっと終わったと思っていたら……。

番組終了間際、田中裕二の追い出しの締め言葉と、ボクと太田のガヤガヤ声と、コーナーエンドのジングルの喧騒に被せるように玉袋が確信的に「今日はいいオマン○できた気がするな！」と、生放送で最後っ屁をぶっ放ち、遺恨は振り出しへと戻った。

そして、２０１４年3月31日――。

『笑っていいとも！　グランドフィナーレ』で、石橋貴明の意図的なラフプレーによって、とんねるずとダウンタウン、さらには松本と太田の奇跡の共演が実現した。

現場に居合わせた千原ジュニアは、「CM中に松本さんが太田さんに『ありがとな』と声をかけたんですよ。初めてですよ、そんなん見たの」と証言。

松村邦洋は「太田さんがCM中に『いろいろどうもすみません』って言った後、松本さんが『おぉ、おーおーおー』って太田さんの肩のあたりをポンポンと叩いたんですね。なんかいい雰囲気でした」と両者はそれぞれにラジオで語った。

確かに、両者は雪解けに向かっていたのだ。

冒頭の『ワイドナショー』の一件は放送後、ネットニュースでも報じられ、瞬く間に世間の注目を集めた。

しかしながら「シメる」＝「松本のパワハラ」という曲解したネットの書き込みは、当事者としては不本意であり完全に誤解である。

お笑い界の固いヒエラルキーを崩すガチンコ発言は、薄皮一枚を残してのスリリングな芸である。それを笑いで受け入れる器量こそ大物芸人の持つ奥行きであり、だからこそ切磋琢磨を経た、松本、太田は、冠番組を持つ座長芸人足りえている。むしろ、地位的に言えば、因縁三者のなかでボクが一番「売れたことがない」下っ端であり、鉄砲玉であるだろう。

だからこそ、一石を投じてみたのだが、しかし今回、もしかしたら本当にボクは松本さんを「しくじった」かもという一抹の不安は残った。

むしろ、テレビ界的には「遺書」ならぬ、ボクの「墓標」になった発言なのでは……と。

一応、お詫びを込めて水面下で確認していると、翌日、松本と交流の深い放送作家から電話があった。

「あれ、松本は『まったく気にしてない』って言うてたよ。ただ一点だけ、なぜ博士は普段は『松本さん』と呼ぶのに、あの時だけ『松本人志』と呼び捨てだったのか、そこは気になったみたいョ」とのこと。

「そうですね。今後、気をつけます。でもあの状況でボクが『松本さん』と言っても、誰だか瞬時にピンとこないので」と、短く言い訳させてもらった。

電話を切った後、安堵しつつ、ボクはふと1994年に出版された超大ベストセラー、松本人志著『遺書』の一節を思い返していた。

たとえば、誰かをつっこむときに「お前は高木ブーか!」と呼びすてにする。この場合「さん」づけすると笑いになりづらい。しかし、呼びすてにされた人はムッとするかもしれない。結局、どのみち、だれかを敵に回すのだ。それなら、思う存分敵に回してやろうではないか。

翌週の『ワイドナショー』――。

今度は、もともと浅草キッドの弟子であった吉本芸人・ハチミツ二郎と大仁田厚の有刺鉄線電流爆破マッチの壮絶な模様が放送された。

しかし、この試合実現への黒幕が実はボクだとわかると松本「さん」は、

「またや！　だからあいつ、シメなあかん！」とニヤリと笑った。

その後のはなし

「お前が向こう（ハワイ）でこんがり焼けてる間に、オレはずっと炎上してたけどね。そういう意味では焼けましたわ！」

２０１９年2月3日放送『ダウンタウンのガキの使いやあらへんで』（日本テレビ）で、正月休み明けの浜田の浅黒い顔を見た松本は自虐ネタで笑いを取った。

松本人志を、いや、お笑い界のトップに君臨し、権力を持つ男性芸人たちを取り巻く環境は今は厳しく、特にネットはシニカルだ。

〝ネットの声〟と称した批判の声はトリミングされ記事になると、あっという間にそれが既成事実として流布される。相手がビッグネームであればあるほどパワハラ告発の拡散効果は高い。

（無論、この本も松本人志というビッグネームが1章あるだけでとても大きな利益であるのだが……）

70年代、80年代にテレビバラエティを浴びるほど観て育った世代からすれば、ＰＴＡ選定の「子供に見せたくない番組」において『8時だヨ全員集合！』や『オレたちひょうきん族』が選ばれることは、口笛を鳴らすほどお笑い的には勲章であった。

しかし、今はPTAなどの組織ではなく、個人による批判、所謂《いわゆる》ノイジーマイノリティによるクレームの集合体が大きな力を持ち、教育団体などとは比較にならないほどの厄介な敵となった。

一般の視聴者だけではなく芸能界の内側にいる者も、テレビタレントとして、お笑い芸人として、決して超えられなかった人物を、ポリティカル・コレクトネスを武器にすれば天下御免で批判できる、叩きのめせる。〝世界標準の良識〟は〝奴隷が王を討つ〟有効なツールとなった。

テレビのコンプライアンスから逃れ、Amazonプライムの有料配信で『ドキュメンタル』『FREEZE《フリーズ》』と斬新で自由な番組づくりを進めてみても、そんな聖域にまで松本クレーマーは追いかけてくる。

手を替え品を替えハラ・ハラ論で芸人を追い込む記者も識者も、決して表現の自由とセットで議論しようとはしない。松本人志は、そのなかで公序良俗、良識の波に対しても決して怯《ひる》まず、挑戦的であろうとしている。新しい括り、縛り、ルールが課されても、新たなお笑いの競技を作り上げようとする。

それはテレビだけではない。映画に関しても、すっかり次回作の声が聞かれなくなってしまったが、ボクは映画監督としての松本作品を毎度、大評価している。松本人志監督の次回作を、心から期待している。言語を人種を宗教を超え、己の信じる笑いを、銀幕を通じて再び世界に問いかけて欲しい。

「天才」と呼ばれて久しく、今の日本の芸能界の圧倒的な地位をしても……世界的には過小評価だと、ボクは思うのだ。

26

萩本欽一

～欽ちゃんはどこまでやるの！

「僕は田原総一朗に憧れてテレビ界に入りました！　あの頃のドキュメンタリーが忘れられません！」

2012年4月16日――。

当時55歳だった日本テレビのプロデューサー土屋敏男が、78歳の田原総一朗に熱い想いを打ち明けた瞬間だった。

この日、田原総一朗が東京12チャンネル（現テレビ東京）の社員時代に作った半世紀前のドキュメンタリー作品をまとめたDVDシリーズのお披露目会が、秋葉原のイベントホールで行われていた。ボクはこの企画の立ち上げメンバーであり、番組MCとして2年以上も、田原のパートナーを務めVTR発掘作業に関わっていた。イベントにパネリストとして登壇した土屋は、20歳の時の日記を持参するほどの気の入れようだった。

田原の著書『テレビディレクター』（合同出版）にどれほど影響を受け、それがいかに今日の自らの進路を決定づけたか青臭く綴られた自らの日記を示しつつ、さらには自身のドキュメンタ

ドン!とやって
みよー

リー・バラエティ代表作である『電波少年』（日本テレビ）の発想の原点が、田原作品にあることを熱烈に語った。

イベント終了後には、初対面となるアーティストの岡村靖幸がボクの楽屋を〝アポなし〟で訪ねてくるという一幕もあり、そのまま連れ立った打ち上げは大いに盛り上がった。

今にして思えば、この日、後に土屋敏男が監督として撮る萩本欽一のドキュメンタリー映画に繋がる伏線が揃っていた。

「欽ちゃん」こと萩本欽一、またの名を「視聴率100％男」——。
◉『欽ドン！良い子悪い子普通の子』
38・8％（フジテレビ）［＊］
◉『欽ちゃんのどこまでやるの！』
42・0％（テレビ朝日）［＊］
◉『欽ちゃんの週刊欽曜日』
31・7％（TBS）［＊］
＊「番組最高視聴率」日刊スポーツ2017年7月26日／ビデオリサーチ調べ関東地区
80年代の全盛期、レギュラー3番組の1週間の視聴率を合わせると100％を超え、その異名で敬意と共に呼ばれていた。

バラエティ番組の視聴率が消費税率と丈比べを続けるような昨今からしてみれば、信じがたい高視聴率であり、今に至るまでこれほどの偉業を達成したお笑いタレントはいない。

「もう1回、30％バラエティをやりませんか？」

白身がプロデュースした『電波少年』で30・4％を記録したこともある土屋敏夫は欽ちゃんの自宅にアポなしで突撃するとこう切り出した。

土屋の初監督作品『We Love Television?』は、そこから始まる欽ちゃんの番組づくりの過程と、その顛末を2011年からの6年越しの映像で綴った、田原総一朗イズム溢れるドキュメンタリー映画だ。


思春期にビートたけしから落雷のように影響を受けたボクにとって、欽ちゃんのバラエティ番組は正直「緩くてもどかしい」ものだった。

無論、コント55号時代を知れば、それは欽ちゃんの本性ではないとわかるのだが視聴率100％時代や『仮装大賞』『24時間テレビ』（日本テレビ）などのファミリー路線が長く続いたために、「萩本欽一＝いい人」の世評は広がり本人はやがて、そこに搦め捕られていったイメージだ。

我が師・ビートたけしは、日本バラエティ史において萩本欽一的な笑いに引導を渡した張本人であろう。

しかし、伝説の浅草芸人・深見千三郎の弟子が東八郎とビートたけしであり、その東八郎の弟子が萩本欽一であることを思えば、芸人としての源流は同じなのだ。まるで犬猿の仲の宗教同士が、実は聖地を同じくするような話でもある。

さらに言えば、萩本欽一と浅草キッドは等しく深見千三郎の孫弟子であるとも言える！（無論、キャリアと実績は格段の段違いであることは言うまでもないが……）

それ故に、萩本欽一とは何者か？

ボクも芸人人生のなかで、数度の邂逅と共に常に考えさせられた。

視聴率100％男の終焉は、漫才ブームと『オレたちひょうきん族』（フジテレビ）の登場に因《よ》る、時事ネタ、楽屋ネタ、下ネタの全開放、修練された一芸よりも芸人の即興性や個人プレーの応酬が蔓延したことと関係するだろう。


そもそも、お笑い界とは戦場だ。『ひょうきん族』がそうであったように、欽ちゃんもまたザ・ドリフターズという強大な敵と陣地を争った。

立川談志は『談志百選』（講談社）において、ドリフを「テレビで観られる唯一の芸人の集団」と高く評価する一方、コント55号を認めなかった。

ただし「逆にいやあ、談志なんぞに誉められなかったから萩本欽一の全盛があったのだ」と、パラドックス的な評価を与えもした。

パラドックスと言えば、ＰＴＡの目の敵にされ続けた『8時だョ！全員集合』（ＴＢＳ）こそ、実際にはアドリブの隙を一切与えないほど几帳面な、いかりや長介の徹底したリハーサル主義によって支えられていた反面、欽ちゃんの番組は、台本に依《よ》らないアドリブ重視の姿勢が徹底されていた。

ドリフが全員正装の1音符さえもアドリブの許されないクラシックであるならば、欽ちゃんの番組は、素人や芸人外の歌手や俳優による笑いの不協和音を、燕尾服を着た萩本欽一が指揮棒で操る混声合唱団のようなものだ。

付け加えれば、『オレたちひょうきん族』は東西芸人のフリージャズであると言えよう。

この逆説のパブリックイメージは、土屋も映画のなかで解き明かしている。

「リハーサルは面白くないまま進める」

「タレントが家に帰って考えるようになると数字は〝いく〟」

「スタッフも出演者も仕事に慣れすぎてはならない」

すなわち、欽ちゃんの「30%を取る奥義」とは、徹底した予定調和崩しであり、芸人を極限まで追い詰めた先に会心の一打が産まれる瞬間を待つ——まさにそれは『電波少年』の土屋敏男が継承した手法そのものであった。

こうした欽ちゃんの〝可愛がり〟によって〝素人同然〟に戻り、追い詰められた者たちの行く末は、消息不明となるか、いつまでもお茶の間で愛され続けるタレントに成長するかの二択だ。

後者には、枚挙に暇がないが、関根勤、小堺一機、松居直美、勝俣州和、はしのえみなどがおり、欽ちゃん演出の無理難題を経たことで、どんな状況も難なくこなす手練れのテレビタレントとして確固たる地位を築いている。

今、ゴールデンタイムのバラエティは、欽ちゃんの全盛時のように、下ネタもイジメもない、人を叩かず、性差別もない、PTAから一切文句も言われない、無菌室の世界に回帰しつつある。

しかしながら、この映画が映し出したように、欽ちゃんが再び志向するぬるま湯のバラエティに視聴者を戻すのは至難の業かもしれない。

例えば、『世界の果てまでイッテQ!』（日本テレビ）は家族で楽しめるバラエティでありながら、依然として旧来の、水、火、高所、涙といった、体を張った過酷さ過激さが、高視聴率を支える要であり続けている。

それでも、今年61歳になった土屋敏男は、テレビマンに宿る魔法を信じ、76歳の萩本欽一の現在と視聴率芸人の奥義と狂気を画面に刻み、見事に次世代へのバトンを繋いだ。

テレビは他のメディアに比べ、常に流れ、瞬時に消え去り、記憶のなかで美化され懐かしむものだ。だからこそ、その舞台裏に潜む悪夢的な真実をドキュメンタリーで見せられると、人を否応なく惹きつけてしまう。

この映画のエンディングで流れるのは、岡村靖幸が同作のために書き下ろした新曲『忘らんないよ』だ。

まさに図星のタイトルだ。

「笑いの種類って色々あって、これまで『アッハッハ』って（爆笑するような）笑うコントを作ったりしてきたけど、ニッポン放送で初めてチャリティー番組『ミュージックソン』をやったときに、『幸せ』という気持ちだけで『笑う』という〝笑いの形〟があるんだと思ったんだ」

（2017年11月4日ニッポン放送ホームページ「76歳・萩本欽一が大学に通う理由はミュージックソン？」）

2019年3月吉日、萩本欽一は駒沢大学仏教学部を退学した。「もう一度、お笑いをやりたい」という精力的な理由であった。この先、仏教と笑いがどのように萩本欽一のなかで咀嚼され、新境地を開拓してゆくのであろうか。

萩本欽一という宇宙、曼荼羅、そのお笑い哲学を論じるには本一冊分の紙数が必要であり、ボクにはその論理性を展開する欽チャニズムは足りていないし、ましてやそこに仏教が融合するのなら、もはや手も足も出ない。

テレビバラエティは、イジメ芸、下ネタ、暴力描写から脱して正常化し、さらに超高齢化社会と笑いという命題に立ち向かう。社会学者やネットクレーマーが求めるテレビバラエティの良識化は、否応なく迫っている。とはいえ……。

テレビバラエティの新しい未来を創り、捨てるものと守るべきものの判断をするのは、あくまで現場であり芸人に主導があるはずだ。しかし、今年80歳を迎え、いまだに現役にこだわる欽ちゃんはどうなるの??

一方、田原総一朗と欽ちゃんの弟子・土屋敏男は64歳の今も老いることがない。

戦場は日本テレビに限らず、各所で次々と企画を打ち立て、今もエンタメの中心を掴もうとしている。ボクは『元気が出るテレビ!!』の頃から土屋の仕事ぶりを末端のスタッフのひとりとして観察し、2010年に土屋が企画した、ビートたけしと松本人志の融合番組『たけしとひとし』(日本テレビ)では、立ち上げの企画の時から参加して、土屋のものづくりに一から関わった。そして、そのテレビマンとしての貪欲さに舌を巻いた。

欽ちゃんのドキュメンタリー映画『We Love Television?』でも、主題歌起用を岡村靖幸に直訴するため、静岡まで一緒に岡村のツアーを追っかけたのも忘れがたい思い出だ。

金髪で赤塚不二夫のような風貌をしてニコニコと「バカの振りをして」、無理だろうと思うキャスティングを強引に進める辣腕ぶりをボクは何度も目の当たりにしてきた。土屋は虎視眈々と、もう一度「視聴率30%級のインパクトある仕事」を残すことに取り憑かれているのだ。

２０２１年はＷＯＷＯＷに招かれて『電波少年Ｗ』という新企画に取り組んでいる。
このひとの現場感にも、ボクは個人的に目が離せないでいる。

27 不滅の男 遠藤賢司

♪ワッショイ！　ワッショイ！
甘ったれるなよ！　文句を言うなよ！
嫌なら出てけよ　俺は好きさ
すすす好きさ東京　おお我が街
おお我が友、トトト……
東京東京東京　ワッショイ！

２０１７年10月25日――。

紀尾井町、文藝春秋の一室に立て籠もって、この連載の読み合わせを担当編集者と共に進めていた。いつも四方山話や冗談に興じて終了時間を遅らせるボクだが、この日は、なるべく時間を前倒しに終わらせようと先を急いでいた。

昨晩遅く、敬愛する「純音楽家」が慶大病院に運ばれ、危篤に陥り、関係者から「最後に一目だ

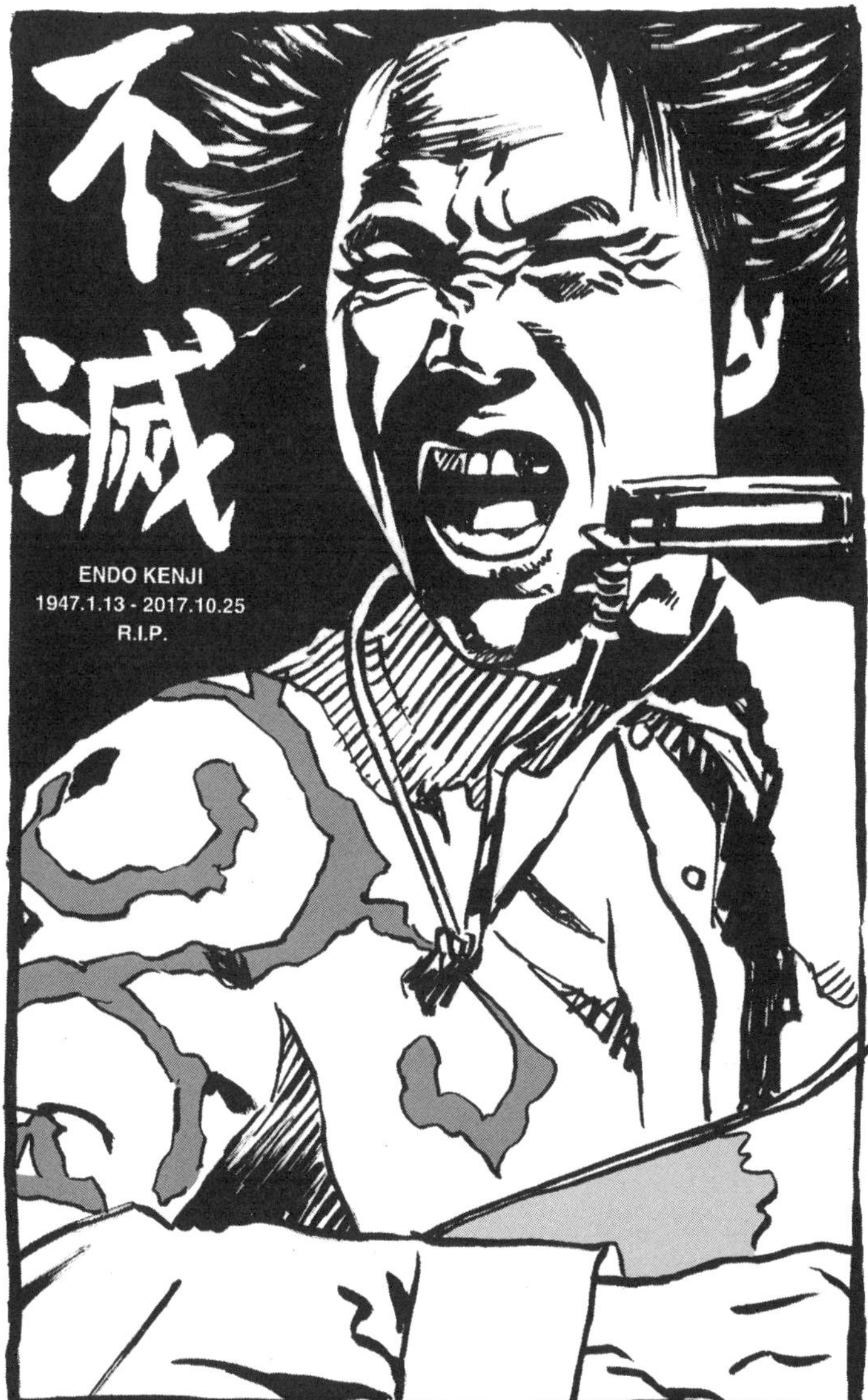
不滅
ENDO KENJI
1947.1.13 - 2017.10.25
R.I.P.

けでもお会いしませんか」と連絡を受けていたからだった。とにかく、夕方までにこの仕事を終わらせたいと胸に期していた。

原稿からふと目をそらし窓の外を眺めていると、ＳＮＳのメッセンジャーに連絡が入った。

「大変残念ながら逝かれました」

間に合わなかった……。その無念さが頭を掠めた時、遠藤賢司の「東京ワッショイ」が脳内に流れ出し、しばし手が止まり身震いした。

遠藤賢司の代表曲のひとつ「東京ワッショイ」は漫才師・浅草キッドの出囃子だった。

芸歴も30年を超えたが、本業である漫才の舞台に立つ時は、舞台袖でこの曲が流れだすと全身の血潮沸き立ち、戦場へ向かう覚悟を煽られ、凡人から芸人へと変身のスイッチを入れることができた。そもそも19歳で上京した時の下宿先で何度もレコードに針を落とした、吾が人生におけるヘビーローテーションの1曲であり、ボクの人生を最も勇気づけた最愛のアンセムでもある。


遠藤賢司――。

１９４７年生まれ、茨城県出身。60年代後半のフォークシーンに登場し、ジャンルや音楽形式を超える「純音楽家」を自称。「カレーライス」「不滅の男」などのヒット曲を生んだ。「言音一致」を掲げ、ギター1本でステージに立ち続ける姿勢は多くのミュージシャンに影響を与えてきた。

２００５年のドキュメンタリー映画『不滅の男 エンケン対日本武道館』では監督・主演を務めたほか、主人公・ケンヂのモデルとされる漫画『20世紀少年』の実写映画に猟師役で出演するなど俳優としても活躍。ファンやミュージシャンからは「エンケン」の愛称で親しまれてきた。

ボクとの初対面は2007年。

共通の知人である馬場憲一のエスコートだった。馬場は山梨県・石和の好事家で、ライブや寄席を仕掛ける席亭でもある。エンケンとは、長年の友人でありつつ興行主と演奏家の関係だ。

浅草キッドにとっての本場所、高田文夫が主催する紀伊國屋サザンシアターでの『高田〝笑〟学校』で、我々がトリを飾る漫才を見届けた後、楽屋を訪ねてくださった。

「僕の曲を最高にカッコよく使ってくれてありがとう!」と言われ、飛び上がらんばかりに喜んだ。

そして、純音楽家と最後に会ったのは、2016年9月21日——。

渋谷クラブクアトロでの公演「遠藤賢司 w i t h サニーデイ・サービス『満足できるかな』」だった。

前日の昼、TBSラジオを聴いていると、ちょうど来日中だった在米の映画評論家・町山智浩が生放送で突然「僕の大好きなエンケンが今、癌と闘病しています。それでも明日、クアトロでライブをやるんです。まさに〝不滅の男〟ですよ!」と語った。

これは見逃せない!

チケットは完売だったため当日券に並んだが、途中、連絡がつきサニーデイ・サービスのベース・田中貴の計らいでなんとか入場できた。

会場は超満員。立錐の余地もなく、辛うじて最後尾の柱のウラに立ち位置を確保した。そんなぎゅうぎゅう詰めのなかで町山を探していると偶然、先述の馬場憲一と遭遇した。

馬場からはいつもエンケンのライブに誘われていたので「ハカセ、やっと来てくれたね！」と声をかけられ「終わったら楽屋へ案内しますよ」と誘われた。普段なら恐れ多いと辞退するのだが、この日だけは「是非！」とその気になった。

町山を見つけられぬまま、19時半過ぎにステージが始まった。1971年発表の名盤『満足できるかな』の楽曲を収録順に演奏していく。

癌に侵されたままの痩身から振り絞られる歌声と立ち上がる言霊は、ライブ会場に神々しく響く。途中、トイレに出たら今度は観客に押されて扉が開かず、会場内に戻れなくなった。歌声に耳をすましながら、階段の踊り場で時間を過ごす。その時――。

突然、フゥーフゥーと肩で息をしながら青白い顔の男が出てきた。

町山智浩だった。

「アレ!?　博士、なんでいるの？　おいら、寝不足のせいで、もう気持ち悪くなっちゃって……」

こんな偶然があるだろうか。

「いや、お互い年だし、もうライブを立ち見する体力はないねー」

そんな話をしているところに、途中入場の客が階段を駆け上がってきて我々の横を通り過ぎようとした。

「あッ！」

男は声をあげ、立ち尽くした。逆光のせいで顔が見えない。

「……宮藤です！」

脚本家の宮藤官九郎だった。

「どうしてもこれを観たくて！　今、すぐ近くで別のライブ中なんですけど、中抜けして来たんですよ！」

そう早口でまくし立てると、足早に会場内へと吸い込まれていった。そう言えば、クドカンは数ヶ月前、自らのバンド「グループ魂」でエンケンとセッションライブを行っていたばかりだ。

町山の息が整ったところで、ボクらも再入場を試みたが、やはり前へは進めず、結局、出口付近でエンディングまで見届けた。

アンコールは、もうひとつの代表曲「不滅の男」。

ギターを刀のように握り、武士の如く見得を切るが、その姿はイエスの磔刑にすら見えた。


♪俺は不滅の男！

頑張れよ！

なんて言うんじゃないよ！

俺はいつでも最高なのさぁぁぁ！


楽屋挨拶で、映画監督の園子温監督と会った。

ライブ終了後、園と町山と3人で短い時間、ビールを飲み、その後、園子温と打ち上げへと向かった。会場は渋谷の老舗ロックバー「B.Y.G」。

日本のロックの歴史が刻み込まれた、その空間へと足を踏み入れると、そこに……。

遠藤ミチロウ、鈴木慶一、あがた森魚、PANTAなど、ほぼ面識はないが10代の頃の憧れの人が、ライブを終えたエンケンを取り囲み、皆、にこやかに杯を交わしていた。サニーデイ・サービス、フラワーカンパニーズのメンバーも、先人たちの交流を静かに見守っている。

最後の晩餐のようにエンケンを中心に広がっていく笑顔に包まれて、ボクは泣きそうになった。

これからもボクが舞台に上がる時、「東京ワッショイ」は、永遠に後押ししてくれるのだ。合掌。

その後のはなし

2017年10月26日。

ムーンライダーズのボーカル、そして遠藤賢司のサッカー仲間であった鈴木慶一がTwitterを更新した。エンケンは、鈴木慶一のフットボールチーム「Dolce Vita FC」のメンバーだった。

遠藤賢司選手FW背番号99、病床で一生懸命呼吸をしている時に漏れる声は歌のように聞こえた。

いや歌だったんだ。白鳥の歌だ。明日もサッカー場でみんなが待ってるよ。来てくれるよね。白線引きだけでいいからさ。

この日から8ヶ月後、サッカーW杯のロシア大会が始まった。

世界ランクが45位も上位のコロンビア相手に日本が勝利した試合、賛否両論のポーランド戦、激闘のベルギー戦……エンケンなら、どれだけ熱くそれぞれの試合を語り尽くしたことだろう。

そして、エンケンを忘れられない人々の魂は、創作を引き継ぎ、集い続ける。

2018年1月24日。

前年の6月26日に渋谷のクラブクアトロで開催された『遠藤賢司ソロライブ〝猫と僕と君〟』のライブ音源がCDとなり、リリースされた。また2018年9月17日発売の『月刊！スピリッツ』（小学館）では、『20世紀少年』の作者で、その主人公の名を遠藤賢司に敬して遠藤ケンジと名した浦沢直樹が、エンケンから聞いた秘蔵エピソードをマンガとして発表した。

そして鈴木慶一は2018年3月2日。日本アカデミー賞の最優秀音楽賞を担当した『アウトレイジ　最終章』で受賞した。エンケンと鈴木慶一、エンケンと浅草キッド、ビートたけしと鈴木慶一……。その男の魂は不滅、その男と繋がる星座のまたたきも不滅だ。

エンケンにはまだ〝最終章〟は訪れない。不滅だから。

28 不滅の女 和田アキ子

♪あの鐘うぉ――、鳴らすのはぁ――、あなぁ――たぁあぁあぁあ――!!

2017年10月25日――。

葛飾区立石に聳える「かつしかシンフォニーヒルズ」。

定員1300人のホールに、金色に輝く長軀の歌姫の圧倒的な歌声が響き渡る。

和田アキ子50周年記念ライブ「THE LEGEND OF SOUL」の初日。

この日、ボクは2階席のチケットを購入、仕事終わりで急いで葛飾まで駆けつけた。

本人がMCで「和田アキ子、生歌ハンパねーから!」と宣言した通り、2時間半のステージでは、その野太すぎる人生劇場をパワフルに歌い上げ、超満員の観客を終始魅了した。

「♪あの頃はアー!」の『古い日記』や「♪とても悲しいわアー!」の『どしゃぶりの雨の中で』など、誰もが知るヒット曲の数々と共に50年前からの逝きし世の面影がスクリーンに映される。

歌は世につれ世は歌につれ、様々な想い出が浮かび、また消え、ソウルフルな情感に心を鷲掴みされた。

ゴッドねえちゃん

半世紀に渡って第一線で歌い続けてきた和田アキ子とは間違いなく、日本芸能界の金字塔であり、何より芸能史に枝葉を広げる幹でもある。

2017年2月2日——。

フジテレビの昼の生放送『バイキング』で、ボクは久々に和田アキ子と共演した。

「シートベルトを外し忘れて車から降りようとして、そのままポルシェを背負った」

「ドアロックの掛かった車のドアを普通に開けた」

「携帯の電源をオフにしてたのに落雷のように着信した」

「おにぎりを握ると餅に、やがて石になった」

「素手で捕鯨する」

「歴代マネージャーは58人、10人は海の底」

などなどの強面ネタやパブリックイメージに反し、ボクは彼女の傲慢な振る舞いを一度も体験したことがない。

決して懇意ではないが、昔から会えばいつでも優しく接してくれた。

どころか、駆け出しの頃から何故かボクを本物の「博士」と勘違いしているらしく、本番中も「はかせぇ、うち間違ってますかー?」などと敬語で接してくれるのが常だった。

そんな和田との間にトラブルが発生したのは2001年。

この年、我々は文藝春秋から『お笑い 男の星座』を上梓した。そのなかの1章に「芸能界最強決定戦 和田アキ子 vs YOSHIKI」があった。

その内容は――。

1994年の『NHK紅白歌合戦』を終えて、和田邸で開かれた新年会。

そこにYOSHIKIが初参加したことで事件が勃発。挨拶で頑なにサングラスを外さないことに和田が激怒。そしてYOSHIKIが「ドンペリ」しか飲まない主義だと知るや、大衆焼酎の代表格「大五郎」を飲むように迫る。だが、YOSHIKIは一切折れず、その場にあった大理石のテーブルをひっくり返そうと試みる。一触即発の状態となった、その刹那！

「パン！ パン！」和田の手合図で襖が開くと、和田の用心棒として待機していた力士の旭豊と貴闘力が出てきた――という芸能界最強戦をレポートしたノンフィクション・エンターテインメントだ。ボク自身、お気に入りの一篇でもある。

この本のPRにちょうど出演が決まった、TBS『アッコにおまかせ』を利用しようと考えた。番組のコーナーゲストで呼ばれた我々は「芸能界最強は誰か？」というテーマのトークを依頼されていた。書き上げたばかりの本のなかにあるバトルを、当事者を前にして面白おかしく語りたい――ボクは文春の担当編集者と連絡して、まずプロレス的な前煽りをお願いした。

しかし、生出演を2日後に控えた木曜日、『週刊文春』2001年1月25日号の中吊り広告を見て目が点になった。そこには、こんな見出しが打たれていたのだ。

〈ビートたけしの弟子・浅草キッドが暴露した和田アキ子の『本性』〉

いくらなんでも煽りすぎだ！

案の定、その日のうちにＴＢＳから連絡があり、我々の生出演はドタキャンされた。確認したところ、本人には知らされぬままマネージャーレベルで判断が下されたとのこと。この処分を巡って、我々もオフィス北野でも揉めた。

「これって暴露本なの？　出版取りやめる？　その分の印税はテレビ出演で取り戻せるからさ」とチーフマネージャーに提案され、思わず「だったら今、会社を辞めます！」と啖呵を切った。

あの頃はボクも若かった――。

その後、数年を経て、いつしか和田の冠番組に呼ばれるような関係性が復活し、交流も生まれた。互いに深刻な腰痛を抱えるため、その治療法を巡り、時には電話で直接、情報交換することもあった。

そしてこの日、『バイキング』のトークテーマには「水道橋博士がまた大炎上」という話題があった。それは前回の『バイキング』出演時、ＹＯＳＨＩＫＩによる「紅白歌合戦リハーサルのドタキャン騒動」について、ボクが妄想に基づいてコメントしたせいで批判が殺到したという案件。

ＹＯＳＨＩＫＩとアッコ、奇しくもその顔ぶれは16年前と同じなのだ。

ボクは本番前に楽屋を訪ねて、拙著の該当箇所を拡大コピーしたものを差し出し、過去の一件を語った。

「そんなことがあったのぉー、ウチはまったく知らないわー」和田アキ子は目を白黒させた。

1時間後、本番前のスタジオの前室で「コピー、全部読んだけどありがとうなー。ま、最後のほうは大袈裟に書いているのわかるけどなぁ！」と笑って許してくれた。

そして、本番が始まった。

和田は『バイキング』初出演だったが、司会の坂上忍と手の合う絶妙なトークを繰り広げた。互いに相手を認め、心を覗きながら会話しているのが伝わる。ボクはYOSHIKIの話題を振られ、顛末が長すぎるので端折って話した。

コーナーの途中で、芸能人の長期休養の話題から、出演者それぞれが病気への想いを語る流れになった。和田は36年前に子宮がんを患った時の話を、赤裸々に語り出した。

幸せ絶頂の結婚生活2ヶ月目、子供が欲しくて検診に行ったところ、子宮がんが見つかった。子宮の全摘手術で子供が産めなくなると医師から告げられた和田は、実母による代理出産や死を考えるまで落ち込む。それでも「俺は飯塚現子（本名）が好きだけど、和田アキ子の歌がもっと好きなんだ」と支えてくれた旦那に救われた……と語った。

ボクには既知の話だったが生放送であえて「全てを晒しきる」、その心意気に隣で感情が込み上げた。隠れて涙を拭う様子を坂上忍が目に留め、CM明けで「ハカセ、まさか泣いてないよね？」と、上手にからかってくれて救われた。

50周年記念ライブで、燦然と輝く黄金のスパンコールに身を包んだ和田アキ子が冒頭、客席に語りかける。

「3年前から、この衣装を用意しました。今日初めて着て後悔しています。これ6キロもあるんですよ!」

1曲目の『星空の孤独』からこらえていたであろう涙が、最終曲『今あなたにうたいたい』で和田アキ子の瞳から零れた。

芸能とは土砂降りの雨にも身を差し出し、流れ出す涙すら客前で人生賛歌に変える仕事だ。

ボクは、その情緒溢れる姿に見惚れ、気づけば込み上げる情感、すべてをアッコにおまかせしていた。

その後のはなし

ボクがこの時観に行ったコンサートは、招待ではなく自主的に行ったものだったので楽屋挨拶などは遠慮したのだが、その感想は当日のTwitterに書き綴った。

深夜、電話が掛かってきた。

「アッコやけど、観てくれたんやな。自分、ありがとうな。最後まで涙を我慢していたことをわかってくれて、ウチほんまに嬉しいんよ。何回も泣きそうになったけど、泣くのは最後やって言い聞かせてたんよ。そこをわかってもらって嬉しいわ。今な、歴代マネージャーが全員来てくれて、みんなでお祝いで飲んでるのよ。じゃあ、電話替わるから」

と言うと、そこから、代わる代わる10人以上のマネージャーさんから、丁寧なご挨拶をしていただいた。

その奇妙な電話参勤交代は、30分以上続いた。

最後に「私、ホリプロの社長をしています……」と言われ時、「いや、もう恐れ多いです……。ライブを観に行ってむしろ申し訳ないです」

と、何故かボクは平謝りしていたのだった。

29 江口寿史という相棒

２０１７年11月30日――。

本日は『藝人春秋２』（文藝春秋）の上下巻発売日！

今週号の『週刊文春』が出るその日に、ボクの新刊、上下巻の2冊も同時に書店に並ぶ。

4年前の年末上梓した前作『藝人春秋』が『週刊文春』編集長・新谷学の目に留まり、直々の依頼を受け２０１３年4月から1年間限定で連載した『週刊 藝人春秋』第１シーズンの大幅加筆を経て、ようやく単行本としてお届けできる運びとなった。

よく自著の出版は我が子の出産に例えられるが、その倣いに従えば今回は予定日が遅れに遅れる「超難産」だった。もちろん、連載終了から単行本化までに3年半の長きを要したのは、ボクの原稿の手離れの悪さが主因で、つまるところ非は我にありだ。

されど、連載時と単行本化の作業中を通じて、挿絵を担当する江口寿史先生の〝伝説の遅筆〟に翻弄されたことも、ここにご笑覧いただこう。

ヒヒイ
毎回
これだと
ラクだなー！
©エグチ

江口寿史——。

１９５６年生まれ、熊本県出身。１９７７年に『週刊少年ジャンプ』でデビュー、ギャグ漫画『進めパイレーツ！』『ストップ!!ひばりくん！』の大ヒットで人気作家に。90年代以降は雑誌、広告、装画、ＣＤジャケットなどイラストレーターとしても多方面で評価を集め、第一線で活躍。特に美少女を描く描線は圧倒的な支持を受けている。

思えば、連載開始前、挿絵が江口先生に決定した時、ボクはガッツポーズで歓喜した。10代の頃に偏愛した漫画家とタッグを組むこと、それが50代で叶ったその興奮たるや！

しかし、出版界では原稿を遅れるではなく、「落とす」ことでも伝説的に語られてきた巨匠だ。伝説のジャンプ連載漫画『ストップ!!ひばりくん！』。

主人公は、現在の性の多様性の時代を先取りしたかのような美少女男子高校生。瞬く間に大人気作品となりアニメ化もされたが、これまた時代を先取りしすぎた江口先生の労働意識改革により、編集長に隔週連載を希望するも却下され度重なる休載を挟み、１９８１年からわずか３年弱で連載を自ら放り出し強制終了。作品完結には、実に27年の月日を要した。

その極まりない遅筆、しかし、遅筆にしてため息の出るような傑作を仕上げてくる、周囲を二度泣かせする名作家っぷり。江口寿史とは「漫画界の井上ひさし」であるとも言える。

『江口寿史の正直日記』（河出書房新社）などにも、絵師の創作の苦悩、遅れる理由が綴られている。

その手付かずの白い原稿に襲われるような焦燥を「白いワニ」と形容し、作中に度々登場させてきた。現在でも連載漫画家の間で多用される符牒の発案者である。

ボクと江口先生の連載開始に先立ち、週刊文春側も有事の際の「白いワニ」の画や、代役の絵師も事前に準備万端整えることに抜かりはなかった。

そして迎えた連載第1回目。

その悪い予感を裏切らないまま、いきなり遅れに遅れ印刷所のデッドラインを過ぎてもまだ挿絵原稿が届かない。そして夜半過ぎにようやく入った時には安堵感から思わずTwitterで呟いた。

もはや間に合うだけで「奇跡」であり「ありがたい」と思えるような錯覚！　これが出版社名物、白いワニの恐怖は！

すぐに江口先生から、返信ツイートが呟かれた。

というわけで第1回めから落ちる寸前でしたが、今回は仕方ない！　他の仕事たてこんでたんだもの！　（今もまだ）来週から毎週描くんで震えて待て！　週刊文春。

なんと、自らの遅筆をまったく怯《ひる》んでいない！

しかし連載で本格的に遅れたのは最初の号だけで、それから50週の間、挿絵は順風満帆に仕上がった。

週刊誌のコラムと挿絵の関係は、原稿が先行し絵師がその内容を汲んで好きに描く。

そこに個人的な感想や風刺を入れるのも自由であり、コラムの筆者の意向から完全に独立した創作が保証されているのは雑誌界の暗黙の了解だ。

ある時には驚くほど精緻な似顔絵が描かれ、またある時には「顔が思い出せない」と正直な言葉が添えられていた。「ねじれた金玉」の絵だけ、という時もあった。

毎回、絵が仕上がるたびに編集部で一喜一憂したものだ（もちろん、圧倒的に「喜」が多かったが……）。

２０１３年６月６日に、江口先生がTwitterで呟いた。

「週刊 藝人春秋」の挿絵は、普段おれが絶対描かないような人（濃いおっさん達）ばかり描かされるのが自分としては新鮮。普段使ってない筋肉で描いてる感じ。でもこの筋肉はむかーし毎週ギャグ漫画を描いてた頃はよく使っていたものだ。すっかり忘れてたそれを思い出し動かしてる感覚が楽しい。

１週間後には、こんな風にも。

昨日はナンシー関さんの命日だったか。「週刊 藝人春秋」の挿し絵を描く時は常に頭のどこかでナンシー関を意識しているよ。それは仕方ないことだろう？

ナンシー関と言えば、20数年前、『週刊文春』で一級品の辛口テレビ時評に、世界で唯一無二の消しゴム版画の似顔絵を添えた「テレビ消灯時間」を連載していた。

さらに『週刊アサヒ芸能』（徳間書店）で連載をしている我々、浅草キッドのコラム「週刊アサヒ芸能人」にも似顔絵版画の挿絵を寄せてくれていたこともあり、その残像は江口先生にも今なお濃いのだろう。

２０１４年４月18日、最終回を描き終えた江口先生が呟いた。

週刊文春の水道橋博士の連載「週刊　藝人春秋」の最終回の挿絵をたった今入稿しました。最終回に大好きな岡村靖幸ちゃんを描けて嬉しかったな。1年間なんとか落とさずゴールまで並走できました。水道橋博士、担当の長谷川君、まずはハイタッチしようぜ！　お疲れ様でした！

一方、ボクは終盤から体調不良に陥り青息吐息のままゴールしたため、この時は、ひとり虚空でハイタッチした。

そして単行本化に向けて、原稿の推敲を続け連載終了から2年が経った、２０１６年５月23日――。お台場Ｚｅｐｐダイバーシティ東京。ＴＢＳの深夜番組をフェスにした『オトナの！フェス２０１６』を訪れ、２階席に案内されると隣席がなんと江口寿史先生だった。

その日が正真正銘の初対面！　それまで編集者の仲立ちは何度もあったが、あえて避けてきた。

どうせなら劇的に、想定外の場所で出会いたかったからだ。

この日、お互いが〝だいすき〟なスター・岡村靖幸のステージがあり、その星の下に星座が結ばれた。しかも舞台に出る予定はなかったが、江口先生とボクの2ショットで舞台転換のツナギのトークに登壇した。

さらに2016年8月7日――。ボクは、京都国際マンガミュージアムで開催されていた『江口寿史展 KING OF POP』を訪ねた。作品の大々的な展示に加え、その日は「江口寿史流5分スケッチの極意」という本人による講演があった。実演と共に語られる言葉に耳を傾けると「創作とは何か？　絵心とは何か？　似せるとは何か？」などなど全てが芸に通じる話で腑に落ちた。

質疑応答の時間には、多くの聴衆に交じってノーアポのボクも挙手をして質問に立った。

「こんなところで突然、スイマセン、江口先生、『藝人春秋2』の単行本化にも協力していただけますか？」

「ええ～ッ!?　なんで博士がここに？」

仰け反る画伯から「もうここまで追いかけられたら、全てOKするしかないでしょ！」と言質を取った。

その後、単行本は上下巻同時発売の負担が加わり、描き下ろしの挿絵と表紙の装画が追加発注された。発売日を延期し、何度も〝白いワニ〟は音信不通になりながら、デッドラインの先の先、最後の最後に入稿を完遂してくれた。その表紙絵の見事な出来栄えを眺め、ボクは長く並走した編集者と力いっぱいハイタッチした。

その後のはなし

２０１７年10月31日――。

ＴＢＳラジオ『爆笑問題の日曜サンデー』のゲストは、なんと江口寿史先生であった。

やくみつる、蛭子能収のような本業タレント・兼業漫画家ではあるまいに、超一流の漫画家がお昼のラジオに生出演したその経緯とは？

そして江口先生が語った「次に描きたいタレント」とは一体誰であったのか……次回のお楽しみに。

30 吉岡里帆である。

「最近のタレントで描きたいと思う女性はいますか？」

とのラジオ・リスナーからの質問に対して、江口寿史絵師は即答した。

「吉岡里帆!!」


２０１７年11月19日――。

ＴＢＳラジオ『爆笑問題の日曜サンデー』のゲストコーナーに、本稿の挿絵を担当する漫画家の江口寿史画伯が登場した。

『週刊文春』11月２日号、この連載の第25回となる「たけしのズル休み」で江口画伯が描き添えてくれた太田光像の、その出色の出来栄えが各所で反響を呼んでいた。

そして、高田文夫先生が自身のニッポン放送『ラジオビバリー昼ズ』で、「あれ、文春の太田くんのイラストいいよな。江口寿史の」と話題に触れると、ネット界隈で〝バズってる〟事柄に感度の低い太田自身の耳にもようやく届き、慌てて文春を確認して大感激に至った。

また、既にその文春を見ていた田中裕二は「いいなぁ江口先生に描かれて！」とひたすら羨ましがる始末。

そんな経緯から爆笑問題のふたりは、日曜日の昼の生放送で、江口寿史先生を招くこととなった。爆笑問題の青春期から憧れの漫画家という触れ込みで、江口画伯がいよいよ登場。そして番組リスナーからの質疑応答で江口は、「文春では博士にオヤジばかりを描かされて迷惑です！」と言い放った後、今、一番、描きたい人物として「吉岡里帆」の名を挙げたのだった。

ならば、相棒のご所望の通り、『あさが来た』（ＮＨＫ）『カルテット』（ＴＢＳ）などのドラマや、「ＵＲ（都市再生機構）」「日清どん兵衛」などのＣＭでお馴染みの超人気女優・吉岡里帆について書こう！

「いやいや、博士と接点なんかないだろ！」と、江口画伯のツッコミが聴こえてきそうだが……。

２０１７年1月11日——。

ボクは、けやき坂通り沿いの六本木ヒルズの一角にあるJ-WAVEに赴き、吉岡里帆がナビゲートする『UR LIFESTYLE COLLEGE』にゲスト出演した。

行きしなの車中で読み込んだ資料、経歴によれば、吉岡は4日後に誕生日を控えた23歳。

今でこそ若手の演技派として売り出し中だが、実は駆け出し時代には、オーディションを落ちまくってきた苦労人であることを知る。

２０１３年には、〝あの〟三又又三ですら出演できた、ＮＨＫの朝ドラ『あまちゃん』のオーディションに落選。もちろん端役の〝デブ金八〟とは違い、主役を争うハイレベルな選考においてである。

険しく狭い主演女優への道。様々な葛藤のなか男性誌からのグラビアのオファーにも随時応えながら、映画、ドラマへの出演を着実に重ねてきた。

そして、ついに2015年、NHKの朝ドラ『あさが来た』に出演を果たした。

丸メガネ、袴姿、隠れ巨乳という圧倒的童貞殺しのルックスで主人公の娘の友人役を演じて注目を浴び、さらに『あまちゃん』で逃した宮藤官九郎脚本作品への出演の念願を、日テレ『ゆとりですがなにか』で叶えた。

その出演歴を辿り、吉岡に対する漠たるイメージが像を結んだ。

吉岡里帆とは、ボクが近年、最も夢中になったドラマ『ゆとりですが——』の「佐倉先生」だったのか！　と車内でひとり、ガッテンしていた。

収録に向け、30歳以上年齢差がある23歳の女性との共通の話題づくりに一抹の不安を覚える。

ところが、インタビュー記事で「学生の頃、つかこうへいの作品に衝撃を受けて演劇の世界に」との一節を見つけて「しめた！」と思った。

何を隠そうボクも、つかこうへいには強い思い入れがあり、一昨年、『つかこうへい正伝』（新潮社）という本が出版された際には、著者の長谷川康夫、小説家の樋口毅宏と一緒にトークイベントも行ったほどだったのだ。

もうひとつ、会話のきっかけになればと思い、彼女の誕生日プレゼントとしてボクが解説文を寄せている傑作ノンフィクション『あかんやつら 東映京都撮影所血風録』（春日太一・著）の文庫版も鞄に忍ばせた。京都の太秦出身で、女優を志した契機がこの土地柄、風土にある彼女にとって、必ずや将来の役者人生に有益な本になると信じて……。

そして、いよいよ本番。

「金髪、可愛いですね？　切りたてですか？」が彼女の第一声だった。

その模様は、後に彼女が『ラジオのかくし味2』という電子書籍のインタビューで、自身のラジオ番組で印象的だったゲストを問われ、語っている。

「私が特に印象的だったのは水道橋博士のお話でした。本を読む時間がなくて、一人でくつろげる時間がほしかったから、美容院に行って『一番、時間がかかる施しをしてほしい』とお願いしたら金髪にされちゃったそうなんです。家に帰ったら娘さんが『おネエみたい』っていって、ケラケラと笑ってくれたのが嬉しくて、ずっと金髪にしたまま、今もおネェキャラにしているっていうお話が忘れられません（笑）。普段のご家庭の様子が垣間見れて、素敵ですよね」

この日の収録でボクは、師匠、運命、仕事論などを調子に乗って語り尽くした。話半分で流せば良いものを、彼女はひとつひとつに真剣に聞き入り、野心と向学心を秘めた眼にはキラキラと星の輝きが灯っていた。

23歳と54歳の年齢差の〝不協和音〟のトーク。さぞかし、編集は大変だっただろう。いっそ喋りすぎて〝過呼吸〟で倒れてしまえば、この年の年末、『NHK紅白歌合戦』審査員の吉岡から大ファンの欅坂46のメンバーに注がれた、あの麗しき心配の眼差しをボクも、一身に独占できていたかもしれない。

5日後の1月16日――。

偶然見た、TBS『ビビット』で吉岡里帆が特集されていた。

持ち物チェックの際、鞄のなかにあった読み掛けと思しき『あかんやつら』がチラリと映り込み、目が止まった。硬派中の硬派の映画屋の漢たちの話『あかんやつら』を、ちゃんと読んでいるとは！

さらに驚いたのは、吉岡が愛読書として『文藝春秋』を挙げていたことだ。

中吊りカンニング不倫ゴシップ誌「バカ文春」＝「週刊文春」のほうではなく、なんと論壇誌である月刊のぶっといほうだ！　ルックスの甘さを覆す硬派な勉強熱。

現在の人気女優っぷりが嘘のような、オーディションに落ち続けた日々。

控えめな胸囲の数値なれど、トップとアンダーの差で魅せる巨乳感と、その幻惑を産むスレンダーボディ……二律背反に己を磨いてきたからこそ、今後の吉岡の自信となるだろう。

人々の勝手な印象と反目する実像、吉岡里帆とは、〝錯誤の女神《ビーナス》〟である。

さて吉岡と言えば、本年1月16日、文春オンラインで、過去の発言から「グラビアの仕事が嫌だった」と誤解されていることに、やるせない心境を吐露し「あの時間がなかったら今の自分はない。そのぐらい、やってよかった仕事だと、胸を張って言えます！」と全否定していた。

同じ太秦の近隣で育ち、このほど『広辞苑 第七版』（岩波書店）に「マイブーム」という造語の生みの親として名前が載った、みうらじゅんは著書『「ない仕事」の作り方』（文藝春秋）でこう説いている。

「ブームとは『誤解』であり、「ブームというのは『勝手に独自の意見を言い出す人』が増えたときに生まれる」。

奇しくも今、高築年数で手狭というイメージの〝誤解〟を解く役割をURのCMで担っているのが吉岡里帆だ。

グラビア嫌悪発言に噛み付く男性。連続ドラマ初主演のTBS『きみが心に棲みついた』でのメンヘラ女子役の見事さに、思わず嫌悪する女性。もはや両性から誤解の連鎖が起きている彼女だが、これこそ人気を超越した〝サイレントマジョリティー〟が支持する吉岡里帆ブームの一端なのだと断言できるのであーる。

江口画伯よ、どうだい、ここまで書いたぜ‼

あとは似顔絵を「エロ」く描いてくれ！

その後のはなし

吉岡里帆とのその後のはなしは何もない。
あれ以来、会うことすら無いのであーる。
あの日はあんなに意気投合できたのに……。
それはそれで、職域の違いとはいえ寂しいのであーる。

31

村本大輔

ウーマンラッシュアワー

「本当に危機を感じないといけないのは、国民の意識の低さ！　お前たちのことだ‼」

ウーマンラッシュアワーの村本大輔がテレビカメラを指差し、観客と視聴者に向かって言い放った。

2016年12月17日放送のフジテレビ『THE MANZAI』で、このコンビは十八番の「バイトリーダー」のような日常系のネタを封じ、ある種、言論テロとも言える危険なネタで勝負に出た。

相方の中川パラダイスの的確なきっかけ台詞を燃料に、村本が高速でまくし立てる芸風は従来のまま、昨今の時事問題を取り上げ、沖縄の米軍基地、北朝鮮ミサイル、福井の原発、日米安保などの矛盾点や隠し事に青年の主張風に疑問を呈しつつ、客受けする漫才として成立せしめた。

そして、最後に冒頭の台詞——。

今、笑っている人たちの無関心こそが最大悪であるとキメ打ちした。

このシーンにボクが想起したのは、今から遡ること38年前の『THE MANZAI』における

ツービートのビートたけしの姿だ。

速射砲でブスネタを繰り出した後、「笑えるか！　そこ！」と客席で笑い転げる女性を指差した。自分で自分の無知を、まんまと笑わされてしまう漫才という話芸の悪魔性。

その時、10代だったボクは漫才師という職業を強く意識した。

現在の『THE MANZAI』ではナインティナインが司会で、ビートたけしは出演者を選考する最高顧問の立ち位置だ。

ネタの最中、舞台横の司会ブースにいるたけしの笑い顔がカメラに抜かれ一言コメントが添えられるのが基本構成だが、スケジュールが合わなかったコンビはたけしのリアクションなしの別撮りとなる。

一昨年、別撮りで参加した、おぎやはぎは後日ラジオで「たけしさんにちょっとでも褒めてもらうと嬉しいのにさ……」と無念さを滲ませていたものだが今回、村本は自らの希望でビートたけしの御前での収録を避けた。理由は「肯定でも否定でも、誰のお墨付きも欲しくないから」

放送当日に東京国際フォーラムで開催された独演会では「もしも今日、放送されなかったらフジテレビのネタ番組にはもう出ない！」と怪気炎を上げていた。

そしてネタは無事完全放送された。が、その後、地上波の露出が減少したのも事実だ。

さて今年38歳になる村本は、自身の社会意識の変容は「AbemaTVでニュース番組を始めたことが大きい」と語っている。実はボクと村本は、ここ数年、このAbemaTVを戦場にして何度も激論を交わしてきた。

最初は2016年9月24日深夜放送の『土曜 The NIGHT』。

村本と同期の吉本芸人・キングコング西野亮廣と一緒にゲストに呼ばれ、何故か「芸人はチンコを出すべきか?」で大論争になった。村本が泥酔し、議論は中途半端に終わった。

2回目は、2ヶ月後の11月12日深夜、ボクはこの番組に宮台真司・首都大学東京教授を伴った。速度を自在に操る話術、そして誰彼なしに噛み付くような冷めた蛇顔の風貌、学歴以外すべてソックリの両者が初対面となった。

「本が読めないのは、どうしたら良いでしょうか?」という村本の悩みにボクらが答える流れになった。宮台は「〝正しいこと〟は面白くない。楽しいと快楽を合わせないと、人はやる気にならない」と説いた。

読書も批評も嫌いだという村本に対して、ボクは「君は今までに美しい批評を読んでないからだ」と断じた。

「では、美しい批評を書く人って具体的には誰ですか?」と聞かれて「君の共演者(AbemaTVの他番組で共演中だった)にもいる。それは町山智浩さんだよ」と答えた。

3度目は、2017年2月11日。

トークテーマは「上杉隆とは何者か?」。

村本くんの要請を受けて、ボクは3ヶ月も前からスケジュールを空けたが二転三転を経て結局、上杉隆がドタキャン。欠席裁判のなかで、ニュースの真偽について掘潤を交えて議論は白熱した。

いずれの回もトークを重ね、時の経過と共に事務所の違い、年齢差や思考の水と油の関係がだんだんと溶け合っていくことを意識した。

折から、村本はアメリカの伝統芸であるマイク1本の風刺の話芸＝スタンダップコメディに強い関心を抱いており、アメリカへ短期語学留学することになった。そして、現地で先述の町山智浩とも接触。二人は幾つかの番組で共演に至った。

もともと若い頃からその志向性があったとのことだが、村本は故レニー・ブルースやジョージ・カーリン、現役のケヴィン・ハートなどのステージを観まくり、この笑芸の形を理解していくようになる。

そして日本におけるスタンダップ・コメディの第一人者になった。

今回のウーマンの漫才を受けて〝正しいこと〟を標榜している陣営から一斉に称賛の声があがった。しかし村本は、それらの一切をはねつけ「おれを利用して自分の気にくわない対象者を攻撃するカマ野郎が多い。おまえのけんかはおまえのお笑いに対する主義主張、おまえの責任でやれ」と肘鉄のようなツイートを投下した。

無論、村本自身はまだまだ青い。元日の『朝生』では〝無知〟という武器を振り回しすぎ大人たちから「まず君の〝無知の知〟の認識が先だ」と散々に咎められた。

芸人の間でも、今や村本には賛否両論がある。

例えば、時事ネタ芸人のプチ鹿島は、

「『風俗を語るときは政治的に語れ。政治を語るときは風俗を語るように語れ』（大宅壮一）――政治や経済を語るときに、難しい言葉を使い、眉根を寄せて話すのではなく、もっと気楽に構えなければ本質は伝わらない」との久米宏の言葉を引用して、村本の風刺芸のスタイルを称賛する。

さて、改めてお笑いにとって風刺とは何か？

宮廷画家であったゴヤが宮廷の風刺を含む画集を作った。これに対し、怒れば風刺を認めたことになると側近に諭されたスペイン王妃は、むしろ自ら世に広めるほどの気持ちで出版を許可したという昔話もある。

ビートたけしは、お笑いとはもともと宮廷のピエロである、とする。

「芸人には、もともと両義的な部分があって、ただ単に笑いのネタにすれば、立派な社会批判になるかというとそうではなくて、ネタにして笑い飛ばしながら愛嬌振りまいているところがある」

（『バカ論』新潮社より）

ボクの持論を言えば、お笑いは政治的に右にも左にも与しない。左右を弁別すべからざる状況を作り笑い飛ばすことこそがお笑いだ――。

ボク自身、普段コメンテーターも務めているため「政治に興味があり、プレイヤーになりたがっている」と世間に誤解されることが多い。

しかし、それは実にはた迷惑な話だ。この先、二度と誤解されないように3年前ネットで『水道橋博士のムラっとびんびんテレビ』という破廉恥で下品極まりない冠番組を始めた。

そんなエロの冠を戴くボクだからこそ、村本大輔がびんびんにテレビで攻めテロるさまを今年もしかと笑いたい。

そして今年、米国留学する村本くんにはいずれ「黄色いエディ・マーフィ」になっていただきたい。

その後のはなし

コロナ禍となってしまい、米国スタンダップコメディ修行も思うに任せないのは彼としても歯がゆいところだろう。

『THE MANZAI 2020』では、久々に全国ネットのテレビで漫才を披露、この年初めてビートたけし、ナインティナインの横で漫才を行った。

それを彼は、視聴者がどれだけビートたけしのコメントに影響されるかの「実験」「観察」と称した。速射砲のように時事を皮肉に語り尽くすスタイルは先鋭化し、そのスピードはフルスロットルとなった。

ビートたけしは「ああいうの、北千住の駅前によくいたな」とコメントしたが、この短いコメントはまた火種となった。

「もはや漫才の体《てい》をなしていない」とする派は、ただの下町の駅前の酔っぱらいのアジ演説との見立てを「さすが」と喜び、結局「ビートたけし」の言葉に引きずられてしか批判をできない者たちに、村本は「思った通り」「虎の威を借りないで、自分の言葉で自分の考えを述べられる人たちになって欲しい」と応酬した。

とにもかくにも最大の被害者は、また今年も、ますますもってまったく喋らせてもらえなかった相方の中川パラダイスであろうことは衆目が仲良く一致したのであった。

村本が商品として価値を認められることが、日本の多様性の担保になる。

32 島田洋七のホラ噺

「師匠、おはようございます！」

毎週金曜日、MXテレビの生放送『バラいろダンディ』で島田洋七師匠と共演している。局の現場でお会いする際、ボクは常に姿勢を正して新弟子のように最敬礼してから話を繰り出す。

「師匠、今日は東京にお忍びですか？」

「アホか！　仕事やがな！　司会や！」

「またー！　それも、いつものホラですか⁉　見栄を張っちゃって！」

「ホンマやて！」

「師匠、東京までの旅費持ってないでしょ？」

「歩いてきたがな！　3泊野宿しながらやで！」

などと際限なく掛け合いを続ける。

師匠がこの番組のレギュラー司会に就任してから、既に3年が経過した。

大丈夫やで

師匠の東京のレギュラー番組はこの1本のみだが、ほぼ毎回、講演先の地方から東京に入り、番組の司会をこなすと次の講演先へと向かっていく。

約40年前に起きた漫才ブームは、青年期のボクが目の当たりにした最も大きなテレビ史の転換点だった。寄席での序列に倣い、ずっと格下の扱いだった漫才師＝色物たちの地位が、このブームを境に大逆転。まさに下克上を果たしたのだ。

広島県出身の島田洋七が岡山県出身の島田洋八と結成したB&Bは、前代未聞の大ブレークを果たした。「もみじ饅頭！」と故郷の広島を針小棒大に過褒《かほう》する一方、太ももを擦りながら「桃！桃！」と隣県の岡山をイジメるご当地ネタで人気を博した。

もともと、関西および吉本のイメージが強い。

しかし、1980年の『花王名人劇場』出演、『お笑いスター誕生!!』の10週勝ち抜き、月～金帯番組の『笑ってる場合ですよ！』の司会担当、『THE MANZAI』出演など、一気に天下を獲ったのは、吉本を辞めて上京した後だった。

そして現在は、オスカー事務所に所属していて「剛力彩芽ネェさんの後輩やで」とすっかり持ちネタにしている。とはいえ、B&Bが西の漫才師であることに変わりはなく、その他にも、やすし・きよし、紳助・竜介、オール阪神・巨人などなど上方勢が漫才ブームを圧倒していったが、これに対峙し東の孤塁を守ったのがツービートであった。

そんな過酷な戦場で生き残り、江戸っ子のビートたけしと吉本脱藩の島田洋七は、誰よりも馬が合う生涯の戦友となっていった。

洋七は全盛期、週にテレビ14本、ラジオ5本のレギュラーを抱え「俺、一人で芸能界の仕事、全部やってたでー！」と言うほどの頂点にいた。しかし風向きが代わり、漫才ブームは約3年で収束した。

その後、たけしが1986年に〝フライデー襲撃事件〟を起こし、芸能活動謹慎に追い込まれる。たけしは裁判が始まるまで石垣島に蟄居していたが、洋七ははるばるこの隠れ家まで毎週通い詰めた。映画『ソナチネ』のワンシーンのように二人は目的もなく無聊をかこち、砂浜で遊んだ。

二人の友情はこの時も、そして、たけしが1994年のバイク事故で入院した時も変わらなかった。


その後たけしと洋七は、同性ながら同棲時代に突入する。

たけしが仕事に行っている間、洋七はマンションで夕飯の支度をし、毎晩、遅い帰りを待った。

「おまえはオレの愛人か!?」

そんなツッコミが続く生活を6年間も過ごしても、いっこうに焦る気配もない洋七にいよいよ痺れを切らした、たけしから怒号が飛んだ。

「おまえなァ、オレがこんなに仕事してるのに焦らねぇのか？」

「なんでや？　オマエが売れてるうちは、オレは安泰やで！　食わしてもらえるがな！」

「とりあえず何かしろ！　どっか行けよ！」

「どこに行くねん？」

「家じゃなく旅館でも行けよ！　作家がなんで高い宿でカンヅメになるか知ってるか？　もったいないって思うからこそ一生懸命書くんだよ！　温泉にでも行って来い！」

パートナーにケツを叩かれた洋七は、群馬の伊香保温泉『千明仁泉亭』の赤城山を見渡す1泊3万円近い角部屋に長逗留を決めた。全盛時、最高月収8000万円の洋七とて、さすがに無職のこの時期に、毎日1泊3万円の赤字が出ては焦りも募る。だが妙案は浮かばない。が、根っからの芸人気質で人懐っこい性格のため、あっという間に旅館でも人気者になっていく。まるでリアル「居残り佐平次」、古典落語の主人公のようであった。

そんな洋七の部屋に「洋七さん、おもしろい話して」と毎日、板前と仲居が通ってくるようになった。

「最初は、もうずっとおもろい話してたけど、おまえなぁ、二十日間もおったらね、もうネタがないんよ！」

ある日、ネタに窮した洋七は、自分の生い立ちを語り始める。

「俺、広島生まれやけど、育ちは九州の佐賀なんよ。ホンマは佐賀の祖母ちゃん家に預けられて育てられたんよ」

こう切り出した祖母ちゃんとの思い出話、その赤貧の少年時代の話がとにかく周囲に大ウケした。

「あ、これか！」

洋七はピンと来て宿を引き払い、一目散に東京へと戻った。

そして真っ先にこの話をたけしに披露すると、たけしは涙を流して笑い、こう言い放った。

「お前、この話で本を書け！」

これ以上ない手応えを胸に一気に筆を走らせた洋七だったが、持ち込んだ出版社はどこも不採用だった。その数はなんと47社に及んだ。

ある時などは、この漫才を愛し、漫才に愛された天下人のスーパー芸人が「洋七さんが売れてたら少しは出版を考えますけど……」とまで侮辱され、無下に断られた。

この予想外の展開に洋七夫人が、「自費出版すれば？」と助け舟を出し、215万円かけて3000冊を刷り1年半かけて捌いた。

この時の本のタイトルは、『振り向けば哀しくもなく』——。

命名したのは、たけしだった。


その5年後、洋七とたけしの酒宴の際、本の話になった。

「あれ売り切るの大変やったわ！」と恨みがましく洋七が嘆いたところ、案に相違して、たけしから「もう1回書けよ！」と叱咤された。そこで夫人に相談すると「たけしさんのほうが頭いいんだから、言うこと聞いとき！」と、同じ内容の本を二度、自費出版する羽目になった。

次は高望みせず、佐賀の同級生にでも買ってもらえればいいという思いから、タイトルを自分で『佐賀のがばいばあちゃん』と付け替えた。

すると今度は、世の経済状況が味方した。

長引くデフレと節約志向が蔓延した世の中に、この貧乏オモシロ話は人々のお手本、勇気の源となり手売りだけで2万冊を完売した。

さらに知己の橋渡しで徳間書店の役員と面会し、本を渡すと、なんと40分で書籍化が即決した。

「ホンマに読んだんかい？」と洋七が訝しむと「この本、平仮名ばかりで、すぐ読めますよ！」と言い返される始末。

その後『がばい――』は大ベストセラーに。関連本も53冊に及び、シリーズ累計で1000万部を突破。映画やドラマの映像化も続いた。

「人の言うことを聞いてやったこと。僕を救ってくれたのは、がばいばあちゃんとたけしやと思う」と洋七師匠は言う。

80年代、日本一売れた「漫才師」となったB&Bは、2000年代、日本一売れたタレント本『佐賀のがばいばあちゃん』の「先生」となる。

そして2010年代は講演で全国を回り、その回数は4500回を超える日本一の「師匠」になった。

この偉大な芸人が、今週も、たけしの弟子であるボクと一緒に東京ローカルのテレビ局で同じ時を過ごしている。

洋七師匠の話芸は「7割が作り話で3割がウソ」だ。しかし、その10割が全て極上の笑い話だ。

だから、きっと師匠がボクに教えてくれた、この話もホラだろう。

洋七師匠の『バラいろダンディ』の司会は2019年をもって終了した。楽しみだった週に一度の師匠との面会時間も、なくなってしまった。

また2019年5月をもってオスカープロモーションはお笑い部門から撤退し、所属していた約30組の芸人たちは一斉にフリー状態になった。

しかしオスカーから巣立った「ぺこぱ」はサンミュージックに移籍後、『M－1グランプリ2019』で最終決戦に残る活躍をし、その後「ツッコまないツッコミ」で、お茶の間で大ブレークを果たした。

いろいろと地殻変動が伝えられるオスカーではあるが、2020年8月、剛力彩芽ネェさんの退所も発表された。しかし今も、この〝美の総合商社〟オスカープロモーションのプロフィール欄には、上戸彩、武井咲、草笛光子らの宣材写真に交じり、燦然と「島田洋七」師匠の名も刻まれている。

これはまぎれもない事実である。決して〝ホラ〟などではない。

33 速読魔人・荒俣宏

ボクが密かに「妖怪もの知りボクロ」とか「ホクロとフォークロアの融合」と呼んでいる出版界の怪人・荒俣宏――。

テレビで誰もが博覧強記の知の巨人であることは承知だろうが、同時に驚異の速読魔神なのだ。

ボクは荒俣ウォッチャーとなって久しいが、どこに興味を惹かれるのかと問われれば、まず、その人生が奇々怪々であり古書蒐集家として実に香ばしいエピソードに溢れている点だ。

向井敏『残る本 残る人』（新潮社）によれば、若き日、本郷の医学専門古書店で1817年に刊行されたフランスの博物学者キュヴィエの『動物界』を見つけて仰天。店主に値を尋ねると「かさばるだけでいっこうに売れず、弱っていたところだ。二冊合せて六千円でどうか」と言われ「嘘のような安値」で入手したそうだ。

ちなみに現在、この『動物界』をオランダの老舗自然科学古書店のサイトで検索すると4巻で約25万円！ 全20巻のコンプリートなら約135万円という値が付いている。

荒俣は慶応大学卒業後、水産会社の日魯漁業（現マルハニチロ）でサラリーマンをしながら、敬愛する紀田順一郎（評論家・小説家・書籍蒐集家……そのマルチな肩書は元祖・荒俣宏だ）と１９７６年から10年に渡り叢書された『世界幻想文学大系』（国書刊行会）の監修に携わった。

脱サラしてフリーになると、１９８７年から小説『帝都物語』シリーズの大ヒットで多額の印税を荒稼ぎするようになるが、ここに至るまでの荒俣は最初のライフワークである『世界大博物図鑑』全5巻（平凡社）を完成させるため、書籍蒐集で億単位の借金を背負っていた。

それでも、本に惜しみなく知の投資を注ぎ込み続けた姿はビブロフィリア（愛書家）の鑑である。最近も２０１４年1月5日放送の『たけしの新・世界七不思議大百科』（テレビ東京）を観ていて驚いた。

ゲストの荒俣は、ナポレオンがエジプト遠征に伴わせた学者たちの研究をまとめた初版２００セットの稀覯書《きこうしょ》『エジプト誌』（全23巻）を所有していたと告白したのだ。

全巻セットでなんと2千万円!?

まだそこまで価格が高騰していない頃に購入したそうだが、最大の巻は判型が１０７×７０cmもあり炬燵の板の大きさをゆうに超え、重さも破格なため家に入り切らず泣く泣く手放したと漏らした……。

さて『本の雑誌』２０１７年8月号の特集「知の巨人に挑む！」には、ボクが思春期から敬愛する編集者／書籍蒐集家の松岡正剛のインタビューが掲載されていた。

それを読みながら氏の博覧強記ぶりに唸りつつ、松岡率いる工作舎に入りたかった10代の頃の自分に思いを馳せた。

また別頁では、元平凡社社長の下中弘による「博物学と百科事典　荒俣宏の龍脈」と題された寄稿があり「一つの著作が、巨大なアラマタワールドの一端として幻想世界と現実世界を写している」と結ばれていた。

そう、つまりアラマタワールドの真骨頂とは自然科学と人文科学が融合していることだ。

前掲の向井敏は荒俣図鑑の特徴を「フェニックスにもスフィンクスにもちゃんと居場所が与えられ（中略）天狗や河童が大手を振って飛んだりはねたりしている」とし、学術科学と神話民話を両立せしめた手腕を評価していた。

ボクは久々に、そんな荒俣宏との共演の機会に恵まれた。


２０１７年1月22日——。

ＮＨＫ『総合診療医ドクターG』の収録。本番前、この日のゲストである荒俣の控室を訪いボクは2冊の近刊『キッドのもと』と『はかせのはなし』を献本した。

その後、軽いＭＣ打ち合わせのため10分ほど別室で過ごし本番直前にスタジオの席に着くと、隣に座る荒俣が声をかけてきた。

「いやー、ありがと！　本、2冊とも読ませてもらったよ！」

「え、マジですか!?　この短時間で？」

ボクは目を丸くして驚いた。

これまでも人生のなかで、速読の人には数々出会ってきた。

例えば『週刊文春』の連載陣のひとり、評論家の宮崎哲弥は２００７年4月から3年間一緒にトーク番組の司会を務めたが、とにかく読書量、スピード共に凄まじかった！

あの頃、宮崎は文春の連載「ミヤザキ学習帳」のために週10冊のノルマで月間40冊を読み、同時に月刊誌『諸君！』（文藝春秋）に連載する「今月の『新書』完全読破」では、毎月出版される各社の新書もすべて読破。こちらが最低月50冊、平均で計１００冊！　しかも、それらはあくまで連載用の基礎資料読みであり、その他の評論活動のために、さらに多岐なジャンルの本を漁り、加えて自分の趣味本もマンガ雑誌も読み「月間２００冊は最低でも読んでいるだろう」とのこと。

「飽きませんか？」と聞くと「飽きたら音読するし、眠くなったら歩きながら読む！」との答えに呆れて笑った。

荒俣もまた速読家なのだろうが、果たして本当に内容を把握しているのか？　そう思った矢先、荒俣はメガネの下で目を細め、拙著に書かれたエピソードについて語り始めた。

「あの『キッドのもと』に出てくる、Ｖシネマの収録の話。あれ、山手通り沿いの松濤にあった松岡正剛の工作舎で撮影されたんだね～」と聞いてくる。

「ボクは田舎で、その工作舎の『遊』という雑誌を読みながら本棚だらけの、あの工房に憧れていましたが、まさか後々、あそこで、みうらじゅん原作のＶシネマ『やりにげ』の主演男優として前張りしてポルノを撮影することになるとは思いもしませんでした」などと当時の想い出話をしながら、その後もボクの2冊の本について、やりとりは淀みなく続いた。

それは「一度読んだ本の内容を絶対に忘れない。しかも『何という本の何ページ』まで即座に言える」という、荒俣伝説を目の当たりにした瞬間だった。


さて『ドクターG』は現役の医師が実際に経験、遭遇した症例をドラマで再現し、全国から集まった若き研修医が挑む病名推理番組だ。

この日は25歳の女性が突然、叫び声をあげ意味不明の言動を発し痙攣を起こして倒れた症例だった。搬送先でも依然、意識朦朧、母親のことも認識できない。どころか、いないはずの子供と会話したり、その子の着物を捜したり……。

再現ビデオは怪談・ホラー調、超常現象風、昭和の心霊特集なら完全に憑依現象として煽っただろう。

しかし研修医たちは頭部MRIや腹部CTを経て、この症例を卵巣奇形腫による「傍腫瘍性辺縁系脳炎」と鑑別した。

これは2007年に初めて報告された、新しい病名だという。

昔なら「狐憑き」などと言われ、医学界でさえ「統合失調症」で片付けがちだった症状に病名がつき新たな疾患として認識された。

つまりは、これまでは神がかりや超常現象、オカルトとして語られてきたことが病気として説明がつくようになったということだ。民俗学や古典文学の解釈、世界観すら変わるかもしれない衝撃の展開である。

「これは僕でも知らなかった……」とスタジオに返った荒俣先生。

「博覧強記の荒俣さんでも知らないことがあるのか！」とアリャマタコリャマタ驚いた。

「でもこの現象に病名がついたら、幻想や幻視がテーマの荒俣作品は大ピンチじゃないですか？」

と、ボクは意地悪な質問をしてみた。

「そうだねぇ、小説の突飛なキャラクターが、この病名で全部、説明できちゃうなぁ〜」

「この症例は伝奇小説のピンチですね」

「そうだよ。商売あがったりだよ！　もう、読むだけになっちゃうよ！」

と言うと、荒俣の大きなホクロが笑った。

その後のはなし

有吉弘行の渾名するところの〝大きい蛭子さん〟こと荒俣宏は、２０１７年４月１日に京都国際マンガミュージアムの館長に就任した。

もともと、漫画家志望でもあった荒俣の面目躍如、その仕事は常に紙と共にあり膨大な書籍に囲まれる人生に終わりは見えない。

そうなると荒俣宏の、そして荒俣が私淑し、本書の後章でも登場する紀田順一郎の人生を懸けた蔵書群が今後も散逸せず保たれるのか愛書家としては気が気でない。


荒俣は書籍蒐集家でもある一方、自著も多産である。

２０１８年８月10日には『ハゲの文化史』（ポプラ新書）を上梓した。同書は２０００年に単行本として潮出版社から刊行された『髪の文化史』を増毛ならぬ増補改訂したものだ。人類と髪の歴史、ハゲを恐れるその精神史を真骨頂である自然科学と人文科学の融合によって解き明かした。

荒俣自身の髪は若干の寂しさを漂わせるが、男としての人生を振り返ると、先妻はＮＨＫ『コメディお江戸でござる』の江戸風俗の解説役などでも知られた杉浦日向子（２００５年逝去）であり、現在の奥方は元ＪＡＬの客室乗務員と聞く。

荒俣宏は体現する。

男が真にモテるために必要なものはヴィジュアルでも、ましてや髪でもない。

紙より培われし博識だ。

学問こそが、最高の男性フェロモンであると。

34

春風亭小朝

芝浜［その1］

「え――――ッ！　これって夢!?」

ボクは思わず、その落語家の姿を二度見した。

2017年7月17日――――。

CBC『ゴゴスマ』の生放送へ向かう新幹線の車内での噺。

この日は、新刊『藝人春秋2』の上下巻、その長編のラスト、あとがきの推敲を重ねていた。その題は「芝浜」。

この立川談志師匠の十八番を巡り、泰葉と談志が最期に奏でた秘話を描いていた。

しかし、今から半年前と言えば、前代未聞の自家製ゴシップ告発ユーチューバー・松居一代と共に、海老名家告発ブロガー・泰葉からも目が離せなくなっていた時期だった。

泰葉、イラン人と交際――――。

入稿前のこの急展開を、どこまで本に反映するのか大いに悩んでいた。

H.EGUCHI

程なく列車は山手線の〝芝浜〟新駅の工事現場を過ぎ品川駅へと到着すると、通路を挟んだボクの隣にでっぷりとした男が座った。

ボーダーシャツにダメージジーンズという若々しい装い。

しかし刺繍の入った派手なキャップの下からのぞく金髪で、すぐにそれが春風亭小朝師匠だと気がついた。

何たる偶然だろうか！　たった今〝金髪豚野郎〟と原稿に書いたばかりだ。

ご挨拶しようと席を立ちかけた時、師匠もボクに気がつき、

「あー!!　どうもこれは……」

と、ニコリと会釈してくださった。

「ご無沙汰しております！」

次の瞬間、推敲の過程で抱いた師匠への非礼が頭をよぎりボクは通路に中腰になり、改めて話し掛けた。

「師匠、失礼ですが、私《わたくし》今、ご迷惑を掛けておりませんか？」

「ん？　……それは何の話かしら？」

師匠が目をパチクリさせる。

「泰葉さんについて……」

「あらー、そちらにまで何かご迷惑をお掛けしておりますか？」

「いえ、今は連絡を取っていませんが、彼女が快復されてから、しばらくは親しくしておりまし

て……」

「では、何かお被害が？」

「いえ、それはありません……。が、現状、ボクは不介入でして、ましてや師匠のお立場も考えておりますと、何かと申し訳なく……」

ここまでで、話を聞く師匠の表情のニュアンスで「皆まで言うな」という圧を感じ、話を打ち切って自席に戻った。


その後、師匠は雑誌に目を通すとイヤホンを着け目を閉じた。

ボクも執筆作業に戻ったが、後日、本が世に出た際、人伝てにこの本の泰葉と談志の話が小朝師匠の耳に届くような仁義が後先になる事態は避けたかった。

師匠の隣席の女性が降りた瞬間を見計らい、意を決してパソコンを持ち、再び中腰で近づいた。

「少々お時間ください。師匠に前もってお話しししたいことがあります」

「どうぞどうぞ、お話しください」

「かいつまんで申し上げますが……。今、『藝人春秋2』という本を書いておりまして、その最後は『芝浜』と題して晩年の談志師匠と泰葉さんについて触れております」

「へー！　そう。それは（泰葉に）会ってお書きになっているの？」

「以前にお会いして、お話は直接、泰葉さん本人からお聞きしました」

「何についての話を？」

「お亡くなりになる間際の談志師匠が泰葉さんを呼んで『芝浜』を演じる話を……。で、小朝師匠も少し出てきます。実はその原稿がこのパソコンにありまして、ご迷惑でなければ、事前に読んでいただきたいんです」

あまりにも唐突な申し出に師匠は目を細めてボクを凝視し、

「出版前の原稿を私が読むことまでは及びません。どうぞ何でも、ご自由にお書きになってください。今回の騒動の件に関しても私のほうでは一切のコメントを出しておりませんし、今後もその予定はありません」

と、淡々と答えた。

そして一転、人懐っこい笑みを浮かべ、小声で「宜しければ、こちらへお座りになりません？」と、ボクを空いた隣席へと招いてくれた。

「ということは、貴方は談志師匠のお話を書くのね……。もうすぐ亡くなられて七回忌ですね。私も師匠には大変可愛がっていただきました。亡くなられた後、ご遺族やお弟子さん、それぞれに想い出話があり、皆さんがそれぞれにお書きになっている」

「ボクも読んでいます。それぞれの談志像に違いがあるんですね」

「そう。それも、人それぞれの解釈です。師匠はふたりきりで話す時と、大勢の前で話す時では別人でした。人を見て話を使い分けていらした。ひとりひとりに談志という魔法をかけていらっしゃったと思うの。だから一概には言えないんです。このことは、落語界の外部の人にはなかなかわからないでしょうし……」

生前も逝去後も、この世に数多くの関連本が出版されたことが物語るように立川談志とは多面的で矛盾撞着の存在である。

しかし、こと立川談志について最も多くの本を著した人物は誰あろう立川談志本人でもあった。

「師匠は晩年に、自慢できる弟子ができて嬉しかったと思いますよ」

「志の輔、談春、志らく、皆、大看板になりましたよねー」

「ただ、私としては少しばかり不満があります。なぜなら立川流創設前の高弟たちも頑張っていましたから。師匠のお言葉を汲む者も、また師匠の振る舞いに翻弄された人もそれぞれですが……ま、これも何かの縁です。水道橋さんに私が知っている談志師匠についてお話ししますね。しばらくお聞きになってください」

そう言うと、小朝師匠は高座に上がるが如く新幹線のシートに深く座り直し、薄目を開け往時を思い浮かべるようにして語り出した。

「師匠は落語少年のような人でした。以前に師匠の同級生だった方からお話を聞いたことがあるんですねぇ。柳家小さん師匠に弟子入りする時、その方は、松岡少年（談志）から『一緒に行ってくれ』と頼まれたそうです。その方の話がイイのォ。『あいつはほんとに勉強しなかったんだよなぁ。頭はいいけど勉強は嫌いだった。それが、ある日いきなり、小さんの弟子になるから、オマエも一緒になれって言われてさ。こっちは落語なんか何一つ知らないのに、ついて来てくれって言うんだもんなぁ～』って。あの向こう気が強い談志が臆して照れて、ひとりでは行けなかったっていう少年時代のこのエピソード、私は大好きなんです。あんな師匠にもウブな時代があったんだなって。微笑ましいでしょ？」

ボクに目配せする小朝師匠。

「似たような話で……私が二つ目になりたての頃。談志師匠とふたりきりになった時、いきなり師匠が話し始めたの。若い頃、自分がどうしたら良いかわからなくて、当時知り合いだったテレビのプロデューサーのところへ菓子折りを持って挨拶に行ったんですって。そしたら帰り際に『坊や、こんなことしなくてもいいんだからね』って、その人に言われて涙が止まらなくなったんですって」

「鬼の目にも涙ですね」

「師匠にも、こんな修行時代があったんだなーって。それを、協会に入った頃、まだ10代で子供だった私に、わざわざ話してくださる師匠のそんな感性が素敵でしたね」

ふたりとも10代半ばで入門したからこそのお話だろう。

まるでYouTubeで独白するかのような小朝〝ひとり会〟を、ボクはカップルシートで独占していた。

（つづく）

春風亭小朝

芝浜［その2］

2017年7月17日——。

ボクは新幹線の車内で、品川から乗車してきた春風亭小朝師匠と会い、思い掛けない時を過ごしていた。

落語が冬の時代の1980年、春風亭小朝25歳は、36人抜きという落語協会の序列のなかで空前絶後の大抜擢で真打昇進を果たした。

あの頃、ボクは17歳だった。

NHK『600 こちら情報部』で、32歳の高田文夫が上野の鈴本演芸場から真打披露口上をレポートしていた姿を今でも思い出す。

協会の大抜擢に応え、天才・小朝はアイドル化し「横丁の若様」として落語界の未来と期待を一身に背負っていった。

その渦中に『THE MANZAI』にも出演。人気漫才師たちを相手に〝逆色物〟の立場で明石

家さんまとコンビを組み、実に流暢な漫才を披露したこともあった。

先日の『M－1グランプリ』で審査員を務めた小朝師匠の的確な採点と批評は、過去からの実践的な見識に裏打ちされたものなのだ。


その小朝師匠の話が続く。

「実は談志師匠に稽古を付けられたのは1回だけ。それも議員会館でスーツに赤いバッジのまま」

「談志師匠が、70年代に自民党の参議院議員だった頃の話ですね」

「そう。あの時に『品川心中』を教えてもらったのが唯一ですよ」

今日の奇縁、またも「品川」であった。

「小朝師匠、これは純粋に芸論ですが、今、ウチの殿（ビートたけし）が執筆中の本のなかで、談志師匠の十八番だった『芝浜』の論評をしていまして……」

「うーん、そこねー。昔から、賛否両論がありましてね。長く談志師匠のブレーンだった日活映画の藤浦敦監督は談志のベストは二つ目時代の『大工調べ』と断言してましてね、山藤章二さんは師匠が『芝浜』をやると席を立ちましたからねー」

かつて『芝浜』の高座を聞いた石原慎太郎が歯切れの良さ〝のみ〟を誉め、同席した三木のり平は「なんで押しばっかりなのかね。引きがない、間がない」（『談志 名跡問答』扶桑社）と言い放ち、それを聞いた談志師匠が落ち込んだという逸話もある。

一方、談志師匠も談志師匠で志ん生師匠の『芝浜』に対しては「酷いよォ……」（『談志百選』講談杜）と、いつも手厳しかった。

「もちろん、世評はありの上で、観客それぞれの好みということが大前提ですよ……」

小朝師匠が大局的に論じる。


そして、その小朝師匠こそ小学生の頃に寄席で談志師匠の『芝浜』をソフトクリームが溶けるままに見入り、その後の人生を決めた人でもある。

「これは大久保のお宅で談志師匠からお聞きした話ですが、志ん朝師匠に『お前（父親の名跡）志ん生になっちゃえよ』ってある時、談志師匠が言ったそうなんです。

「志ん生襲名ですか？」

「そう。『それなら兄さん、口上に並んでくれる？』って訊き返されて『並んでやる代わりに、もっと落語上手くなれ！』って談志師匠が激励したと……いかにも師匠らしい逸話でしょ？」

二世の志ん朝よりも、この世界に無縁で飛び込んだ俺のほうが落語に対する情熱が強いと、よく対抗心を口にしていた談志師匠だったが、それは期待の裏返しでもあったろう。

「その時です。私が『志ん朝師匠はどうしたらもっと上手くなるんですか？』と訊ねた途端、談志師匠が目の前のテーブルをバンと叩いて『俺だってわからねンだ！』と声を荒げたの。怒鳴った後、すぐに照れたようなグレたような顔になりましたが、その急激なテンションの上がり方は尋常ではなくて、今まで見たこともないほどでしたね」

その時の緊張感を再現する話術、それは高座さながらだった。

「談志師匠ほど芸を観察し、盗み、研究してきた方はおりませんが、本人には志ん生にも志ん朝にも敵わないこともわかっていたはずです。私も晩年のイリュージョン（談志独自の落語観）は落語から逃げているのではと思いました。ま、演者が自分で批評すると言い訳になりますし、本来、芸は演じてしまえば説明などしなくても良いはずです」

まるで自問自答しているかのように小朝が虚空を見て語る。

「確かに、小朝師匠は批評をしないタイプですね。今、ボクが書いている『藝人春秋2』は、そういう表現者の実践と批評への葛藤をテーマにしています」

小朝師匠がふと話を変えた。

「そう言えば水道橋さん、今でもあの日のことは思い出します。貴方たちと舞台で競演した時のこと……」

それは1998年6月27日に新宿シアターアプルで開催された、高田文夫50歳を祝した「文夫クン祭り」という一大イベントだ。

前座で若手の松村邦洋、春風亭昇太、浅草キッドが、それぞれモノマネ、落語、漫才を披露し、前半のトリがなんと立川談志師匠。中入り後、ビートたけし&高田文夫のトークを挟み、大トリが春風亭小朝師匠という豪華な顔ぶれだった。

この日の打ち上げでは、中野坂上の小さなカラオケスナックで談志師匠と殿が競って脱ぎ合い、全裸で触りっこをしたのは伝説だ。

「あの時のふたりの脱ぎっぷりは、私、忘れられないですよ」

「本当に夢のような一夜でした」

「夢と言えば、まさに師匠とふたりで〝夢の寄席〟を作るって話をした時がありましてねー」

小朝師匠が懐かしそうに語る。

「根津のマンションで談志師匠と私のふたりだけ、その時、師匠が『なぁ小朝〝夢の寄席〟を考えてみるか』って突然言い出して。何かのチラシの裏に昼席、夜席と書き始めて『まず俺とオマエな』って。そして、何人かを書き足して……」

まるで野球やプロレスのオールスター戦を夢想する昭和の少年だ。

「『あぁ、三枝も入れてやらねぇとな。そうだ、小三治はどうする?』って師匠が聞くの。『師匠、そこはやっぱり入っていただかないと』って返すと『そうか、じゃあ入れてやるか』って無邪気に笑うんだけど、その顔がとてもチャーミングなのよ」

そう言って笑うキューピー頭の小朝師匠も、実に可愛らしかった。

その時、ボクの降車駅である名古屋駅到着のアナウンスが流れ、小朝師匠が我に返り居住まいを正した。

「ゴメンナサイねー、なんか、私、ひとりではなし続けたみたいで」

「とんでもない。師匠とふたりきりなんて夢のようでした。でも、今日のお話は『週刊文春』のボクの連載でいつか文章に……」

「どうぞお好きになさってください。余談ですが、その本は文藝春秋から出版されるの？」

「はい『週刊文春』の連載なので」

「そう。ご存じないでしょうけど、私、文藝春秋を作った、あの菊池寛の小説を今、連作で落語化しているんですよ。偶然すぎるわねー」

「そこにも繋がりますか！　やはりボク書きます。頑張って年末までに」

「年末に？　どうして年末だい？」

「だって、師匠、この噺、夢ンなるといけねぇから……」

その後のはなし

小朝師匠は落語家としてますます円熟味を増す一方、NHK大河ドラマでは2015年の『軍師官兵衛』で明智光秀役を演じて以来、5年ぶりに大河に再登場し、今度は明智光秀の敵役として天皇の弟の高僧・覚恕《かくじょ》を演じ、そのオドロオドロシイ怪演は「さすが！」と話題となった。

2020年、46年ぶりに誕生した山手線の新駅は「芝浜」「芝浦」「JR泉岳寺」などを推す声があがったが、結局「高輪ゲートウェイ」という最も〝粋じゃない〟名前になってしまった。しかし、僕の心のなかで永遠にこの駅は、あの日の小朝師匠との語らいの思い出と共に「芝浜駅」と呼ばせてもらおう。

泰葉さんはパキスタン人の男性と交際をするなかで、イスラム教への入信を決めたと宣言したそうだ。爆笑問題の太田光をして「彼女のパワーなら、イスラム教・シーア派、スンニ派に対抗して新しい〝ヤス派〟を作るんじゃないか⁉」と洒落のめさせたが、２０２１年秋、パキスタン人との破局を報告。同時にブログに近況を綴っている。


昨年12月に、双極性障害と診断され5ヶ月になろうとしています。

（中略）

そして、とても大切な事ですが、私は、このブログでたくさんの方々を傷つけてしまいました。病気の症状でもありましたが、取り返しがつかない事です。

ご迷惑をおかけした事を深く深く反省し、自戒する毎日を過ごして参ります。

ほんとうに、申し訳ございませんでした。

自分自身、そして自分の病気と対峙する時間を頂くため、しばらくお休み致します。

みなさまどうか、ご自愛なさりお健やかな毎日をお過ごし下さいませ。

泰葉

神に祈る。アーメン。

35
路線バスに乗車・太川陽介発 ぶっちゃあ経由 たけし軍団結成秘話

太川陽介　路線バス不倫

「あなたはバスの運転手です。よく聞いてください。最初のバス停で5人乗りました。次のバス停で1人乗り、次のバス停で2人降りました。さてバスの運転手の名前は？」

この不条理な引っ掛け問題は、拙著『言わんのバカクイズ』の一節。

1992年、駆け出しの浅草キッドが、ラジオの投稿ネタを書籍化し、シリーズ累計70万部のベストセラーとなった。

その頃ボクは、このクイズの仕掛け人として太川陽介と番組で初めて共演した。

ちょうど太川が、初々しいアイドル歌手から司会・俳優業へと転身する過渡期だった。

そして20年後の2012年6月19日、CS放送のボクの司会番組で再会した。80年代歌謡曲にまつわるトークがメインだったが「太川陽介は、なぜ、あの蛭子能収と3泊4日の路線バスに耐えら

HaHaHa

れるのか?」」がボクの進行の裏テーマであった。

その日の日記には「松田聖子のファーストキッスの相手役との告白もあったが、80年代の『レッツゴーヤング』の司会者として鍛えられ、20歳にして周囲に〝お父さん〟と慕われた家長的性格は、森田健作からブッチャーブラザーズ、カンニング竹山などに受け継がれるサンミュージック遺伝子を感じる」と書かれている。


そして、昨年12月‼

太川陽介の妻・藤吉久美子〝路線バス不倫〟発覚!

『週刊文春』が報じたこの疑惑は、路線と〝ロセン〟(高座における男性器の隠語)も見事に掛かった傑作スクープだった。

藤吉は即座に、すっぴんで号泣会見。太川は所属するサンミュージックの会議室で囲み取材を受け、ベッキーと同じ轍は踏むまいと迅速なマスコミ対応でチン火をやり遂げた。

今回の一件は、太川の地方宿泊を契機にネガティブな疑惑が生じてしまったわけだが、36年前、同じく太川陽介が地方宿泊をしたことが、我々たけし軍団の命運に作用した、まさに恩人とも言える知られざる功績について、この機会に語ってみたい。

2017年4月9日――。
目黒・誕生八幡神社で行われたお笑いライブの打ち上げで、ボクは、とある先輩芸人との話に夢中になっていた。

その人とは、芸歴37年、御年63歳で〝最高齢の若手〟として関東お笑い界に名を馳せるブッチャーブラザーズの〝ぶっちゃあのほう〟こと「ぶっちゃあ」だ。

「たけし軍団っていうのは、言わば乗り合いバスでしょ。博士は後から乗ってきたから、わかんないと思うけどさぁ、そもそも、このバスの運転手は、俺なんだよねぇ！」

「エッ⁉ なんの話ですか？」

「俺はもともとサンミュージックで、巨人ファンの太川陽介くんが作った『陽ちゃんジャイアンツ』ってチームにいて草野球やってたの。その『陽ちゃん』がきっかけで、たけし軍団が結成されることになるんだよね～」


ぶっちゃあ——。

1954年、京都府生まれ。太秦の大部屋俳優を経て、25歳で森田健作のマネージャーとして上京。1981年に、サンミュージック初のお笑いコンビ「ブッチャーブラザーズ」を結成。

大物から無名まで縦横無尽の交友関係を誇り、草野球で親交の深い伊集院光が「東京の売れっ子芸人を辿っていくと必ずぶっちゃあさんを踏んづけている」と評する通り、本人は決してブレークせずとも、彼を踏み台に、はたまた公私ともに世話になり、売れていった芸人は数知れない。

パブリックイメージは僅少だが、昨年「てるみくらぶ」破綻の際には被害を受け「ぶっちゃあハワイ旅行中止　富士サファリパークに！」と一部で話題になった。

この愛くるしい先輩は、パグ犬のようなくしゃくしゃな顔で語った。

「陽ちゃんがね、『どこかと草野球の試合を組んでよ』って言うから、ストリップ劇場の従業員チームと対戦を組んだンよぉ。したら肝心の陽ちゃんが営業で地方から帰ってこれなくなるわ、他にも欠員が出るわで、急遽代わりのメンバーをかき集めたわけ。それが、たけし軍団を作るキッカケ！　これ、ホンマの話よ！」

ぶっちゃあは、とにかくお笑いの芸能史には詳しい。

「え！　たけし軍団の結成って、そんなキッカケなんですか？　それって、いつ頃の話ですか？」

「１９８２年かな。俺らが81年デビュー、聖子ちゃんとほぼ同期だから。俺らが『笑ってる場合ですよ！』がデビューなの知ってる？」

「『いいとも』の前番組ですね。Ｂ＆Ｂが司会の。あれ、オーディションのコーナーやってましたね」

「『お笑い君こそスターだ！』」

「あそこで漫才をやったのが、そのまんま東さんですよね」

「そう、６代目チャンピオン！　今の東国原先生だよ！　後輩だけど邦ちゃん（山田邦子）が10代目かな。俺らが12代目で、グーンと離れて32代目が後輩のダウンタウン。当時はまだ別のコンビ名だったけどね」

ぶっちゃあは、先輩後輩にとにかく厳格だ。

「あの頃は、あのコーナーが若手芸人の登竜門でしたよね」

「そう、皆、だいたいあそこがデビューなの。俺らはたまたまお笑いでサンミュージックに入ったけど、当時は事務所に芸人が1人もいてないし、都はるみさんとか聖子ちゃん、竹本孝之くんの営業の司会とかね、そういう仕事はあるンだけど、純粋なネタをやるところがなかったの。漫才協会とかに入れば良かったンだろうけど、ツテのないテレビ芸人だったから寄席にも出れなくて。それでね、ふと思いついたの。自分でお笑いライブを作ろうってね」

「えッ!? ぶっちゃあさんが、最初なんですか」

「そうだよ。東京でお笑いライブを作ったのは俺ら！　だって、渋谷ラ・ママ新人コント大会（1986年開始）より前よ。あの頃はライブが他に無かった！」

これ以上はないという、ドヤ顔でぶっちゃあの話は続く。

「ラ・ママに最初一番ぺーぺーで出てたのがチャイルズとかダチョウ倶楽部になる前のキムチ倶楽部とか、そんな頃でしょ。だから最初にお笑いライブを作ったの、俺たち！」

「それが吉祥寺でやっていた『バーボン寄席』になる流れですよね。ボクらも新人の頃に出ましたよ！」

「そう。最初は自分たちだけでやってたンやけど、毎回、自分たちだけで何本もネタやってたら大変でね。そんじゃあ素人でもなんでもいいから出てもらって対決ライブにしよう。そうすると俺らの負担が半分でよくなるからって。で、『ぴあ』って雑誌の欄外に『はみだしYouとPIA』っていう記事があったでしょ？」

「懐かしいな、ネタとか募集広告を載っけるところですよね」

「そこで『お笑いライブやるから出演者求む』って募集したら、応募が20～30人あったの。落語やってる女子高生とか、漫談やりたいっていう地下鉄の職員とか。そのなかにいたのが……飯塚実くんなんだよ！」

「イイヅカミノル!?　それってダンカンさんのことですね」

ダンカンは、ボクの芸人修行における兄であり父であるような人だ。

「ぶっちゃあさん、この路線バスの話はどこまで続くんですか？」

「いいから終点まで乗ってけよ！」

ぶっちゃあ　乗合バスの運転手

目黒・誕生八幡神社の日本間で〝63歳の永遠の若手芸人〟ぶっちゃあが、たけし軍団の結成秘話を「乗り合いバス」に例えて語っていた。

「そう！　その飯塚くんこと後のダンカンが赤羽に住んでたの。彼はネタは面白いし漫画も描ける。だから俺らもネタを書いてもらってたの」

今まで聞いたことのない話だ。

「でも最初は落語家志望でしょ？　最初は談志一門に居たわけですし」

「そう。そもそもダンちゃんが、なんで落語家になったか知ってる？」

「本人の弁なら……」

誰？

「あーそういうのは嘘、嘘！　俺らのお笑いライブの客に落語通で談志師匠が大好きな女子高生がいたの。その娘のことをダンちゃんが好きになっちゃって、彼女にモテるためにお笑いを志したわけ……」

初耳だった。『徹子の部屋』などでの本人は「落語家は儲かると知人に教えられたから」と煙に巻いていただけに、微笑ましい。

「そういうもんョ！　若さって。俺に急に『落語家の弟子になりたい』って言ってきて、しかも『談志師匠の！』だよ？　俺も落語界に明るけりゃ『そりゃ無理だよ！』とか言ったンだろうけど、でも知り合いに漫画家の高信太郎さんがいてさ……」

「ボク、よく知っていますよ。浅草キッドが10週勝ち抜いた『ザ・テレビ演芸』の審査員してましたから」

「その高先生が落語界に顔が利いて、談志師匠とも仲良かったから、口を利いてもらったら、あっさり『いいよ』ってことになったの」

「すべての東京芸人のルーツはぶっちゃあに通ず」、まさにその真骨頂とも言うべき人脈とエピソードだ。加えて、兄弟子ダンカンが今でも高信太郎と昵懇な理由、謎が解けた。

「で、入門から半年過ぎた頃、急にダンちゃんから『師匠に、お前は古典はやらなくてイイ。新作だけ考えろって言われた』とか『よそに修行に行ってこい！　って言われた』とか相談の電話があったわけよ」

ダンカン――。

修行時代の名を立川談かん。談かんは、独創性が強すぎて古典落語を型通り演らない、師匠に庭木が寂しいと言われれば、隣の家から植木を引き抜こうとして師匠から「せめて町内離れろ！」と叱責されるなど、そもそも水が合わない場所で藻掻いていた。

談かんの弟弟子・立川志の輔は、そんな兄弟子がいよいよ弟子を辞めたいと言い、あまつさえ、ビートたけしを紹介して欲しいと告げた〝恐怖の瞬間〟を目撃した噺を、幾度もあの〝燻し声〟で古典のように語り継いできたが、今回は、ぶっちゃあ名人による語り口で再演しよう。

「ダンちゃんがたけしさんの所に行きたいって言うから、『いいんじゃない？』って返したら『大丈夫ですか？　師匠に殺されませんか？』って、言った本人がビビってて。俺は『どうせダメなんだから、行くだけ行ったら！』って励ましたの」

ぶっちゃあに背中を押され、ダンカンはいよいよ談志師匠と対峙した。

「自宅で直訴よ。したらさ、師匠は『ん？　たけし……!?』と言いながらパッと振り返って、書棚に置いてたオールドパーの瓶を掴んだんだって。『わッ殴られる！』と思ったら……ラベルのところにマジックで『たけしへ　こいつ頼む　談志』って書いて『これ持っていけ！』って」

ダンカンは見事に師匠を替え、ビートたけしの四番弟子となった。

「ダンちゃんから『決まりました！　名前まで貰いました！』って報告を受けてさ『すごいじゃん、

なんて名前？』って聞いたら『ふんころがし』だって。『なんやねんそれ!?』って笑ってさ、それから、あだ名もダンちゃんから〝ふんちゃん〟になって……」

「ぶっちゃあさん、ところで太川陽介の話は何処へ行ったんですか？」

路線を戻すために話を振った。

「ああ、そかそか。話戻すと、陽ちゃんの野球チームの相手がストリップ劇場の従業員に決まったんやけど、相手の仕事柄、試合開始が朝6時。だけど前日に、陽ちゃんが地方の仕事から帰京できなくなって、それと一緒に陽ちゃんのバックバンドのメンバーも帰ってこられないから、チーム全員欠場で、マズイじゃん？」

ぶっちゃあの顔が苦渋する。

「ソン時だよ！　俺、ダンちゃんが野球やってたのを思い出したわけ。電話で『野球やるんだけど来てくれる？　東とかも一緒にさ』って聞いたら『いいですよ。東くんは運動神経いいし、あと松尾くんにも聞いてみます』ってなってって」

「なんか、『七人の侍』の志村喬みたいになってますね」

「とにかく俺は最低9人集めたいわけよ！　どっか他にもあてがないかと考えてたら、あ！　ってまた思いついたのが、ホレ、西新宿のスナック『ポプラ』って店にいるコントの連中だよ！」

「タカさんと枝豆さんが当時の所属事務所に借金返済するため、2人で経営していた店ですね」

「そう。それでタカちゃんに電話して『野球出来る？』って聞いたら『出来るよ』『じゃあ、ポポちゃん（枝豆）と一緒に来てよ！』って。

「無事、9人揃ったわけですね」

「それで翌朝、6時前ぐらいに神宮外苑へ行ってみたら……そこに……なんと、殿もいたの！　えぇ!?　って。『オールナイトニッポン』の生放送の後、羅生門で酒飲んで寝ないで来てたわけ。だから高田（文夫）先生もいてさ。『えぇ！　先生まで!?』って。それで試合やったら、殿がいたく機嫌が良くなって。終わった後、『今から飲みに行こう！』って。でも朝8時で、どこもやってないし、『歌舞伎町に行けばなんかあるだろ？』と。そしたら、殿がほっかむりしてさー。で、そこから何に乗って移動したと思う？」

「もしかして……バスですかぁ？」

「バカ！　バスじゃないよ！　朝8時だよ、電車に決まってンだろ！」

「あれ、そこ電車なんスか？　路線バスの噺をずっとしてたから」

そこで落とすのかと思ったら、ぶっちゃあの話は続いた。

「アホか！　そこは電車だよ！　俺の話は全部事実だからね！　人気絶頂の殿が満員電車に乗るなんて俺ら、もうビックリでさ。一緒に信濃町から新宿まで行って。新宿から歌舞伎町まで歩いて、そしたら『ぱすたかん』って当時、唯一24時間やってた店に入ったの。そこで飲みながら、殿がしみじみと『やっぱ野球っておもしれぇなア、ぶっちゃあ！　よし、オレも野球チームを作ろう！』って言われて。で、たまたまタカと枝豆もそこにいたから『お前らも一緒に入れよ。ブラブラしてんなら俺のところに来いよ！』『はい、わかりました！』ってねぇ、そこからなのよ!!　『たけし軍団を作ろう』って流れになったのがァァァァ！　はかせぇー！！！」

感極まり泣きながら語る、ぶっちゃあ。ボクも目を潤ませながら、しかし、ひとつだけ疑問が……。

「ぶっちゃあさんは何故、その時、軍団に入らなかったんですか？」

「だって、俺、天下のサンミュージックだよ、太川陽介のところだよ！　あの頃、太陽の下にいたんだもん……今は日陰にいるけどさぁ！」

ぶっちゃあがドヤ顔を決め込む。

「はかせ!!　わかったでしょ！　だから俺が、たけし軍団という乗り合いバスの運転手なの！」

36

蛭子能収・私はバスにのりたい

前回「太川陽介の妻、路線バス不倫」を元ネタにして、本連載は辿るべき轍を外れ、たけし軍団結成秘話へ寄り道した。そもそも文春砲こと〝不倫摘発雑誌〟のスクープは、テレビ東京『ローカル路線バス乗り継ぎの旅』に準えた記事だった。そして、ボクが週刊誌ながら月をまたぎ、月旦評として今回乗り継ぐのは「バス」ではなく、蛭子能収という「因果鉄道」だ。

件の不倫報道に際して、誰もが聞きたいと思い浮かべたのは、当事者たちの謝罪よりも番組の共演者であり、日本一空気を読まない男のゲスなコメントではないだろうか。

蛭子語録としてよく知られるものに「浮気をする人の気持ちがまったくわかりません。性欲にお金をかけるくらいなら、俺は競艇やパチンコにつぎ込みます。風俗にお金を払って行く人も理解できません。だって、家に帰ればタダでできるんですよ」という一節があるが、蛭子ほど不倫から程遠い一穴主義者にして、共演者にすら手厳しい他罰主義者はいない。もしコメントを求められていたら、今回の一件に関しても容赦なく〝鉈〟でぶった切ったことであろう。

ボクは思春期に、漫画界のヘタウマブームと共にデビューした蛭子能収の処女作『地獄に堕ちた教師ども』（1981年）と2作目『私はバカになりたい』（1982年）に大きな衝撃を受けた口だ。日常の暴力をテーマにシュールな切り口で新感覚を生み出す恐るべき4コマ漫画家だと、本人を知るまでは誤解していた。

90年代に日本テレビ『スーパーJOCKEY』で共演者になって以来、実態を知れば知るほど、シュールな作風も単にストーリーを作る構成力がないだけであることがわかった。

しかし本人を目の前に、むしろ強い興味を抱き、蛭子族の生態を長年、定点観察を重ね、その後テレビ朝日『虎の門』でも2001年から長く生放送のレギュラーを共にした。

結果、近年の蛭子能収の不可思議をテレビで取り上げる番組には、ほぼ必ず専門家として呼ばれ、むしろ自分が蛭子に寄生する芸人とすら思えるほどだった。

2014年にTBS『水曜日のダウンタウン』で「蛭子能収を超えるクズ、そうそういない説」、フジ『時旅エレベーター』では「蛭子能収の66年間を掘り尽くす！」、2017年はAbemaTV『復活！虎の門』の「アニマル浜口vs蛭子能収」などに出演を果たした。

拙著でも1999年出版の対談集『みんな悩んで大きくなった！』で、蛭子研究家の嚆矢、無冠の特殊漫画家の〝因果鉄道の父〟根本敬と共に「蛭子能収の呪いとは何か？」を深く論じている。

蛭子能収――。

1947年、長崎県出身。高校卒業後、看板店、ちりがみ交換、ダスキンの営業職などを経て、

33歳の時、『ガロ』で漫画家デビュー。劇団「東京乾電池」のポスターを手掛けたことをきっかけにテレビ出演を果たすと、マイペースで特異なキャラクターがお茶の間で受けタレントや役者としても活躍。大のギャンブル好きで1998年には麻雀賭博の現行犯で逮捕されたが、その後も特に懲りた様子はない。テレビ東京の路線バス番組で高視聴率を連発し、完全復活。近年、出版界でもその飄々とした生き方が注目され、金言集や人生訓が次々とベストセラーになっている。

2016年10月1日――。

ボクは千駄ヶ谷の東京体育館で開催された「いとうせいこうフェス」に漫談家として出演した。音楽とお笑いの融合をテーマにした、2日間に渡る巨大フェスだった。

ボクら、お笑い組の楽屋は体育館のドンツキにあり、ドアの張り紙を見て、蛭子能収、勝俣州和、ユースケ・サンタマリアと同室と知った。

ボクが一番乗りだった。ボクの出番はフェスのなかでも最も華やかな岡村靖幸のステージの後。トリ前なので長い待ち時間へ突入した。しばらくして、蛭子能収が入ってきて楽屋で2人きりになった。話をするのは2年半ぶりだ。初めは金髪姿のボクに気がつかず、「蛭子さん、お久しぶりです。水道橋です」とボクから出向いて挨拶したら「ああ！　なんだぁ、よく見たら博士かぁ！」とようやく気がついた。忙しすぎるのだろう。この日も、会場の場所も何をやるかもまったく聞いていないとぼやいた。ただ、マネージャーに連れてこられ楽屋に置き去りにされているのだ。

ちょうど出版されたばかりの、浅草キッドの自叙伝である『キッドのもと』の文庫版をサインを付けて進呈した。「読まなくてもいいから、最低限、ここで捨てたりしないでください」と何度も念押しした。蛭子は「文字が小さいなぁ」と呟きながら老眼鏡を取り出し、いきなり後半から読みだすと、ふと顔を上げて「これ、なんでビートたけしって呼び捨てなの?」と聞いてきた。「普通、弟子は師匠をさん付けでは書かないでしょう」と答えると、蛭子はじっとボクを見つめて言った。

「えー!? 博士って、たけしさんの弟子だったのォ?」

蛭子発言には慣れっこのボクですら、さすがに衝撃的な一言だった。

しばらくして本を閉じると、その本の表紙の上に飲みかけのペットボトルを置いた。嗚呼、ボクの人生は蛭子世界ではコースター代わりなのだ。

やがて共演者の勝俣州和、ユースケ・サンタマリアも楽屋に合流。久方ぶりの邂逅で互いの蓄積した蛭子ネタが弾みだすと、蛭子は反論することもなく聞き流し、今度はそのまま「ナマケモノ」のようにスーッと寝入った……。

改めて、こんな人のありがたいアドバイスに満ちた人生訓の本が売れているのだ。

こうして蛭子の出番がやってきた。

トークのコーナーでメンバーは勝俣州和、久本雅美、MEGUMI、スチャダラパー、そして蛭子能収。司会のくりぃむしちゅー上田がジャブ、ストレート、フック、アッパーと多彩に打ち分ける突っ込みショーを展開。もちろん、勝俣、久本の受け身も的確。蛭子能収という大ボケの最大音が鳴る「置物」の配置が実に見事で、1万人の観衆が沸きに沸いた。

出番を終えて楽屋に戻ってきた蛭子に「やっぱ、ウケ方が違いますねー」と言うと「イヤー。俺、もっと他人のことも知らんといかんねー」と反省したフリをして、早々と帰宅の身支度を始めた。

ペットボトルが置かれたままだった『キッドのもと』は、既に水滴で表紙がびしょ濡れで、案の丈、一瞥もくれずに立ち去ろうとしたので、さすがに声をかけた。

「蛭子さん、俺の本！　忘れてるよ！　捨てても良いけど、せめて家まで持って帰ってくださいー！」

「エヘヘヘヘヘ」

笑ってごまかす蛭子能収――。

不倫事件でマスコミへの神対応で名を上げた太陽神・太川陽介は、こんなのとふたり旅ができるのだ。それに比すれば、どんな過酷な状況も平気だろう。

その後のはなし

路線バスシリーズ3部作。いかがであっただろうか？

2017年1月に『ローカル路線バス乗り継ぎの旅』を引退した太川と蛭子であったが、コンビ復活の声は大きく、その後も『太川蛭子の旅バラ』で、過酷なルールを排した脱力系旅番組で共演を果たしてきたが、それも２０１９年12月で終了した。

蛭子さんを巡る報道は、とかく初期の認知症だといった「いよいよ」感を煽るものが多いのだが、本人もその「認知症診断」芸を前提としての健康番組のキャスティングを狙っているフシもある。昔から付き合いのあるボクにしてみれば、昔から天然ボケだから、その症状を聞いても今とあまり大差がない気もするのだが……。

何事にも打算的な蛭子さんは「漫画を描くより、テレビタレントのほうがよっぽど儲かる」のが持論。以前のような「３泊４日替えのパンツ２枚」の旅は無理でも、１泊２日替えのパンツなしで、また太川陽介さんとのバス旅を観てみたい。

ぶっちゃあさんは、相変わらずだ。

２０１７年10月、芸歴37年目にして初めて、冠ラジオ番組『ぶっちゃあのロッカールーム』（ＢＡＹＦＭ）でＭＣの大抜擢を受け、その「豊富な人脈とパワハラ的先輩ヅラ」を活かして、千葉のＦＭ局に、伊集院光を皮切りに、カズレーザー、古坂大魔王、ザキヤマ等々を登場させて度肝を抜いた。もちろん、ボクも出演志願したが、９ヶ月でガス欠となり、番組は２０１８年６月で終了した。

しかし、ビートたけしの伝説の短命番組『笑ってポン！』の３ヶ月や、ダチョウ倶楽部の幻のゴールデン番組『王道バラエティつかみはＯＫ！』の半年に比べれば大健闘と言えるだろう。

また11年間不動のレギュラーだった千葉テレビの『熱血ＢＯ－ＳＯ ＴＶ』も２０２０年３月で

終了し、コロナも相まって取り巻く環境は厳しい。

一方、芸人草野球リーグ「Gリーグ」のコミッショナー職は活発で、その豊富なスカウト人脈は芸人世界を飛び越し、伊集院光の伝えるところによると、2019年にはいよいよ自身のチームに〝元コロラド・ロッキーズの1A選手〟を入団させ、リーグの最下位争いからどんな手段を使っても脱出を図るという辣腕を発揮したそうで、将来的にはプロ野球界からも「ぶっちゃあさんに足を向けて寝られない」人が続出しそうな勢いである。

2021年4月1日――。

ブッチャーブラザーズのぶっちゃあさんの相方・リッキーさんが、サンミュージックの副社長に大抜擢されたニュースが流れ、業界に激震が走った。なにしろ、コントチームのコンビの1人が、現役のまま大手芸能事務所の背広組のナンバー2に就任するのは前代未聞の出来事だ。

昔から、リッキーさんの面倒見の良さや、後輩からの信頼厚い人格者ぶりは定評があり、フロント入りしてからの業績も名高い。気遣いや気配りに長け、人並み外れた巨根ぶりと相俟って大人物としての風格があったものだ。

しかし、これにより名伯楽でもあるブッチャーブラザーズの将来も安泰であるし、この先も2人はリーダー・運転手として、我々の乗る、愛すべき関東芸人のおんぼろバスを引っ張り、必ずや「約束の地」へと導いてくれることだろう。

37

浅野忠信

～ファミリーヒストリー

「今、この混迷する大相撲モンゴル会問題を解決できるのは、浅野忠信しかいないだろう！」

昨年末、ボクはそんな軽口を叩いていた。なにしろ連日テレビのワイドショーは、大相撲のモンゴル会殴打事件の顛末を取り上げ事態は警察沙汰に至り、しかも捜査は手詰まり……。

その内紛劇を茶化したのだ。

ボクのフェバリット日本俳優である浅野忠信は現在のところ、俳優部門、日本代表のセンターと呼んで差し支えないだろう。主に映画を中心にして活躍してきたが、今季ちょうど主演ドラマ『刑事ゆがみ』に出ており捜査はお手の物。さらに２００８年アカデミー外国語映画賞ノミネートの『モンゴル』では、初代皇帝チンギス・ハーンに扮した。モンゴルにも顔が利く。

昨年の『沈黙—サイレンス—』では冷徹な通訳を演じただけに、この時事ネタジョークは満更でもあるまいと思っていた、そんな矢先の12月5日、衝撃的一報がもたらされた。

俳優・浅野忠信の父で所属事務所『アノレ』社長の佐藤幸久容疑者（68）が11月30日に覚せい剤取締法違反（使用）の疑いで逮捕。

一報が流れた時、もしや放送中のドラマは打ち切りになるのでは？　と危惧した。それはテレビ業界で働く者なら、誰もが最も憂慮する最悪の事態だ。

同日、浅野は所属事務所の公式サイトでコメントを発表した。

「僕も身内の一人として驚き、また心配もしております。父は大きな過ちを犯しましたが、僕にとってはたった一人の父ですので、今は父のことがとても気がかりです」

さらに浅野本人のTwitterでは、
息子が刑事役やってる時にお父さんは何考えてんでしょうか!?　と言うわけで落ち込んでる暇はありません！　刑事ゆがみは今日も頑張ります!!

と、ドラマの現場写真と共に責任感と余裕にも満ちた一文をあげた。

勿論、この対応にも賛否両論はある。が、身内の不祥事のたびに親や子が連帯責任を取らされる日本の慣例に食傷気味だった世間は拍手を送る側のほうが多かった。

そして、ボクはこの俳優に初めて会った日のことを想い返した。

２０１３年７月１日――。
ＢＳ日本映画専門チャンネル『北野武劇場』の収録で茨城つくばみらい市「ワープステーション江戸」を訪れた。

まるで江戸時代へタイムスリップしたかのようなセットの前で、強い既視感に襲われた。

それは映画やドラマの時代劇のロケで、このセットが再三使われているからだ。

ボクは北野武映画のメーキングを辿る、この番組の司会を担当し、浅野忠信と初邂逅した。

ここで撮影された北野映画初の時代劇、そして初のエンタメ作品でもある『座頭市』(2003年)は、ベネチア映画祭で銀獅子賞に輝き、興行収入29億円をあげ、北野武監督の最大のヒット作となった。

そして、市の敵役、服部源之助に扮した浅野は、冒頭シーンの荒地で12人斬りの殺陣を迫真で演じ、世界のキタノをして「いいよね、浅野くん。アップで10秒以上もつ!」と言わしめた。

この番組でボクは、映画の裏話、役作りの話以外にも積年募る、個人的な疑問を問いかけた。

「今回、ボクの本の『藝人春秋』で、ポール牧師匠と石倉三郎さんを取り上げたのですが、浅野さんのお父さんが二人のマネージャーだったという噂は本当ですか?」

と、問いかけた。

「はい、父は今、僕のマネージャーですが、以前はポールさん、石倉さんも担当していたので、子供の頃に『風雲!たけし城』の収録にも一緒に通いました。その時の写真もありますよ」

浅野は屈託なく答え、都市伝説はあっさりと事実に格上げされた。

「両親に連れられて、たけしさんのNHKホールのコンサートにも行きました。たけし軍団は子供心に憧れの的で、将来、軍団に入れると思っていましたよ」

「もしそのまま軍団入りしていたら、芸名はどうなったでしょうね?」

と質すと、

「ズバリ、浅野内匠頭でしょ！」

と名回答を返し、二人で納得して笑い合った。

もしかしたら、一門のなか、この名優がボクの後輩になっていたかもと思うと、恐れ多い気持ちが萎み、すっかり身内のように思えた（その後、ハリウッド版忠臣蔵『47RONIN』で、浅野忠信は、浅野内匠頭ではなく吉良上野介役であったことには個人的に笑った）。

浅野とは意気投合したが、本来、役者と芸人は同じ芸能界の住人といえども一期一会なものだ。

しかし、すぐに二度目があった。


2013年9月5日――。

ボクがパーソナリティを務めていた、NHKラジオ第一『すっぴん！』のスタジオで再会した。

ここでも浅野はリラックスして、たけし軍団へのシンパシーを熱弁し、また自身の画集を持参し、画家としての腕前も披露。バンドも掛け持ちしており、今も現役ミュージシャンであることを語った。

両親から繋がれた血はアーティスト家系で、そもそも「忠信」という名前も父親が敬愛する芸術家の横尾忠則にちなんでいるとも教えてくれた。そして「僕の場合、家族の血、影響って強いですね！」と答えていた。

その後、NHK『ファミリーヒストリー』の浅野忠信篇をアンコール放送で観て心を奪われた。

クォーターで幼少の頃から髪が栗色だった忠信少年は、自らの出自については詳しく知らないまま成人した。

番組では、そんな浅野が母親と出演し、ＮＨＫの取材で判明したアメリカ人祖父・ウィラードの人生、そして知られざる家族の歴史を辿っていく。

太平洋戦争を契機に、浅野の祖父と祖母は日本で出会い、結婚。後に浅野の母親となる順子が生まれる。だが６年後、祖父は家族を日本に残し、単身アメリカへと帰国。浅野の祖母は女手ひとつで娘を育て上げた。

一方の祖父はアメリカで再婚。二人の息子の継父となり、１９９２年に65歳でこの世を去った。番組の最後、その義理の息子たちと、浅野と浅野の母親が対面を果たす。

初めて会う母親の兄弟は、祖父が抱き続けた日本に住む家族への想いを伝える。彼が生前、肌身離さず持ち歩いていた愛娘の写真と共に。

戦争によって手繰り寄せられた、国を越えた出会いと別れ。そして子供たちの運命と人生。

自らのルーツを目の当たりにして、カメラの前で滂沱の涙を流す浅野忠信――。

昨年夏公開の映画『幼な子われらに生まれ』に主演した浅野忠信は、血の繋がらない家族の葛藤のなかで、良い父親になろうと必死でもがきながら、心が折れた末、再起する中年サラリーマン役を実にエモーショナルに演じ切っていた。

ボクは映画館で浅野の渾身の演技に釘付けになりながら、その背後にこのドキュメンタリーの影を見ていた。

芸能界は疑似家族だ。

『刑事ゆがみ』では座長である浅野のキャストに対する父性が随所に散見される。名優は人生を経て、その機微を知り、自らの〝ファミリーヒストリー〟を背負い、その姿を観客の視線に曝してキャリアと年輪を重ねていく職業だ。あらゆる試練と〝ゆがみ〟を体験することで、俳優は、それを演技に〝まっとう〟に反映し作品に刻み込んでいくのだろう。

その後のはなし

浅野の長女ＳＵＭＩＲＥ、長男のＨＩＭＩはモデルとして大手企業のＣＭに起用され、またテレビドラマ、舞台での主役を経験するなど父と同じ俳優の道でも着実にステップアップを続けている。

浅野はコロナ禍の２０２０年9月11日に日本で上映が始まった、ローランド・エメリッヒ監督の『ミッドウェイ』に山本五十六海軍大将の部下の山口多聞少将として出演。公開に際して『ムービーウォーカープレス』のインタビュー（山崎伸子）にこう応えていた。

「この戦争がなかったとしたら、果たして僕は存在していたのだろうかと考えてしまいます。あの時、アメリカが勝ったから、米軍がやってきていろんな仕事をし、そこでうちの祖父と祖母が出会って僕の母親が生まれたわけだから、そう考えると複雑な気持ちにはなります」

また、数々の海外映画オファーを受けてきた経験と、コロナ禍で海外に行けないジレンマに対して「海外に行けないし、海外から人も来られないとなったのなら、これを機会に、より自分の国のことを見つめ直したほうがいいのかなと。もしも、僕が海外に行って仕事をしてなかったとしたら、きっと憧れが強かったと思いますが、実際に行けば行くほど日本の良さがわかるわけで、自分が日本人だということを実感するようになったんです」

2009年にCHARAと離婚して10年以上が経ち、子供たちの独り立ち、父の4度目の逮捕、そして浅野に届く途切れることのない海外オファー……。糾える縄の如く訪れる禍福、浅野にとって「日本人とは何か」「家族とは何か」と問い続けられる人生に終わりはない。

浅野は2021年5月放送開始のNHK朝の連続テレビ小説『おかえりモネ』で、役者人生30年にして初めての朝ドラ出演を決めた。

コロナ禍では一切の仕事をセーブしていた浅野の一念発起であったが、個人的には自らの生い立ちを克明に調べてくれたNHKへの、浅野からの心からの恩返しではないかとも思っている。

38

政界の黒幕の藪の中

野中広務

老兵死す——。

2018年1月26日、元自民党幹事長、野中広務逝去。享年92歳。

1925年京都生まれ。旧制中学校卒業後、国鉄職員となり召集で陸軍に。戦後は地方自治に邁進し、1983年の衆院補選に57歳で初当選を果たすと、わずか11年で国家公安委員長まで登り詰めた。政治思想は弱者に寄り添ったハト派で、2003年の政界引退後も「反戦」「反差別」の権威として存在感を放った。

それ以上の氏の詳しい功績、事件簿は各社の訃報に譲るが、おそらく、幾つかの記事のなかでは2008年元日のフジ『まだまだ日本はよふけ謹賀新年SP』で、笑福亭鶴瓶、南原清隆、香取慎吾と共演した際の温和な一面も振り返られただろう。

しかし、強面で知られた野中広務という黒幕の素顔の魅力をテレビで引き出したのは、TBSの深夜番組『名門!アサ㊙ジャーナル』が2004年に先んじていたことを極私的な想い出と共に振り返りたい。

現在も継続中の同番組は、もともと政治家とのトークバラエティとして、小泉純一郎内閣全盛期の2001年10月にスタートした。

我々浅草キッドの役柄は、TBS所属の政治部記者。背広に腕章、メモ帳を片手に国会から首相官邸、与野党本部まで駆け回り、5年間でのべ200人以上の政治家をインタビューした。ボクは成人して以降、選挙でも「アントニオ猪木／スポーツ平和党」と書いたことしかなかった程度のノンポリで、当初は「オフレコ」の意味さえ知らずブログにありのままを綴り、叱責されたこともあった。

番組のテイストは自称「ヨイショ付き政見放送」。各人の政策論ではなく、その人間性を伝えることを主旨としたが、立ち上げ後、しばらくは政界で警戒され出演者を探すのに往生したものだ。しかし回を重ね、知名度や好感度に効果が認められ始めると、一転して政治家からの出演希望が相次いだ。取材した数多の政治家のなかで最も緊張した人は？ と何度も聞かれてきたが、答えは一択、野中広務だ！

2004年3月5日——。

永田町、砂防会館の野中事務所に向かうロケバスの車内には尋常ならざる緊迫感が漲っていた。

当時の年齢は78歳、前年9月に行われた自民党総裁選では派閥の結束を無視して小泉純一郎に票を投じた議員を非難し、その際に用いた言葉「毒まんじゅう」で同年の流行語大賞を受賞した。

とはいえ、テレビ局を管轄する逓信委員長時代には、あの「シマゲジ」こと島桂次NHK会長を更迭した過去もある冷酷なる大物だ。

事前に台本をチェックするために、ＴＢＳから本物の政治部記者が数人ロケ現場に随行した理由も頷ける。かつ相手は大のインタビュー嫌いで、談話中に笑顔などは皆無の堅物として知れ渡っている。

ボクは番組開始以来、最も時間をかけて記事、自伝、評伝、関連書籍を入念に読み込んだ。

会館の執務室で対峙した野中の、妖怪ぬらりひょんの如き姿形、猛禽類のような鋭利な視線に竦められカチカチになりながら第一声。

「ついに野中さんにこの番組に出ていただいて……硬派なタイトルがついていますが、中身はバラエティ番組です。よろしいでしょうか？」

「ま、仕方ないですから……ここに座った以上は……」

場が凍り付く。壁際には本物の政治部記者の面々が張り付いている。

「あのー、実はそこにいる政治部のほうからガンガン言われまして」

「何を？」

「『言葉に気をつけろ！』と。『あんなことやこんなことは聞いたらダメだ』って……。でも、そんなことはないですよね？」

ボクはあえて中央突破を試みた。

「それはわからんですよ。私、気に入らなければ途中で帰っちゃいますから！」

「では、最後まで居ていただけたら、今日は合格ということで……」

「フフフ……」

初めて野中の表情が緩んだ。この掴みで打ち解け、その後の2時間は和気藹々に進んだ。

煮ても焼いても食えない旧弊の政治家の代表、郵政族のドンとして小泉政治に抗った。そんな抵抗勢力のラスボスのようなイメージが時間と共に氷解していき、自らの出征体験に基づく反戦への想いを背負ったハト派爺さんの後世へ伝えるべき想い出語りの場となった。

あれから14年——。

野中広務の訃報を取り巻く、党派を超えた人々の回顧と賛辞。そしてそこへの反証は、氏が単なる清廉潔白なハト派ではなく、反面では〝黒ハト〟いや〝オフホワイトハト〟であることの証明ではないだろうか。

野中は、先述のシマゲジ事件にしても、郵政族のドンの顔にしても、官房機密費にしても、出自と差別への闘争にしても、民主的な過程を経て登り詰めた。そして真っ当に与えられた権力を適切に使い切り、議員として与えられた党の要職において、その責務を全うした。

田原総一朗は「野中さんの最大の功績は、沖縄問題を解決したことだ。野中さんは沖縄の全ての島を回り全ての島で飲み、島の人々とじっくり話した。その結果、県知事も名護の市長も辺野古基地を承諾した」と追悼ツイートしたが、「野中さんは下戸だったから、それはフェイクだ！」というツッコミも散見される。

辛淑玉との対談『差別と日本人』では、野中と犬猿の仲であるはずの石原慎太郎の差別発言を摘

発したい辛に対して、

「昨夜、石原と飯を食ったんですよ」

「あれはまたいい男だから」

と、擁護。また、南京事件に対する作家・百田尚樹の見識を「国会に呼んで責任を追及すべきだ」と批判しつつも「『永遠の0』を2回も読んで涙を流したのに！」と怒りのなかに細やかな配慮を見せる。つまりは、批判と評価の峻別を徹底した。そこを全て一緒にして、あるべき意見が一面的に収斂することこそが、氏が忌むべき差別に繋がることだと考えていたのだろう。


この連載のなかで、ボクは「ボク自身は思想的に右でも左でもない」と書いた。告白すれば、我々は過去に放送禁止や差別を確信犯的にネタにしてきた漫才師だ。しかし野中にも両義性があるように、舞台におけるブラックネスと人間性のコレクトネスの共存は我々のような職業には必須のバランス感覚なのだ。虚実の皮膜、本音と建前を世間や客前で随時出し入れする感覚と言うべきだろうか。

あの日、『アサ㊙ジャーナル』の収録を終えて執務室を出た野中が取り囲んだ秘書や政治部の記者に向かって「これからはオフレコだよ」と断った上で「彼らはプロの聞き手だったよ！」と一言漏らした。


14年前、野中広務が発した言葉の褒賞が、どれほどその後の我々の仕事への激励となったことか。

長い時を経て歴史が下す政治家への評価は、今後も毀誉褒貶、言った、言わないの議論を伴うだろう。だからこそボクは声を大にして、真実は藪の中でも両論併記を広むべきと駄洒落るのだ。

その後のはなし

2001年より長く浅草キッドが冠レギュラー番組として司会を務めてきた、TBS『アサ㊙ジャーナル』シリーズは2018年に終了した。

政治バラエティ番組としてスタートした番組だったが内容は変遷し、最終的には教育現場をレポートする番組となり、その役割を終えた。浅草キッドとしても最長寿番組だっただけに感慨もひとしおながら、一言で言えば「老兵は死なず、ただ消え去るのみ」だ。

実は同タイトルの本を、ボクは書評で取り上げている。

『本業』のなかに収録しており、また内容的には本稿に重なるが、先に書いた「藪の中理論」で言えば、別角度よりの両論併記の追悼文としてここに掲載しておきたい。

野中広務『老兵は死なず　全回顧録』（文藝春秋）

先日、俺たち浅草キッドが司会するＴＢＳの政治バラエティ番組『アサ㊙ジャーナル』に、あの野中広務・元官房長官が初出演した。

多くの視聴者にとって野中氏は小泉政治に対抗し引退を余儀なくされた抵抗勢力の黒幕、その大方の印象は「悪役」「老害」のイメージに違いない。

また野中氏は昨年９月の自民党総裁選では「反小泉」の先頭に立ったが、逆に小泉支持を表明する幹部議員が続出。その際に発した「毒まんじゅう」という言葉は昨年の流行語大賞を受賞した。「毒まんじゅうはうまく食った人も静かに食った人もおる。食いそこなって大変な傷を負った人もおる」と言い残したが、その本人がマスコミ的には、「煮ても焼いても食えない」政治家の代表でもあるのはまぎれもない。

当日、ロケ先には異例なことにＴＢＳ政治部の記者も張り付き、事前に台本も検閲され、異様な緊張感に包まれた。それもそのはず78歳のこの大物政治家はインタビュー嫌いで知られ、特に談話中に笑顔などは皆無の強面なのである。

それどころか、かつてはテレビ局を管轄する郵政族の首領として君臨し、逓信委員長時代には、あのＮＨＫの元会長で普通の代議士など平気で怒鳴りつけたことで知られる「シマゲジ」こと島桂次を更迭した過去もある。俺たちが何か失言をして、しくじるのでは……と局側が心配するのも無理はない。

そして、この難攻不落の強敵のため、俺たちが事前に目を通した資料のなかでも、特に興味深く読んだのが本書である。

この本は、96年１月の橋本内閣組閣から今年の引退表明まで、橋本・小渕・森政権の最側近として支え権力の中枢にいた本人の回顧録だ。

一寸先は闇の政界で、時には政敵を蹴落とし、時には合従連衡《がっしょうれんこう》する、その権謀術数ぶりを自ら明かしている。

例えば小渕政権で、官房長官就任の舞台裏。

「総裁室にやってきた私に、小渕さんはいきなり『官房長官をやってほしい』ときりだした。私は言を左右にして逃げた。すると小渕さんは突然、椅子から降り、総裁室の床に座り込んだ。日本国の次期首相が、私の前で床に跪いたのだ。仰天している私に向かって、小渕さんは『頼む。小渕恵三が頼んだんだよ。やってくれ』そう言うと頭を下げた」

このくだり、「凡人」小渕総理の「平凡」で在らざる首相への執念が鬼気迫る。

また実に興味深いのは、氏の非情なる政局運営能力の、その手の内である。

かつては同じ派閥に居たにもかかわらず、経世会を分裂させ、政界混乱を招く元凶になったと国会で「悪魔」とまで呼んだ仇敵・小沢一郎に対し、「個人的感情は別として、法案を通すためならひれ伏してでも」と前言を翻し、多難な自・自・公の連立政権作りを進める過程には「変節」と誇られながらも「個」を捨てた高度な折衝・調整能力を窺わせる。

そして、あの「加藤の乱」に際し加藤派と山崎派の議員の選挙区事情を調べて加藤派の独立は無理だと判断してから、鎮圧を決断する過程に、その調査能力を武器にした政治力が際立つ。

かくも、氏の政局の切り回しぶりは冷徹、非情極まりないが、その一方で政治信条は一貫してリベラル・ハト派であり、自衛隊派遣を織り込んだ「イラク復興支援法」の採決も、あえて退席したのも記憶に新しい。

魚住昭著『野中広務　差別と権力』（講談社）、松田賢弥著『闇将軍』（講談社）などの評伝を読めば、自身の宿命に血の涙を流しつつ、岩に爪を立てるように這い上がってきた政治家が持つ弱いものへの眼差しを見てとれる。

また本書の中で俺が驚いたのは、昨年の総裁選では打倒小泉の「奇策の秘策」として、あの舛添要一の擁立を検討していたこと。

160万票を集めトップ当選を果たした舛添先生ではあるが、まだ1年生の、しかも参議院議員である。

子泣きジジイ（野中）がネズミ男（舛添）に耳打ちする、水木しげるの画が浮かんできそうな光景だが「これはかなりいい線を行くと思っていた」と本気で画策に動いた顛末も明らかにしている。

ちなみに番組収録の際、第一声を「先生、あのー、実はそこにいる政治部の方からガンガン言われまして」と俺が中央突破を仕掛けると「もし、気に入らなければ帰るよ！」と実に魅力的な笑みを浮かべた。その後は、局側の心配をよそに、対談は和気藹々に進み、野中氏の興味津津な語りに盛り上がった。

途中、政界デビューは遅かったが、短期間に政界の権力中枢を上りつめたため、常に誹謗中傷を浴びてきた野中氏は「男のジェラシーは醜いぞお～」とシミジミと呟いた。

その発言を聞きながら、俺は政局とは「リアル・渡る世間は鬼ばかり」であり「男のためのワイドショー」であると思った。

また、俺なりに野中氏の政治家生活を「劇場型」ならぬ「四角いジャングル的」に喩えると……。

インディー出身で中央進出が遅れたプロレスラー・ノナカが遅すぎるメジャーデビューを果たし、その実力（道場でのガチンコの強さ）で脚光を浴びるが、ベビーフェイス・コイズミの登場により「5カウントまでは反則ＯＫ」の権謀術数型レスラー・ノナカは退場を余儀なくされる。

ただ「反則」といいつつ、その中にも予定調和のルールがあったのが旧型プロレスだが、コイズミ型の「格闘技系」は旧型ではタブーだった「フルコンタクト（直接打撃）」に何のためらいもない。

そこは「党議拘束」「派閥」といった古い日本の政治モチーフに拘る旧型プロレスを全うしたノナカは苦々しい。

しかも、昔からの自民党の在り方としてはデビュー（初当選）時はベビーフェイスで、当選・役職を重ねるにつれてヒール味を帯びつつ、より古いヒールを追い落として王者になるというパターンだった。

しかし、コイズミだけは王者になってもヒール臭を帯びない訳で、ノナカとしては彼の存在は自分が、その存続のために滅私奉公してきた「自民党プロレス」の終焉を意味し、自己否定されているようで強い拒否感があるのではないか──。

以上は俺流の解釈だが、こういう見方や政治への関心の持ち方は、「勧善懲悪のわかりやすい図式を描き、橋本派議員、あるいは族派議員は『絶対悪』、小泉さんはそれを打破する『正義の騎士』という図式である」と、野中氏が嫌悪した二元論の肯定だろう。

それでも俺は「悪役」側もマスコミを忌避することなく、逆にマスコミに積極的に発言する政治を待望する。

そもそも、この雑誌（『日経エンタテインメント！』）に、この本を取り上げることが場違いなのかもしれない。しかし、俺たちがエンターテインメントに溺れるなか、懸案の個人情報保護法によって、雑誌で自由に発言する権利がいつの間にか制限されそうになっていたり、自民党の代議士が、こぞって出演拒否を逆手にテレビ局の自主規制を引き出したり、そして、なによりお国のためならまだしも何故かアメリカのために自衛隊は派兵される。

国民の大きな選択が国会閉会中に決定されるとは、ますますワンフレーズの「正義の騎士」による議論不在の政治になってはいないだろうか？

「老兵は死なず」と言う限り「陰の総理」「守旧派」「抵抗勢力」と呼ばれた、この「黒幕」の言葉を、むしろ今後は表舞台で聞きたいのだ。


（『日経エンタテインメント！』２００４年5月号より）

39 大竹まことと大瀧詠一と

2018年2月1日――。

大竹まことは、自身が長期レギュラー番組を持つラジオ局・文化放送で娘の不祥事を受けて記者会見を開き謝罪。その後、そのまま番組の生放送に出演した。

ラジオパーソナリティが個人的な事情でアナを開けることは、過去にも多々あった。1986年に起きたビートたけしのフライデー襲撃事件後、ニッポン放送『オールナイトニッポン』の代打として空白期間3ヶ月を埋めたのはまさに大竹まことであり、たけしの復帰と共に風のように去ったことは熱烈なリスナーであったボクには今も忘れがたい。

また、自身の長き芸能人生で何度も地獄のような窮地に陥っているが決して逃げ隠れせず常に世に身を曝し、そして必ず帰還を果たしている。

その2週間前の1月16日――。

ボクは『大竹まこと ゴールデンラジオ！』に5年ぶりに出演するため、浜松町の文化放送を訪れた。

9Fのスタジオ横のテーブルに着席し、番組構成作家の大村綾人と打ち合わせに入った。トークテーマは上梓したばかりの『藝人春秋2』について。

一通りの確認を終えると初対面だとばかり思っていた大村が「憶えてないと思いますが……ボク、昨年末に燃え殻くんと一緒に居まして……」と切り出した。

もちろん、その夜は憶えていた。


昨年12月1日、MXテレビで生放送を終え、共演者だったオフィス北野の後輩・プチ鹿島を誘って四谷三丁目にある行きつけのスナック「アーバン」に顔を出した。

『藝人春秋2』のなかでも描いたが、ここは数多の出会いが生まれる人間交差店だ。

「行ったことないの？　じゃあ1杯だけ行く？」と軽い気持ちで誘い、店の扉を開けると……なんと！　カウンター席に岡村靖幸と松尾スズキがいた。

「なんで、ここに？」と驚き、横に目を逸らすとボクの文春の担当編集者・目崎敬三もカウンターの端に居て「さっき、のん（能年玲奈）に会いました」と囁いてくる。聞けば、彼はアニメ映画『この世界の片隅に』に与えられた菊池寛賞の授賞式に出席してきたばかりらしい。ボクは『藝人春秋2』の帯文を彼女に書いてもらいながら、まだ一度も会っていないのに……。

夜が更け、唐突に岡村と松尾の画力対決が始まった。2人とも漫画家志望だったので絵が上手い。

記憶スケッチアカデミー対決で、どちらの「がきデカ」のこまわり君が味があるかなど数々の対決が実現したのだ。

ボクが勝負をジャッジしていたら、後ろの席から『闇金ウシジマくん』の真鍋昌平先生が挨拶をしてくださった。

その後、松尾スズキが帰ると、入れ替わるように宮藤官九郎が来店。ボクが此処に居ることを知らず驚いていた。しばし、大河ドラマ『いだてん』を巡って歓談。

松尾も宮藤も、一昨日、NHKの出演者発表会見でビートたけしと会ったばかりだった。

閉店間際、今度は二村ヒトシ、燃え殻の一行が来店。そのまま一緒に店を出て、開店祝いの花に囲まれた近所のバーへ。ここで立ち話のまま朝まで過ごした。宵の酒と出会いに、皆が〝酔い殻〟になった。


その夜のことを大村と話していた時、大竹まことが生放送のスタジオを出て煙草を一服つけ喫煙室を出たところでボクに気づいた。「今日はよろしく!」と手を振り真向かいに座った。

御年68歳、白髪の長身。メガネを外すと眼光が険しすぎる。

「いや『藝人春秋2』、よく書いたねー。失礼ながら厚いからまだ最後まで読めてないいんだけど……」

「実は、5年前にも1作目を宣伝させてもらいました。あの時は、大竹さんが、あまり気が乗らない様子でした」

「そうだっけ?」

「芸人の話を書く時の流儀が、俺とは違うってことで」

「そんなこと言ったっけ？」

「でも、その後『週刊文春』の連載で橋下徹を取り上げた時には、放送（2013年5月16日）で大絶賛していただいて。あれは本当に、その後の文章の仕事の励みになりました」

「よく憶えているねー」

「記憶じゃないんです。記録です。音源まで取っています」

「ところで上巻の『ハカセより愛をこめて』の最後の章だけど」

「大瀧詠一さんの福生のご自宅を、高田文夫先生に連れられて行った時の話ですね」

「あれ、あまりにも描写が詳しくて驚いたんだけど……大瀧詠一のことだったら俺にも話があるんだよ」

「ご交流があったんですね」

「俺のマネージャーで9年間シティボーイズの担当を務めた坂口って奴がいて。彼は音楽も大好きなんだけど、実は大瀧さんの娘さんと結婚したんだよ」

〈ん？　待てよ、この話、聞き覚えがある！　ぞ〉

脳の奥底に澱む記憶を探る――。

小林信彦先生が、この『ゴールデンラジオ』に出た時だ！

『週刊文春』長寿連載「本音を申せば」の単行本『「あまちゃん」はなぜ面白かったか？』の宣伝で出演されていた時に、確かにこの逸話を話されていた……。と思い出したが本音を申す間もなく、

「だから、俺は俺で大瀧さんの話をしようかなって思っているけど……お、時間だな。それではよ

ろしく！」

そう言い放ち、大竹はせわしなくブースのなかへ消えていった。そして、しばらくして「大竹メインディッシュ」のコーナーが始まった。生放送は一気に時間が流れる。

「50過ぎて、浅草キッドですからね。どこがキッドなんだって！」

「俺もシティボーイズだから。そこは他人のことは言えない！」

などと言いながら時間いっぱいに。

ブースを出る時、ボクは忘れ物に気がついた。

「あ、大竹さん、大瀧さんの話をボクから振るの忘れていました」

「いいよ、いいよ！　また今度に！」

帰り支度をしていると、目の前に裸足に革のローファーを履いている男がいた。これは石田純一の一択で間違いない！

『週刊新潮』の連載を読んでいます」と言おうと思ったが躊躇して、「もし2020年の都知事選に、石田さんが出馬されるのであれば全力で応援します！」と言葉を変えて話しかけた。

2016年の都知事選は、彼が出馬を取り止めたことで情勢が変わったのだから。

「今度は、ぜひ五輪と不倫の同時開催を公約にしてください！」

「さすがぁ……キッドさん、面白いぃい！」

「だって〝不倫は文化〟の文化放送ですから」

とどめを刺した。

２０１８年1月23日――。

丸の内・コットンクラブで開かれた、マキタスポーツの20周年記念ライブに浅草キッドでゲスト出演した。

控室に入るとマネージャーから紙袋を渡された。そして「大瀧詠一さんの事務所の坂口さんからです」と言伝された。まさか！　あの〝坂口〟から。

開けてみると、そこには大瀧詠一のファーストアルバムとシングルの限定復刻盤があった。

『藝人春秋2』の上巻ラスト「はっぴいえんど」の章は「ＤＥＡＲ大瀧詠一……」で始まる1通の手紙で物語を閉じている。

それは、この世のボクから、あの世の大瀧に向けたラブレターだった。

「夢で逢えたら」と思っていたら、まさか、こんなにも早くに現実に返信が届くとは……。

その後のはなし

２０２０年９月2日オンエアーされた石橋貴明の『石橋、薪を焚べる』（フジテレビ）に、作詞家の松本隆氏が出演した（この放送の1ヶ月後に筒美京平が亡くなる）。

石橋は松本を番組に招くにあたり久々にCDラックを開け、20歳の頃に聴いていた大瀧詠一の曲を聴き直したらしく「やっぱりいいですよね」と語ると、松本は「やっぱね上手いよ大瀧詠一は。全然古くならないんだよね、不思議だよ自分でも」と焚き火がパチパチとなる2人だけのオレンジ色の世界で、しみじみと返した。

石橋からの驚きの証言は、とんねるずが大瀧詠一に楽曲制作を依頼していたという事実だった。福生からボロボロの日産ローレルに乗って現れた大瀧に「かっこいい曲お願いします！」と願ったが「もう書けないいんだよな」と固辞。

しかし1ヶ月後スタジオに行くと、作詞をした糸井重里と共に大瀧はそこいた。ところがデモテープが掛かると「♪テンテケテンテン」と、とてもクールではない、ボクが石橋の口ぶりから想像するに、まるで色物の出囃子のようなコントチックな曲だった。

一応、木梨と共に吹き込んだ曲はお蔵となったが、大瀧が費用負担と共に「全部買い取る」と言ったそうだ。福生のスタジオには、その幻の音源があるだろうと石橋は語った。

40
ビートたけしの独立

ゆく河の流れは絶えずして、しかももとの水にあらず。
淀みに浮かぶうたかたは、かつ消えかつ結びて、
久しくとどまりたるためしなし――。

ご存知、鴨長明による鎌倉時代の随筆『方丈記』の書き出しである。
中世に俗世間との交わりを絶ち、修行、自適の生活を送った隠者が、世の無常観を描いたこの名作は、『徒然草』、『枕草子』と合わせて「日本三大随筆」とも呼ばれる。
今回は原稿を差し替え、あえて平成の鴨長明気取りで、3月14日の「三大随想」ならぬ「三大嘶」で一筆啓上申し上げたい。

2018年3月14日――。
早朝から超ド級の衝撃が走った。

Eguchi

どうやら『スポーツニッポン』の一面にスクープが掲載されたらしい。業界用語で言えば、完全に「抜かれた」ということだ。

ボクはSNSで情報を掴むと、飛び起きて最寄りのコンビニに走った。

紙面には「たけし独立」と活字が躍る。

殿（ビートたけし）に弟子入りして32年。師匠がスポーツ新聞の一面を賑わすことには慣れっこだったボクも、このタイミングには、さすがに度肝を抜かれた。

一読……。

関係者のひとりとして、「寝耳に水」とは言わないが、記事が的を射ているとは思わない。しかも、今、マスコミは安倍政権への不信感、森友学園の件で手一杯だろう。芸能界こそ、「ゆく河」そのものに擬《なぞら》えられるだろう。浮いては沈むスキャンダル、泡沫《うたかた》など、久しくとどまりたるためしなしだ。

1988年会社設立以来、二人三脚で始めたオフィス北野の創業者である北野武と森社長が袂を分かった。もはや、ビートたけしが〝森友〟ではない事実は厳粛だ。

我々は殿を追いかけるのか、このまま今の事務所にとどまるのか、〝新しい地図〟か、そのまま、たけし軍団なのか選択を迫られる。

この日は、さらにニュースが続いた。

13時、朝日新聞発、「ホーキング博士死去」の一報。

ボクは師匠に名付けられた芸名《ホーリー・ネーム》が水道橋博士であり、経歴詐称だが、ボクも「博士」のはしくれ。かの物理学者と面識はないが一瞬で、様々な想いが去来した。

宇宙物理の最先端理論の数々を提唱した車椅子姿のホーキング博士が、日本で広く知られるようになったのは1989年のことだ。

この年、『ホーキング、宇宙を語る』が一大ベストセラーになった。この本で「宇宙が膨張し続ける」ことを初めて知ったボクは、駆け出し時代に、こんなネタを作った。

「宇宙はどんどんと膨張していることを発見した張本人なのに、何故、ホーキング博士の身体は、どんどんと縮んでいくのでしょうねぇ。それを考えたら一晩中、寝られなくなっちゃう」

この漫才の発想は、70年代に夫婦漫才で一世を風靡した春日三球・照代の当たりネタ、「最初の地下鉄の電車はどこから入れたのでしょうねぇ。それを考えたら一晩中、寝られなくなっちゃう」のパロディだった。正直、笑いのセンスは良いと思うが、今なら不謹慎と言われかねない。

しかし、浅草キッドの師匠であるたけし・きよしのツービートのネタは本来、これ以上の毒舌だった。

世間の建前によって封印されている本音を口にすること。そこに起こる笑いで、時代の突破口を開いたのだ。その弟子がネタにおいて、さらに踏み込むのは当然のことだ。無論、我々のネタが人口に膾炙することはなかったが……。

そして、三大噺の最後。この日は、朝からこんなニュースも駆け巡った。

「オウム真理教死刑囚7人を移送」

『七人の死刑囚』と、まるで映画のタイトルにもなりそうだが、一連のオウム事件で逮捕され、収監された人々のなかのひとりに、麻原彰晃の主治医の中川智正がいた。中川は、岡山大学教育学部付属中学校時代のボクの同級生だ。

地方の進学校だった同校からは、実に風変わりな人間が生まれている。まず、たけし軍団に入門し漫才師になった不肖、水道橋博士。そして現在、ザ・クロマニヨンズのボーカルとして、音楽界のカリスマ的な存在である甲本ヒロト。そして中川智正死刑囚。

偶然にも同じ年に同じ学び舎に居合わせた、たけし軍団の漫才師、ロックのカリスマ、カルト教団の医師――。

それはまるで漫画『20世紀少年』で描かれたクラスのようだった。

ちょうど『宇宙戦艦ヤマト』が人類滅亡までのカウントダウンを始めたあの頃、幼きエリート意識に染まった同級生に囲まれ、ボクとヒロトは確実に落ちこぼれていた。

ヒロトが作ったザ・ハイロウズ時代の名曲『十四才』は、ある日、少年がロックの神様から啓示を受ける瞬間を唄った曲だ。

その歌を聴くたびに、ボクは同じ場所で同じ14歳だった中学時代に舞い戻ってしまう。

学校には居場所のなかったボクたちが、あの頃、実は既に職業的〝天命〟を受け、今のこの〝天職〟を授かっていたのではないかと、55歳になった今では思っている。

中学時代の渾名が〝ケツ〟だった中川智正は、成績優秀であり、周囲から輝かしい未来を託されていた。しかし彼は医学部卒業後、オウムに入信。ケツという渾名は「ボーディサットヴァ・ヴァジラティッサ師」というホーリー・ネームになり、〝麻原の主治医〟として世間に知られるようになった。

そして1995年に地下鉄サリン事件で逮捕され、2003年に死刑判決を受ける。カルト教団で人類滅亡のシナリオを書いた彼には、中学時代から既に未来に居場所がなかったのかもしれない。

もちろん、ビートたけしを師匠として崇拝し熱湯風呂に入り、全裸でテレビに出るなど、あらゆるセクハラ・パワハラを笑いに変えてきた、たけし軍団という〝天職〟を選んだボクもまた、永久に狂信的なカルト集団の一員なのだが……。

さらに書き加えれば、この3人に加わる、もうひとりの女性がいる。

『逝かない身体―ALS的日常を生きる』で2010年に第41回大宅壮一ノンフィクション賞を受賞した川口有美子も中学時代の同窓だ。

彼女はALS患者である実母の介護の実態を描き、言葉と動きを封じられた患者特有の意思を「植物的な生」として身体ごと肯定した。

そして、ここで綴られた難病のALSは、ホーキング博士が罹患し、生涯を通して闘った病だ。

どこまでも話は繋がっていくが、ホーキング博士の言葉で、この三大噺を締めたい。

人生は、できることに集中することであり、できないことを悔やむことではない──。

そう。ゆく河の流れの如く、もう元には戻らないことは悔やんではならない。

ビートたけしこそが我が「宇宙」であり、それを仰ぎながら物語＝星座を描くボクには、たとえ離れ離れになっても、師匠は永久に北を極めた星、北極星であることに変わりはないのだ。

その後のはなし

余談だが、ホーキング博士の命日がアインシュタイン博士の誕生日であった偶然と必然は、「宇宙」の「超ひも理論」を連想した。

ビートたけしの独立、新事務所設立、そして私生活でも離婚、再婚という流れは、我々たけし軍団の運命を大きく変えた。

当初言われていた、将来的なビートたけしとたけし軍団の再結集は実現に至っていないままだ。

むしろ、オフィス北野改め新事務所「ＴＡＰ」から多くの芸人・タレントが退所し、皆がバラバラになってしまった。

されどボクにとっては、師匠が北極星であることは今も変わらない。

特にこの騒動の後、母を亡くし両親が人生に不在になった時、師匠と弟子という世界で生きていることの意味は確信的に深まり、物理的距離が遠くなったとしても師匠が人生におけるかけがえのない存在であることへの想い、今や古めかしい徒弟制度への愛着は深まる一方だ。

これらは本書ではなく、いつかボクが書くであろう本での主題となることだろう。

41 岡村隆史と『スリー・ビルボード』

先日開催された第90回アカデミー賞で主演女優賞などを受賞した『スリー・ビルボード』は、娘を殺された母親が街道に掲出した冒頭の3枚の怒りのビルボード（広告看板）が被害者家族、町民、警察を翻弄し、真相に向かって三つ巴の様相を呈していく異色の傑作サスペンスだった。

監督は、前作で北野武監督作品を引用し、キタノマニアとして世界的に知られることになった、マーティン・マクドナー。

そして、3・14「たけし独立」の大看板が立てられるまで日本でも、その北野武に影響を受けた3人の者たちが、虚実、弁明、煽動に翻弄されながら、被害者、容疑者、指嗾者《しそうしゃ》に分かれ、巴戦を展開する異色の事態に陥っていた。

と、大仰に書いたが、つまり、この数週間、太田、岡村、水道橋の3人がラジオの深夜放送を舞台に「やった」「やってない」と映画『スリー・ビルボード』よろしく、看板を立てて口論に明け暮れたのだ。

家電で殴られて負傷――

犯人は水道橋博士！――

教えて太田光さん――

カラオケ店のデンモク（電子目次）で後輩力士を殴った横綱がその地位を追われた記憶も生々しい昨今、聞き捨てならない〝嫌疑〟が浮かび上がった。

被害者を名乗るその男性の名は、実に21年半もフジテレビ〝土8〟の看板枠をエースとして支えたナインティナインの岡村隆史。

ボクが初めて岡村と出会ったのは1993年のことだ。

『第13回ビートたけしのお笑いウルトラクイズ!!』でのロケバス車内だった。

当時の同番組は露悪、過激を極め、怪我人も続出し、芸人たちはその招集を「赤紙」と呼称するほど恐れた。

ロケバスの後方席で虚ろな顔をした無言の若手芸人を見ながらボクは「この人も、名もなく散っていく犬死に要員なんだなー」と思う一方で、岡村隆史の吉本の芸人にしては暗く、覚悟を決めた表情、それ故、醸し出される鈍色の芸人特有の色気を感じていた。

この日の収録で岡村は、昼間は不発。だが夜に行われた「人間性クイズ」という企画で、出川哲朗を逆ドッキリで騙す大役を命ぜられる。

隠しカメラが待機する部屋で出川は後輩の岡村にSMプレイを強要する仕掛人を任じられたが、岡村はそんな出川に逆襲する筋書きを既に仕込まれていた。

果たして岡村のリアルガチな怒気に気圧された出川は慌てふためき、さらにムチで互いにしばき合う流れになると、別室のたけし以下出演者たちは大喝采で大ウケ。この日、誰よりも目立った。この企画は視聴者にも大反響を呼び、その後のナイナイ、そして岡村の大ブレークに繋がっていった。

そして、この年の10月、既に浅草キッドがレギュラーであった、テレ東『浅草橋ヤング洋品店』にナイナイが新レギュラーとして加わったのだが、その初登場時のスタジオの黄色い声援の凄まじさたるや、とうにアイドルを凌駕していた。

それに反応した司会のルー大柴が「黙れ、黙れ！　この番組は俺がルールなんだよ！　何がナインティナインだ！　浅草キッドを見てみろ！　奴ら、まだ下積みなんだ!!」と気炎を上げると、岡村は下を向き苦笑いでやり過ごした。〝下積み〟呼ばわりされた我々も即座に立ち上がって猛抗議。

その後は、この人気番組のロケパートのエースの座を巡って鎬を削っていくことになった。

そして事件は1994年7月7日より『ナイナイのオールナイトニッポン』が木曜深夜1時の1部への昇格を決めたことで勃発した〝あの日〟の出来事へと繋がってゆく。

岡村「実はねぇ、1部が始まる前に（浅草）キッドさんがうちに来たんですよ。木曜1部ってビートたけしさんがやってた枠じゃないですか。いわば、伝説の枠なわけですよ。で、『そこの枠をやって欲しくない』って朝方まで延々と。キッドさんたちは、たけしさんのANNにすっごい思い入れがあるから大阪から来たチャラチャラした芸人にやってほしくなかったんやろうね。～後略～」

（『ナインティナインのオールナイトニッ本vol.1』より）

番組公式本でナイナイは当時、ボクと一悶着あったと語り、他所でも岡村は常々〝博士に殴り込まれた〟とネタにしてきたようだが、これはまったくの記憶違いだ。

真実は、この時期、大阪から上京し中目黒に引っ越してきた岡村に、ボクが知り合いの家電屋で必需品を最低価格で世話し、ある夜、岡村の新居で、木曜の『オールナイト』を担当することの意味と意義を夜を徹して語り合ったに過ぎないのだ。

確かに『浅ヤン』終了後、後継番組『ASAYAN』の司会を引き継いだ岡村とボクとの関係は長らく〝懇意〟ではなかった。しかし昨年7月17日、女優・酒井若菜の取り持ちで23年ぶりにボクは岡村と酒席を共にした。酒井とボクは父娘のような関係であり、岡村は一時の体調不良の際、文通によって酒井から励まされた間柄。

拙書『藝人春秋2』の上巻では、酒井と爆笑問題・太田光が帯文を寄せてくれたのだが、その太田の書く小説を文学好きの酒井は敬愛しており、宿敵3人は、緩衝国・酒井若菜によって破滅的な紛争を回避し、地政学的バランスをようやくとどめていると言って良いだろう。

恵比寿での23年ぶりの飲み会は想い出話に花が咲いた。

そして、この再会がきっかけで今年1月18日、浅草東洋館で行われたボクのトークライブ『ザ☆

フランス座5』に岡村がゲスト出演するまでに至った。

ライブ当日、客前で互いの年表を辿りながら24年前の殴り込み事件は一方的な妄想であることが判明した瞬間、岡村が即座に謝罪。最後は握手を交わした。

その数時間後には、自身のラジオ『岡村隆史のANN』の冒頭で事の経緯を語った。

しかし、翌週の火曜深夜TBSラジオから咆哮が響いた！

「岡村、博士に騙されてんだよ！」

4半世紀ぶりの復縁、つかの間の蜜月をぶち壊そうとする男の名はご存知、爆笑問題・太田光。

本連載で以前に書いた通り、浅草キッドと爆笑問題はビートたけしのANN代役事件以来、因縁の間柄だが、この期に及んでまだ太田の遠吠えは続いている。

局をまたいだ電波の応酬の果て、たった数週間のうちに岡村は、「太田さんが言うたように、確かに当時、博士に電子レンジのようなもので殴られたような気もする……」と妄言を口にしだす始末。

ボクはボクで、太田の挑発にTwitterで徹底抗戦。

やがてオフィス北野、吉本、タイタンの三つ巴にまで話が大きくなると、太田は急にトーンダウンした。その急な意気消沈の裏には、怒髪天を衝く太田光代タイタン社長の姿が容易に想像された。

3人は真面目にふざけていたのだが……。

岡村、太田の思いは共通しているはずだ。

時に、局の垣根を越えたエールの交換もあれば、時にプロレス的な抗争もある。それもこれも、たけしから受け継いだ深夜ラジオという我々の〝遊び場〟を盛り上げたいだけだろう。

99パーセントの真実と1パーセントの素敵な嘘。そして、それぞれの主張の〝看板〟――。

同時代を生きる3人の喜劇人＝スリー・ボードビリアンの衝突の閃光は、人知れず夜空に〝冬の大三角〟を描いた。

その後のはなし

その後の岡村隆史も太田光も多忙の日々を過ごしている。

そして、なんと言っても岡村は〝アローン会〟を卒業し伴侶を得、今や幸せ一杯である。

岡村とボクの窮地を救った酒井若菜に共々感謝ではあるが、その彼女が大好きな小説家・太田光には異変が……。

太田の小説は新潮社から刊行され『マボロシの鳥』などはベストセラーにもなり同社に少なからぬ利益を与えてきたはずであったが、『週刊新潮』は太田光に「裏口入学」の汚名を着せ背中から撃った。

ビートたけしも、新潮社には数々の書籍で儲けさせてきたが、ついに『週刊新潮』の裏切りに遭う。その抗争の経緯は、この後の章に続く……。

この章は時を経て、当事者、当時のラジオリスナー以外には内容が理解できなくなっているので補足する。

２０１８年1月19日、ちょうど殿の72回目の誕生日に、浅草の東洋館（元・浅草フランス座）でボクが主催する『ザ☆フランス座５』というライブが開催され、ゲストにナイナイの岡村隆史を迎えた。彼とは25年も前に『浅草橋ヤング洋品店』で共演した若き日の仲間である。

実は『藝人春秋２』の帯文を彼に依頼していたことがあり（結局その話は成立しなかったが）、それがキッカケでメールを交換。ほどなくして「久しぶりに食事をしましょう」となり、共通の知人である女優の酒井若菜さんと３人で卓を囲んだ。そして、この席での和気藹々とした意気投合がライブでの久々の共演に繋がったのだ。

ライブ当日、ボクは日記と年表を駆使して、ＡＮＮの正史として語られている「岡村隆史邸水道橋博士襲撃事件」が完全に捏造、妄想であることを力説した。あの日、ボクは上京したばかりの岡村家に家電製品を揃える算段で訪問したという経緯を岡村くんに理解してもらい、誤解への謝罪と固い握手を交わした。そして観客の拍手喝采のなか、その日のライブは終わった。

ライブ終了後、飛び込みで駆けつけたＡＮＮで岡村隆史はその日の首尾を語ったが、翌週のＴＢＳラジオ『ＪＵＮＫ』で爆笑問題の太田が「岡村、博士に騙されている！」と突如、岡村を挑発。それが深夜ラジオを盛り上げる宣戦布告だと解釈したボクはTwitterで応戦し、岡村も翌週から話を広げていき、当時の相撲界スキャンダルである、横綱・日馬富士によるデンモク（電子目次）での後輩力士殴打事件のパロディにすり替えた。完全に三者三様、お笑い芸人として深夜放送での〝最も危険な遊戯〟のつもりだったのだが、いつしかボクの『藝人春秋2』の帯文を書いてくれた太田光が「上巻を読んだだけで下巻を読まないまま帯文を書いた」という話をしたことで本格的に揉めだし、太田光の〝文〟の大ファンである酒井若菜さんが仲介の文章を発表し、ボク側のスズキ秘書が「これはマジになりすぎています」ということで「調査報告書」という仁義なき戦いのパロディ文を発表すると、これがやぶ蛇になり、最終的にはタイタン太田光代社長が乗り出し法的決着まで求めて……収束した（ボクはその様をちょうど公開中だった傑作映画『スリー・ビルボード』のストーリーに模して、三すくみ状態を面白おかしく連載に描いたが、映画を未見の人には何のことやらサッパリわからないだろう）。

もし法廷で事実関係を争うなら、ボクは日付を含めて証拠収集にも自信があるのだが、そこにはお笑いの要素がまったくない言い争いになるので矛を収めた。そもそも相手に敬意がなければ、長い時間を費やした愛しい自著の帯文の依頼などしないし、また相手も書いてはくれまい。〝文〟を通して通じ合っており、対立などどこにもないのだ。

ボクと太田光との関係性は、過去を清算し修復を求めても何時も綻びが生じ、捩れる。不仲を煽り立て、果てなき分断と抗争を望む野次馬も依然多いのだが、ボクはもう辟易としている。思春期に深夜放送に耽溺し、ビートたけしと高田文夫の下に、同じ憧憬を胸に秘め同時代を共にした芸人同上が、何故ここまで偽悪のままに向き合い続けるのだろうか？　教えて!!　太田総理!!

42

軽蔑の微笑み

片山さつき

文春砲に端を発した女子レスリング・パワハラ問題、先月、ついにラスボス降臨——。栄和人氏が監督を務める、至学館大学の谷岡郁子学長が記者会見を開き、猛反論した。

見覚えのある顔だった……。

ボクが谷岡学長のことを知ったのは15年も前、妻と知り合った頃だ。妻の実家は至学館大学がある愛知県大府の駅前で『みかど』という名の料亭を営んでいる。谷岡は学校経営の一家の生まれで、驚くことに1986年、32歳の若さで至学館大学の前身であった中京女子大学の学長に就任した。

その後、2007年には民主党公認で参議院選挙に当選、議員を一期務めた。

ボクの妻の父、つまり義父は、ご近所の中京女子大の女子レスリング部が郷土の自慢のタネであり「中京女子の学長は若くて綺麗で力量がある。いつも朗らかで仲間と一緒に来てくれるんだよ」と頼もしげに語っていたのを今も良く覚えている。

さつき!

ちょうど、吉田沙保里と伊調馨が金メダルを獲り騒がれ始めた時期だ。

それから、幾歳月――。

記者会見に現れた谷岡学長は、メークを落とした小池百合子のような険のある表情で記者を睨み付け、独自のパワハラ論を展開。

国民栄誉賞の伊調馨を見下し〝軽蔑の微笑み〟を浮かべながら、最後には「栄監督のハゲを増すことはできませんので励ませませんが、彼女は励ませました」と〝とくダネ！〟もビックリの謎のハゲジョークまで被せた。

翌日、ボクはMXテレビの生放送で学長が元国会議員だったことを踏まえ、「権威を笠に、上から目線で物言う傲慢さ。この方が、かの元国会議員の豊田真由子のように、いつ栄監督を『このハゲー！』と言い出すか心配です」と取り上げた。

共演者の杉村太蔵は「懐かしいですね。僕が国会議員時代には一緒でしたので……」と言うと、ボクが被せて「さっき太蔵が『ミス・パワハラです』って言ってましたが……」

太蔵は憮然と「……!?　私は一言も言っておりませんよ！」

ボクのムチャブリに太蔵が声を荒げるとスタジオが笑いに包まれた。

さて、このニュースと共に、連日報道されているのが、財務省の役人による公文書の改竄問題だ。

財務省は「省庁の中の省庁」と言われ、エリート中のエリートが入省すると言われている。

昨今は女性の活躍が望まれているが、女性で財務省キャリアになることは飛び抜けて頭脳明晰な才女の証明だ。

3月17日のTBS『ニュースキャスター』では、その財務省が特集され、1982年、東大法学部から新卒採用で入省した若かりし頃の片山さつき（現・自民党参議院議員）の初登庁のVTRが発掘されていた。

東大在学中、女性誌の企画で「ミス東大」と紹介された聖子ちゃんカットの彼女は、当時からマスコミに引っ張りだこで、その後、気鋭の国際政治学者であった舛添要一（元都知事）と結婚（1989年に離婚）した。

ボクが、初めて片山さつき議員に本格的にインタビューをしたのは、2006年3月22日――。TBS『週刊アサ㊙ジャーナル』の収録で、赤坂プリンスホテル別館の片隅に出向いた。

当時からマスコミ露出が過多だったので型に嵌まった話以外を探りつつ、片山の語りを引き出していく。

彼女が持参したシステム手帳はページからはみ出す付箋と切り抜きだらけで、ビッグマックの如く膨れ上がり、その厚みに驚いたが、中身は謎の型番が数多く記されていた。

聞けば、財務省の主計局主計官時代、彼女は防衛庁の予算見積もりを担当し、軍事おたくの石破茂と兵器の型番だけで何時間でも語り合えたほどの、女性らしからぬ軍事の論客だったという逸話は面白かった。

あの頃、党勢を増していた民主党の政権交代の可能性についても「民主党はそこまでのもんじゃない……」と、マニフェスト政策をバッサリと切り捨て、彼方此方《あちこち》で、当時の前原代表を「こいつ」呼ばわりしていたのも、さもありなん、だった。

「まだ財務省の役人だった片山さつきが『鳩山先生は高校時代、全国模試で1位、1位、3位、1位だったそうですね』と聞くと、邦夫は自慢そうに『そうだ』と答えた。すると片山さつきが『私は1位、1位、1位、1位でした』と勝ち誇ったように言ったというのです。さすがに邦夫は、あとから『あの女はなんだ！』とカンカンだったといいます」

（「日刊ゲンダイ」２０１０年３月18日号）

日本有数を誇る高すぎるＩＱ女子のターボのかかった頭の回転の速いトークは、故・鳩山邦夫先生でなくても鼻についた。

その後もボクと片山は、何度か共演を繰り返し、２０１５年10月24日、テレビ愛知の討論番組で数度目の再会となったが……。

本番前、片山はスタジオの隅に立つボクのところまでわざわざ近づいてきて「はじめまして！」と曰《のたま》わった。ロングインタビュー、数々の共演を経ても、この〝秀才〟は、ボクの名前と顔が一致しない。兵器の名前は覚えられるのに、たけし軍団の兵士の名前は覚えられないのか……。

自民党の大先輩、田中角栄は、どんな相手であってもフルネームで覚えたという。その記憶力、気遣いから、人は彼を〝天才〟と呼んだ。

たとえ「小学校高等科卒」を標榜し、東大法学部卒の片山と比べて格段に学歴が低くとも……。

そして、ボクが最も彼女について印象に残っているのは2012年6月2日、テレビ大阪『たかじんNOマネー』の生放送の出来事だ。

その日のテーマは「生活保護問題」。彼女は、自らが告発した渦中のよしもと芸人をバッサリと叩き切るとCMに入ったところでスタッフに向けて軽口を叩いた。

「……日本はねー、専門家でもないのにコメンテーターとして話す芸人とか、お笑いの人いるでしょ？　海外ではあんなのありえないから……」

その瞬間である。彼女の死角から、荒々しいダミ声が飛んだ。

「おいッ、それワシのことか！」

……桂ざこば師匠だった。

彼女は、その場をとりなしてはいたが、このやりとりを見ていたボクは赤面しつつ自問自答した。ボクも専門知識がないのにコメンテーター慣れしてはいまいか、と。その気持ちが後に、この番組の生放送で、ボクが「小銭稼ぎのコメンテーター降板事件」を起こす一因に繋がっていった気さえする。

何にせよ、彼女も日本初の女性総理大臣を目指すなら、舛添要一を夫ではなく反面教師にすべきではなかったか。

いつも謙虚に〝ＩＱ〟の高さに比する〝愛嬌〟を持つこと。

大宅壮一曰く「男の顔は履歴書・女の顔は請求書」だが、謙虚でなければ、自らに有名税は追って課されるのだから。

その後のはなし

ＡＫＢ48の新曲『軽蔑していた愛情』、その歌詞を聴くうちに、今回のお題を思い浮かんだ。

偏差値次第の階級で
未来が決められてる
もう頑張っても
どうしようもないこと
ずいぶん前に
気づいてただけ

43 ミスター・ライアー・大仁田厚

邪道極まれり‼

昨年10月、7度目の引退試合を終えたプロレスラー・大仁田厚が、2018年4月15日投開票の佐賀・神埼市長選に出馬した。今は選挙戦真っ只中。当選すれば政界復帰を果たす。

「またかよ⁉」と思う人も多いことだろう。かく言うボクも、プロレスラーの政治利用には眉を顰《ひそ》める派だ。

しかし、そんなボクですら、この夜空に鈍い光を放つ大仁田という名の星屑の軌道に、これまで何度も引き寄せられ、巻き込まれてきた。

そして「佐賀」で出馬すると聞き及び、27年前の在りし日を想起した。

ボクが大仁田厚と初めて会ったのは、1991年8月16日の佐賀だ。

鳥栖駅前の広大な操車場跡の空き地に4万人の観衆を集めたプロレスとロックの合同イベント『炎のバトル』開催前夜。

翌日のトークコーナーに出演する高田文夫の鞄持ちとして同行した我々、浅草キッドも主催者による宴に招かれていた。

「おお、高田先生！　遠路はるばる、よくぞ来てくださったぁ！　是非こちらの上座へお座りください!!」

酒を1滴も飲まない下戸の大仁田が、独特の大仰な言葉遣いで話すさまは時代劇がかっていた。

「高田先生！　ワシが天下を獲るのに何卒、お力添えを！」

大の男が正座して畏まる姿は、まるで勝海舟と対峙する西郷隆盛のようだった。

翌日、我々が4万人の前で余興としてアキラ100％風の踊りを「フリチン隊」の名で披露したのに続き、打ち上げ花火、メインイベントとして大仁田の電流爆破マッチが行われた。

当時、ボクは大仁田厚率いるプロレス団体「FMW」に夢中だった。

90年代初頭、UWFをきっかけに、プロレス界は格闘路線の真っ只中にあった。

だが、プロレス引退からカムバックした大仁田は、デスマッチ路線という真逆のコンセプトを打ち出した。

やがて有刺鉄線や電流爆破を用いた、禍々しさ満載のスタイルが話題を呼ぶ。

醒めたリアリズムより、泥臭いフィクションでも熱くなりたいというファン心理をつき、全財産5万円から始まった極貧団体のサクセス・ストーリーと「涙のカリスマ」というキャラクターで、大仁田は一躍、時代の寵児になっていった。

一方、我々もテレビ東京『浅草橋ヤング洋品店』のレギュラーに抜擢され、各界の奇人変人を捌く猛獣使いぶりが注目された。

また〝プロレス大好き芸人〟の走りとしてバラエティ番組に出始めると、必然、大仁田と共演する機会が増えた。


大仁田は人気絶頂の1995年に2度目の引退。が、わずか1年半であっさり復帰すると、タレント活動と並行して41歳で高校入学。

2001年には明治大学に進学後、突如、政治の道を志し、参院選に出馬・初当選。政治活動を行いつつ、プロレス興行の集客のために2010年まで6回も引退と復帰を繰り返し、周囲を驚かせ、同時に辟易させた。

それでも自称〝ミスター・ライアー〟として開き直り続けた。

フェイクニュース流行りの今、この男のショーアップ、性根、商魂ぶりは、ある意味、時代を先取りしていた。

大仁田厚の最盛期は2000年、メジャー団体・新日本プロレスへの挑戦だ。

当時、引退していた長州力と1年8ヶ月かけて一騎打ちにこぎつけた。

当初は世間に冷笑されていたが、両者の橋渡し役を務めたテレビ朝日のアナウンサーに対する大仁田の恫喝ぶりが「大仁田劇場」と持て囃され、いつしかプロレス中継の目玉企画となっていった。

あまり知られていないが、実はこの頃の大仁田とボクには接点がある。

我々がメイン司会を務めたCSのマイナー番組で、当時、大仁田と反目していた『週刊プロレス』元編集長のターザン山本に〝逆挑戦〟させる企画を実行。まだ無名の若手芸人だったマキタスポーツと東京ダイナマイトのハチミツ二郎にターザンからの挑戦状を持たせ、夜間高校に通っていた大仁田の下校時を狙い、校門前を襲撃、直訴したのだ。

正真正銘のアポなし企画とはいえ、待っていたのは、大仁田からのハードな洗礼だった。「俺を馬鹿にしてるのか？」と2人を小突き回し、「関係者を出せ！」と怒号をあげ、頬に強烈すぎるビンタを張った。

そのビンタは、プロレスの一線を越えたビンタであった。

芸人とプロレスラー。共に人前に身を曝す職業ではあるが、その境界線を「またぐ」ことを大仁田は、簡単には良しとしなかったのだろう。

その後、大仁田とターザン山本は、本当に後楽園ホールで有刺鉄線デスマッチを戦った。

そして、20年近い月日が流れた。

昨年5月に大仁田の7度目の引退が発表されたが、そこに噛み付いたのが、芸人・東京ダイナマイトのハチミツ二郎だった。二郎は、本を正せばボクの郷里、倉敷の後輩であり、東京ダイナマイトは浅草キッドの一番弟子だった。

オフィス北野を退社する際、師弟関係を解消し、その後は芸人とプロレスラーを兼職。現在は吉本興業に所属し、漫才師としても劇場ではトリを務める大看板、名を成した。

彼は大仁田との対戦を要望し、「僕が新人だった頃、浅草キッドの指示のもとのロケ企画に腹を立てた大仁田さんから殴る蹴るの暴行を受けた。次の日の朝まで痛みが残るような激しいものだった。新人の僕が、ジャンルは違えどプロは厳しいと叩き込まれた瞬間でもあった。けれども、やっぱり大仁田厚をぶん殴りたい。引退するということで、今、やらなきゃ気が済まないと思いました」と、その挑戦理由を語った。

若き日の理不尽な扱いを記憶し、舞台＝リングの上で、その遺恨を晴らすのが、芸人でありレスラーだ。

２０１７年10月7日——。

両者は横浜市の鶴見青果市場において、ノーロープ有刺鉄線電流爆破バットデスマッチで対戦した。

同日、ＴＢＳの『オールスター感謝祭』が開催されていたが、二郎の「感謝祭」に招かれた因果者は数多い。

ボクをはじめ、ターザン山本、マキタスポーツ、プチ鹿島、長州小力、サンドウィッチマン伊達が、それぞれ別々に集まった。

何より、赤坂マラソンの常連、猫ひろしが、この会場に来たのには目を疑った。

メインイベント直前に、小用を催した。向かいの『イオン』にしかトイレはない。

マキタとプチ鹿島と3人で、県道を横断して、人けのない生鮮食料品売場を歩きながら、まるでミッキー・ローク主演『レスラー』のようだと話していると、トイレに人影が……大仁田厚だった。

「博士ぇえ！　何故ここに？」

「実は二郎は昔、ボクの弟子でした。彼の決意を見届けに……」

「しつこいんですよぉおお、彼は……」

傷だらけのスカーフェイスで、鏡を見つめて大仁田が答えた。

オフステージで人生で指折りの味わい深いシーンを見た直後、朧月夜の下、リングに上がった2人の対決で炸裂した電流爆破の閃光は、まるで花火のようだった。

その後のはなし

読者の皆様の予想通り、２０１７年10月に7年ぶり7度目の引退をしてからはや11ヶ月後、大仁田厚は８度目のレスラー復帰を果たしたのだった。

もう、文字でも追っかけるのはやめようと思う。

44

笑福亭鶴瓶

初めてのCM

この日、笑福亭鶴瓶師匠との久々の共演、ももいろクローバーZとの初共演に、ボクは桃色に色めき立っていた。

2017年12月21日——。

世田谷区砧にあるTMCスタジオへ、関西テレビ『桃色つるべ』の収録のゲストに呼ばれた。

この日は5本撮りの過密スケジュールだったが、休憩時間、スタジオで立ったまま休んでいる鶴瓶師匠のもとに挨拶に伺った。さすが、落語会の重鎮、座っても、立っても様子がイイ!

「ご無沙汰しております。師匠、今日はこの本についてお話しします」

そう言って『藝人春秋2』の上下巻を手渡し、しばし、お時間を頂く。

「師匠、このことはお気づきではないと思いますが、今日はツルビート結成1年の記念日ですね」

「ん? つるびーとって……? あー、たけし兄さんと即興でやったやつやん。あれ、1年前の今日なんやー。そんなん知らんかったわー」

ちょうど1年前の12月21日、テレビ東京『チマタの噺』のロケのなかで、浅草の演芸劇場、東洋館を訪ねた我が師匠・ビートたけしと鶴瓶師匠は、何も知らない客前にサプライズで突如現れ「ツルビート」のコンビ名で即興漫才を披露した。

ふたりが漫才をするシーンをテレビで観て、ボクは芸人として湧き上がるような衝動に駆られた。

「何歳でも、客前に立つんだ！」

1986年、ボクは24歳でたけし軍団に入り、後に相棒・玉袋筋太郎となる赤江祐一と共に、ビートたけしを生んだ伝説のストリップ小屋「浅草フランス座」で1年弱、住み込みの修行をした。

フランス座は、井上ひさし、渥美清、たけしの師匠・深見千三郎、東八郎、コント55号などを輩出した喜劇の殿堂であり、ボク、小野正芳が芸人・水道橋博士に生まれ変わった原点の地でもある。

現在「浅草フランス座演芸場 東洋館」の名で都内唯一の〝いろもの寄席〟となったこの舞台に再び立つべく、2016年3月26日に立ち上げたのが、水道橋博士トークショウ『ザ☆フランス座』だ。

そして、鶴瓶師匠にチラシを見せながら、来たる1月18日の第5回公演に、ナイナイの岡村隆史がゲスト出演することを告げた。

「自分と岡村のふたりで？　そら、ええことやでぇー！」

鶴瓶師匠も、チラシに使われた若き日の岡村とボクのツーショットを眺めながら大きく頷いてくれる。

「師匠、昔、浅草キッドがゲストの『いろもん』で言われていた、『無学の会』も機会があれば……」

「自分、よー覚えてくれてんなー」

1999年に鶴瓶師匠司会の日本テレビのトーク番組『いろもん』に出た際、師匠が主催する『無学の会』への出演を請われた。

この会は、六代目・笑福亭松鶴（鶴瓶の師匠）の自宅を寄席に改装して、演芸奨励のために始めた勉強会だ。月一ペースで開催しており、既に220回を超えている。

そして、今、ボクが、ビートたけしの落語家名である「立川梅春《ばいしゅん》」の一番弟子として「立川梅性《バイセクシャル》」の芸名を戴き、落語の・ようなものを始めたことを伝えた。

「まだ一度しか高座に上がっていませんが、ひとりでもできます」

「わかった、覚えとくわぁ！　絶対、オマエ、今度、誘うからな！」

わずかな時間の立ち話ながら、鶴瓶師匠と強い契りを結んだ。


そして、本番収録へ入った。

岡山県倉敷市出身のボクは、全国区の人気者になる以前から鶴瓶師匠には馴染み深く、実を言えば、初めて生で見た芸能人も師匠だった。

「中学の時、天満屋百貨店のサテライトスタジオで司会をされていた20代の師匠を見ました。アフロとオーバーオール姿で、まるでアンドレ・ザ・ジャイアントでしたよ！」

「あー、あんとき、地元の中学生とか、よお来てたもんなー」

「それで師匠、今日はどうしても、ご覧いただきたいＶＴＲを持ってきました……。当時、母方の実家の会社が師匠を起用していたCMです」

「何やて⁉　ちょっと待って、それってハエ取り紙のやつ？」

「はい、ハエ取り紙の『カモ井』のCMです」

「自分、『カモ井』の息子？」

「正確には親戚ですが……」

「すご〜い！」と桃色の歓声。

「昔はハエ取り紙の会社だったのが、今は女子に人気のマスキングテープを作っていまして。塗装用から装飾用文具に応用させたアイデアが世界的に大ヒットしています」

「ハエ取り紙って何ですか？」

平成6年生まれの百田夏菜子が不思議そうに聞く。

「昔は魚市場とかハエがよーおんねんけど、飛んでるのがうわーっと取れんねん」と、鶴瓶師匠のハエを追い払うかのような粗雑な説明に、百田のエクボの微笑が引きつった。

「今のようにゴミ処理場が整備される以前はハエが多くて、食卓やお茶の間に、ハエ取り紙って粘着紙をぶら下げていたんです」

「若い子は知らんやろうな。でもホンマ、『カモ井』のハエ取り紙って有名やってんで。そこのCMなら『出るわ！』言うて。初めてのCMやぁ……でも、びっくりしたわ。オマエ、その話、俺に言うたことある？」

「初めて言いました。だから中学時代、我が家では見下した感じで〝つるべ〟って呼び捨てでしたね！」

「そこでワシが使うてもろてたんかい。お世話になったわ」

「でも、あの広告って、78年のＣＭ賞獲ったんですよね」

そして、スタジオのモニターに40年前のセピア色のＣＭが流された。


収録後の帰途、ボクの担当マネージャーＮが珍しく車に同乗した。

「お伝えしたいことがあります」と畏まると、

「……スミマセン、私、退職します」と告げられた。

「えええええ――――！？？？」

「来月、妻と一緒に故郷の新潟へ帰ります」

「…………」

つい数日前、妻君同席で吾輩主催の結婚祝いの宴を設けたばかりだった。

8年間、二人三脚で走り続け、強く信頼していただけに絶句した。


２０１８年1月15日――。

ももいろクローバーＺの有安杏果《ももか》が突如、グループ卒業と芸能界引退を発表。翌週のライブがラストと報道された。

ボクが出演した『桃色つるべ』は、1月12日、19日と2週続けて関西でオンエアされた。

「縁《えにし》」が結ぶ「星座」とは何かを、ももクロに語りかける回だったが、収録時、イメージカラーが緑《みどり》の、有安杏果の「心此処にあらず」な表情が気になってはいた。

その後、番組関係者に確認したところ、有安の卒業報告とボクがNマネから突然、退職を告白されたのは同じ日であった。

表舞台も舞台裏も、人生は出会いと別れの連続だ。

芸能界は、表は明るく賑やかな〝哀しき紙芝居〟なのだ。

その後のはなし

2021年の正月で、23年間続いた『鶴瓶&志村のあぶない交遊録』(テレビ朝日)が最終回となってしまったのは誠に残念なことであった。

しかし、鶴瓶師匠はますますお元気。

本文中の『無学の会』について補足すると、大阪市住吉区の高級住宅地、帝塚山にある六代目笑福亭松鶴師匠の旧邸宅を弟子の鶴瓶師匠が改装した和風ホールで、毎月『帝塚山 無学の会』という落語、演芸、トークなどのイベントを、スペシャルゲストを招いて行っているものである。

コロナ禍であった2020年はわずか7回しか催されなかったが、それでもゲストに吉田沙保里、ミルクボーイ、さかなクンなどなど多彩なゲストを招いてトークを行った。

2019年には、あいみょん、神田松之丞（現・伯山）も登場しているスペシャルな催しだ。

いつかボクも、芸人として、お招きを受けられるよう日々精進するのみである。

45

拝啓 週刊新潮 様

去る4月1日——。

ボクは、たけし軍団の兄さん3人（枝豆・ダンカン・義太夫）と共にブログで声明文を発した。

エイプリルフールではない。

極めて真剣に、一連の「ビートたけし独立」報道に対する異論と、オフィス北野の森社長に対し、法律面から懸念を持たざるを得ないことを表明したのだ。

今回の騒動は、1986年のフライデー襲撃事件と並ぶ、平成の〝無血フライデー事件〟とも言える騒動であり、師匠の〝怒り〟に〝響き〟で応えた、たけし軍団の決意表明であったとも思う。

そして、2週間後の4月15日。

渋谷のレンタル会議室で森社長と、たけし軍団は急転直下、和解が成立。

現在は事態収束に向けて、一致団結している状況にある。

ところがある週刊誌により、依然として報道は混ぜっ返されている。

それが、件の講談社の雑誌や新聞に厳しく書かれるのなら仕方のないことだが、よもや殿（ビー

トたけし）が長年、原稿を寄せてきた「新潮社」から背中を撃たれようとは、思いもよらないことだった。

現在の『週刊新潮』の編集長殿はご存じないかもしれないが、かつてビートたけしは1998年に『新潮45別冊　北野武編集長　コマネチ！』というムック本を出版し、新潮社に対し多大な利益貢献をした。

初版の10万部は2日で完売し、書店から注文が殺到。10万部刷ったその日に、さらに8万部の増刷が決定し、同書の担当編集者で元『週刊新潮』編集長の早川清氏は「風速50mの売れ行き」と表現した。

また、その後、ムック本としては異例の文庫化までされている。

その後も、『新潮45』に月刊で連載していたコラムも1991年から『だから私は嫌われる』シリーズとして次々と書籍化され、いずれも10万部を超えるベストセラーになってきた。

勿論、最新作の小説『アナログ』も、新書『バカ論』も新潮社からの刊行だ。

つまり、今まさに社内に多くの担当者がいることを忖度しないまま、『週刊新潮』は今回、たけし軍団とオフィス北野の「事情説明会」の音声データを流出させ「恐怖の会議」と銘打った。

2時間におよぶ会議の音声のなかから、たけし軍団のメンバーがやや語気を強くした部分〝だけ〟を切り取りセンセーショナルに報じた。

説明会の大部分である、株の移動、会社の縮小についての報告はまるでなかったかのような印象を読者に与える記事にボクは大いに疑問を感じた。

さらに、記事では「軍団が一方的に社員を責め立てる『糾弾会』のようなもので、社員の多くは恐怖を感じたそうです」と書かれている。

しかし実際には、この会において森社長の声があまりに小さく、また会社の事務的な手続きについての説明においても要領を得ないまま話が続いたため、軍団がところどころ問題点をクリアカットし、声高に拾い上げざるを得なかった、というのが同席していたボクの印象だ。

そもそも、あの日、軍団は会合の前に集まり、恫喝的な物言いにならないように言葉遣いを確認し合っていた。

それがまさか、隠し録りの音声を恣意的に利用され、印象報道に用いられることになるとは……。

そして、赤坂の会議室に集められた社員の大半は、その場で初めて会社の現状を知り、突然、自分たちがリストラ対象であることを知らされたのだ。

恐怖を感じたというより、精神的にダメージを受けたのは当然のことだと思われる。

結果、退職する者はマスコミに対して説明会を批判的にリークしたケースもあっただろうし、その行為についてボクも一生活者として「告発して当然」と、むしろ同情をも感じるほどだ。

ボク自身は、これらの会議の出席者でありながら、会社に於ける立場としては、オフィス北野の新しい株主となった軍団8名のうちの1人でも、会社側の人間でもない。

たけし軍団の一員だが、やや俯瞰的な位置に居る。

何より伝えたいのは、ボク個人、先代、先々代と自分を担当してくれたマネージャーには大変な恩義を感じていることだ。

とりわけ、ここ数年はレギュラー番組を自己都合で降板したり、体調不良があったため、マネージャーには業務以外の面でも大きな負担をかけており、その想いはなおさらに強い。

芸能界の仕事では、どのような給与体系で人を雇うのかが難しい。

特にタレント、マネージャーは極めて特殊な職種で、他業種と比較する給与データもほぼない。

今にすれば、テレビ局にタレントの営業をかけ、その結果に対して成果給を上乗せするなど、緊張感とモチベーションを高める雇用契約もありかと思うが、給料とボーナスが、社長のお手盛り状態であったのなら、タレントとの信頼関係が失われるのは当然だ。

ましてや、たけし軍団の一軍は、この会社の創業メンバーでもあるので、「井手らっきょの熊本帰り」で発覚した社員の厚遇に対して、その冷遇ぶりは殿の目に余るものがあったわけだ。


そしてもう一つ、新潮の記事で残念なのは、露骨に「ビートたけしが同居女性に洗脳されている」という結論ありきの記事であり、そこへ向かって全てがミスリードされている点だ。

過去、数々の〝おねーちゃん〟が、ビートたけしのネタの肥やしとなり、時にはタレント人生の危機に陥らせたりもした。

だが今回は、殿自身が語るように「もう勃たない」71歳の老境であり、愛欲で周囲が見えなくなるような倒錯に陥る可能性や必要性など一切「ない」とだけは側近として断言できる。

その言いがかりだけは、殿もあまりに「不本意」であろう。

タレントは概して、事務所との間で仕事があった分だけギャラを貰う歩合制か、仕事があってもなくても毎月の一定の給与が支払われる給料制かを選ぶことになる。

その意味では、我々たけし軍団自身の自己研鑽の問題と、それと並列して事務所が映画、役者部門を重視するあまり、お笑い部門のプロモーションに消極的であったこと、そこに気づきながら、その対応が遅れたことは大きな論点として残されたのだろう。

また、今回の株式未公開企業の〝内輪揉め〟。

内部統制のとれた大企業に勤めておられる会社員の読者の方々からすれば、何ともお粗末な話に見えることだろう。

一方で「ウチの会社の賃金交渉に比べればなまぬるい」「我が社の株主総会に比べれば仲良しクラブ」といった感想も頂いた。

しかし、芸界に連綿と流れる「義理と人情」の価値観、師匠と弟子の特別な濃厚な関係性も一般社会にはわかるまい。

声明文という方法も、世間からの誤解、強い批判は承知の上、様々な曲解、お叱りもあったなかで、『週刊プレイボーイ』誌に掲載された、オール巨人師匠の連載コラムだけが、軍団、全面擁護の文面であった。

「師匠のためなら死ねる、という芸人特有の感覚」という見出しと共に、

「軍団の人たちは正直よう言ったーと思いますよ。今後の仕事に影響する可能性もあるのに、それでも団結して師匠を守るためにブログなどで発表して自分の気持ちにウソをつかないことを選んだ。彼らは批判されることを気にしないでしょうし、むしろ矛先が自分たちに向くのであれば本望でしょう。たけしさんは本当にいい弟子を育てはりましたね。口には出さないでしょうけど、涙が出るほどうれしいと思いますよ。一般の方々には、この『師匠を持つ』という感覚は理解できないかもしれません」

と書かれていた。

この文章がどれほど、我々弟子一同にありがたかったことか。

この騒動に関して、ボクが言えるのは、以上のことが全てだ。

ファンの皆様、関係者、所属タレント、社員、ご家族にご心配、ご迷惑をおかけしていることを深くお詫び申し上げたい。

そして、本件の自己懲罰として、この連載を5回伸ばすことにした。

どうかライバル誌『週刊新潮』殿も、このワタクシメの『藝人春秋Ｄｉａｒｙ』のラストスパートにご注目あれ！

敬具

ビートたけし初の自伝『たけし！ －オレの毒ガス半世紀』は、人気絶頂期の１９８６年７月に講談社から単行本で出版され大きな話題となった矢先、同年12月の講談社フライデー編集部襲撃事件により絶版となった。出版社というものが如何に縦割り組織で、文芸部で取引があっても、週刊誌班は平気で寝首を掻くような恩知らずな連中であるかをこの時、師匠は悟ったはずだ。

フライデー事件は写真週刊誌の取材方法について世論を喚起し、多くは「たけしの側」に付き、結果、文藝春秋社の『Ｅｍｍａ』を皮切りに、小学館の『ＴＯＵＣＨ』、２００１年にはこのジャンルの草分けであった新潮社『フォーカス』も休刊となった。

１９８５年、新潮社の天皇と呼ばれる闇の編集者、斎藤十一の肝いりで月刊誌『新潮45』がリニューアルされ、斎藤のお気に入りであったビートたけしはここで数々の対談連載を行い、別冊刊行するなど蜜月が続いた。２人は直接会っていないにもかかわらずだ。

しかし師匠が２０１８年３月でオフィス北野を退所することになった頃から、『週刊新潮』の記事を巡り新潮社そのものと軋轢が生じ、絶縁状態となった。付き合いのあった『45』編集部、文芸部の担当者たちの「週刊誌とは班が違うので何卒……」という説明は師匠にはもう届かなかった。

同年９月、杉田水脈の「ＬＧＢＴ論文」で『新潮45』は休刊。識者からは「斎藤十一というカリスマが生きていたら、こんなもの掲載しなかっただろう」という声もあがったが、『週刊新潮』のたけし記事も然りであろう。

2013年の『マボロシの鳥』、2017年の『文明の子』など、新潮社から小説を出し、高評価を得ていた爆笑問題・太田光も『週刊新潮』と衝突した。2018年8月「爆笑問題『太田光』を日大に裏口入学させた父の溺愛」という記事を掲載。裁判は現在も継続中である。

思えば、2010年9月号の『新潮45』では、立川談志、ビートたけし、太田光の鼎談が掲載されるなど、新潮社という会社は、東京演芸界に流れる、人脈ラインの根底をよく理解していた会社であったのに……。斎藤十一亡き後の『週刊新潮』編集長が部数アップのためか、単なる無知蒙昧のためかは知らないが、彼が仁義を疎かにするほどに、長年愛読してきた者たちは、近年の『週刊新潮』に強烈な違和感を感じてきたはずだ。

新潮社と絶縁以降、2019年年末から、一気に5冊の小説を上梓するなど、師匠の執筆意欲は旺盛だ。2020年12月には、一冊のエッセイを出した。

「時代が大きく変わっていく。

万物は流転するし、盛者必衰はこの世の常だ。

おまけにコロナウイルスなんてものまで世界的に流行《はや》ってしまった。

なんて慌ただしい世の中だ。

資本主義やらテクノロジーやらで、何かと騒がしいこの時代。

これからますます時代の大変化は避けられない。

だから、これからは、いろんなものが大きく変わっていくだろう。

いろんなものが消え失せて、少しずつ忘れ去られていくだろう。

だけど、忘れちゃいけないものもある。

きっと、あるはずだ。

俺は、この時代に向けて、「弔辞」を読もうと思った。

たとえ、消える運命にあるものでも、それについて、俺自身が生きているうちに別れのメッセージを伝えておこうと考えた」

タイトルは『弔辞』だ。

この本を上梓した出版社が、なんと、かつてビートたけしが『ＦＲＩＤＡＹ』を襲撃した仇敵「講談社」であったのには正直、驚愕した。

時代は変わっていく。

46

グッドリッチ

剛力彩芽

この連載も残り数回、いよいよラストスパートだ。

挿絵の江口寿史先生は、当代きっての美人画の名手。「博士に毎週、爺《じじい》を描かされる」との本人のクレームもある。出来ることなら、先生の画力が遺憾なく発揮される、夢現《ゆめうつつ》の境に揺蕩う美女をご提供したい。

なので今回は、剛力彩芽だ！

彼女は韓国風オルチャンメイク美女の粗製乱造のご時世において、デビュー以来、剛力無双な「美」を誇り続ける国民的アイドルだ。

芸能界の剛力ファンと言えば明石家さんま師匠が有名だが、実は、我が師匠・ビートたけしも彼女に魅せられた1人だ。

2015年4月27日、日テレ『しゃべくり007』に殿が出演した際、好きな女優やアイドルについて質問され、しばし考えた後に、「あ、最近、可愛いと思ったのは剛力さん。……スゴい可愛い目をしている」と、剛毅果断に言い放った。

弟子としても驚いた、この殿のアンビリバボーなこの発言。

『奇跡体験！アンビリバボー』の共演者ゆえのリップサービスかと最初は勘ぐったが、番組では普段、殿と剛力はブロック撮りで顔合わせすることがないはず。

合点がいったのは、その後、島田洋七師匠から話を聞いた時だった。

現在、洋七師匠は剛力と同じく、米倉涼子、上戸彩、菊川怜、武井咲ら〝オスカー美女軍団〟と呼号される美女タレントを数多擁する圧倒的女性上位事務所のオスカープロモーションにおいて、〝♂《オス》部門〟に何故か所属している。

そんな洋七師匠が、殿と会食中、偶然居合わせたオスカーの会長に挨拶に向かったところ、その場で会長から殿に剛力を紹介されたという。

その時の彼女の美しさが、いまだに、殿の目に焼き付いているようだ。

ボクは毎週、ＭＸテレビの生放送で共演している洋七師匠に、この日の詳細を確かめた。

「剛力ネェさんやろ？　おーたよ」

「ネェさん？」

「事務所の先輩やから、ネェさんや！　言うとくけど、メチャメチャ、綺麗かったよ‼　あれは現実に存在せんくらい綺麗や。あれはウソや、幻やで！　ホンマ！」

と、いつもの洋七節で答えた。

そして、その剛力彩芽、御年25歳が、4月29日インスタグラムで突然の交際宣言をした。

お相手はファッション通販サイト「ZOZOTOWN」を運営する「スタートトゥデイ」の前澤友作

社長、42歳！　彼女は熱愛を認め、交際に至るまでの経緯を明かし、「温かく見守っていただければ嬉しいです」と綴っていた。

この前澤社長のモテ遍歴、剛腕ぶりはつとに有名だろう。20代で会社を立ち上げ、２００７年に東証マザーズに上場した際の時価総額は３６６億円だったが、昨年夏には大台の1兆円を突破。たった一代でここまで成し遂げた前澤社長は、現在、千葉の１００億円の豪邸に住む独身なのだから……そりゃ、モテるに決まっている！

さんま師匠は、今回の一大事に、「ZOZOTOWNの社長はモテはんのやろなあ。けど、俺とどこが差があるねん？　俺、仕事もできるもんなあ。金あるぞ！」と、大阪のＭＢＳラジオ『ヤングタウン』で大いに嘆いた。

一般の多くの人は何処で、こんな運命の出会いがあるのか、憧憬と共に疑問に思うであろう。が、何を隠そう、実はこのボクも、かの前澤友作から口説かれたことがある⁉

それはもう10年も前のこと。

２００９年7月22日に収録された『地頭クイズ　ソクラテスの人事』というＮＨＫの疑似面接試験、就活バラエティでの出来事だった。

番組趣旨は、毎回、企業3社の人事担当が実際に面接試験で使うような難問をタレントに出題し、即興で答える形式。

面接企業には、ＮＨＫでありながら実在企業が実名で出演。

それどころか、ライバル局である日本テレビも登場し、その担当官として『電波少年』でお馴染みの土屋敏男が出演する異例ぶり。

詰め込みの知識や常識では太刀打ちできない、まさに〝地頭〟の良さが試される番組だった。

司会は、南原清隆、高田純次、ほしのあきの3人。

回答者にはボクの他に、青木さやか、スピードワゴン小沢、劇団ひとり、中谷彰宏、やくみつる、ローラ・チャンがいた。

その日の面接企業は、「ミズノ」「日本テレビ」「スタートトゥデイ」の3社。

そして件の前澤社長本人からの出題は、以下のようなものであった。

「某大手製薬会社が今まで不可能とされてきた新薬の開発に成功。ノーベル賞を受賞しました。その新薬とは一体どんな薬だと思いますか？」

ボクは制限時間の3分間でフリップに「あらゆる薬の副作用をなくす薬」という回答を記入したところ……。

なんと審査員からダントツの高評価を受けたのだ。

前澤社長は選評を求められ「この問題で、『某大手製薬会社』『ノーベル賞』はリアルなので、回答者には現実的に考えていただきたかった。しかし、自分の欲求・欲望・願望を薬にしたいと思われている方が多かった。自分の実体験に基づいたものでも良いのですが、正直、ノーベル賞は世の中の人が必要としているものでないと獲れません。世界的な視野がどれくらいあるのか、リアルな医薬品の効能でないといけないと思ったので、その観点から水道橋博士を選びました」

とボクを大絶賛してくれたのだ。

そして番組の最後に各社からの合否が伝えられ、ボクは「ミズノ」と「スタートトゥデイ」の2社から合格通知を貰った。

前澤社長からは総評として、

「すべての回答に、想像性、そして、話を組み立てる創造性があって、当社が求める『想像力と創造力』に水道橋博士が一番秀でていると思いました」

とボクの芸能史上、かつてないほどの称賛を頂いたが、それはもはや、いたたまれない気持ちであり、むしろ、ただただ恥ずかしいほどの経験だった。

嗚呼、あの時、お誘いを本気にして、途中入社していれば……。今頃……。

選ばれし者と選びし者——。

剛力彩芽は、2002年、オスカープロモーション開催の第8回「全日本国民的美少女コンテスト」で予選敗退した過去を持つ。それでも、その場でオスカーにスカウトされ、今に至る活躍だ。

その剛力が自らの心を捧げられる男性を1人選ぶ立場になった時、これまで多くの就活生を篩《ふる》いにかけてきた前澤社長は、逆に剛力から奇跡の確率で選ばれた。

17歳の歳の差を超えて、剛力彩芽に選ばれる前澤社長は、どれほどの天に選ばれし果報者か！

馬鹿野郎ォ！　正直、羨ましいゾ!!!

ここに、島田洋七師匠が、佐賀のがばいばあちゃんから言われたという、人生の格言を引こう。

「人間死ぬまで夢を持て。その夢が叶わなくても、しょせん夢やから。誰でもスタートトゥデイや（嘘）」

その後のはなし

今回のタイトルは、格闘家・故・〝豪腕〟ゲーリー・グッドリッジの二の腕の刺青「剛力」にちなんだ。まさに〝豪腕〟のグッドリッチたる前澤社長は、会社を手放したり、新たに起こしたり、お金を配ったり……。この後も、次々と世間を沸かせる矢を放った。

で、剛力とは別れたり付き合ったり……。

今は2人の関係がどうなのかは、田代まさしが獄に入っているのか入っていないのか、と同じくらいわからない。

47 倉敷人・前野朋哉とMEGUMI

2018年1月27日——。

羽田空港発岡山行きのJAL便の搭乗口ロビーでひとり座っていると、突然、後ろから声をかけられた。

「はかせしゃぁ〜ん」

冬の朝、乾いた逆光が眩しく、誰かと思い目を凝らすと白いマスクで顔を覆った江頭2：50だった。しかも、時刻はちょうど7時50分。会うのは随分と久しぶりだ。

「何処へ行くんでしゅかぁ?」

「年末にね、母が亡くなって……その四十九日で倉敷へ帰るんだよ」

「あらー、そうだったでしゅかぁ!」

空路で1時間強。岡山空港では桃太郎の顔がアップになったポスターがボクを出迎えてくれた。

東京でもよく見かける岡山の観光PRポスター「もんげー岡山!」シリーズの1枚だが、岡山出

いえ ちがいます エビス じゃない です
あ 新井？ ひろふみ？ ちがいます

身の漫才師・千鳥のものから、いつの間にか蛭子能収そっくり顔の人物が桃太郎に扮するバージョンに替わっていた。

「このポスターのひと、誰だろう？」と、この時、密かに思った。

岡山空港から、タクシーで倉敷の実家へ向かい兄と再会した。

実家で喪服に着替えながら、ふとテレビに目を遣ると、NHK岡山制作のローカル番組が放送されていた。司会は、倉敷出身のMEGUMI。彼女とは以前、名古屋のテレビ局で3年間、共演した仲だ。番組名を調べると『レシピ　私を作ったごはん』とあった。そして、この日のゲストは、連続テレビ小説『わろてんか』に出演中の前野朋哉。昨今のauのCMでの一寸法師役や、映画『桐島、部活やめるってよ』での高校生役も記憶に新しい注目の個性派俳優だ。この時点でピントが合った。空港で見た岡山のPRポスターに写っていた蛭子風桃太郎も、どうやら彼だったのだ。

番組を横目で見ているうち、彼も倉敷出身だという事実に、ようやくここで気がついた！　そして、トークのなかで、同郷のMEGUMIと前野は青春時代に通い詰めた映画館として「千秋座」の名を挙げた。

「せ、せんしゅうざぁあ〜⁉」

ボクは驚きのあまり、テレビの前で大声をあげた。

その後すぐ、「もう行く時間じゃ！」と、兄に促されて迎えの車に乗り込んだが、法要先へと向かう間も在りし日の想い出が押し寄せてきたため、思わず兄に問うた。

「千秋座、今、どうなったん？」

「とっくに潰れとるがぁ！」

数年前に映画館の跡地に商業ビルが建ったと噂には聞いていたが……。

40年前、ボクが隣駅にある国立付属中学に越境通学していた頃、倉敷駅に出る道すがらの商店街に千秋座はあった。映画館の前を通り過ぎる際、必ず上映作品の看板を眺めた。

中学卒業後、地元倉敷の高校に入学したが、高校1年生の時に体調を崩して留年。復学後は〝年下の同級生〟たちに馴染めず、次第に足は学校から映画館へと向かい、やがて映画専門誌『キネマ旬報』に批評を投稿するなど、映画界への憧憬を漠然と抱くようになった。

1979年に公開された長谷川和彦監督の『太陽を盗んだ男』に衝撃を受け、氏の下に弟子入りできないか策を練ったり、またある時は新進の森田芳光監督のスタッフになれないかと算段したり……。映画界への足がかりを夢見ていた。

同時に、この時期、竹中労の『ルポライター事始』を読み、本気でノンフィクションライターになることも夢見ていた。それらは漫才ブームと共にビートたけしが現れ、決定的な啓示を受ける前の、10代の青い妄想だった。

高校3年生の時、思い余って千秋座の支配人に手紙を書いた。千秋座は封切館ではなく、洋画の2本立て興行が主体だったが、併映の作品選びに一筆啓上したのだ。この若気の至りの意見書に対し、後日、支配人から長文の返信を頂き、さらに地元商店街の繋がりで付き合いがあった父の橋渡しもあり、ボクは千秋座で人生初のアルバイトをすることになった。

最年少だったボクは、古参従業員たちに可愛がられ、雑用をこなし、映写室でフイルムの掛け替え作業を教わったこともあった。それは、まるで映画『ニュー・シネマ・パラダイス』のような毎日だった。

NHK、朝ドラの『わろてんか』のモデルとなった吉本せいが寄席を買収し、事業を始めたのが明治45年。その遥か31年前に、千秋座は倉敷の地で芝居小屋として開座した。ゆえに、ボクがバイトで居た頃も松竹新喜劇の藤山寛美の倉敷公演を手掛けていた。ポスター貼りから、本番、撤収まで興行の一切を手伝った。

そんな日々のなか、先輩たちは地方映画館の事件簿をいつも楽しく聞かせてくれたが、唯一〝エロ映画鑑賞事件〟と呼ばれた、地元で語り草になっていた大事件に関しては誰もが声を潜めた。

今年の母の葬いの5年前のこと。兄から「これは誰も持ってねぇよ」と、岡山にまつわる映画の話を蒐集した稀覯本を自慢された。

書名は『まぁ映画な岡山じゃ県！』。著者は世良利和、挿し絵は『週刊文春』の連載『(笑)いしい商店紀尾井町店』で親しまれた、岡山が生んだ4コマ漫画の天才・いしいひさいちだ。そもそも版元の蜻《あきづ》文庫は、いしいひさいちファンが興した岡山の地場出版社であった。

「もしかして、あの本ならば！　あの事件の全貌が書かれているかも」と、ボクはページをめくり、なかに「倉敷エロ映画鑑賞事件」と題された1章を発見した！

そこには、昭和30年代、倉敷の老舗旅館に地元の名士を集め、接待としてブルーフィルムが上映され、世間を騒がす大事件になった珍事の顛末が詳細に描かれていた。その主催者のひとりとして、千秋座の館主が名を連ねていた。

そして、この話が大事件となり、当時、週刊誌で大々的に報道されたが、「東京からやってきた著名な映画監督をブルーフィルムで歓待した倉敷の文化人諸氏の諧謔に、私はむしろ同感することがあった」とレポートした、その署名記事の筆者は誰あろう、ボクが憧れた、若き日の竹中労だった――。


19歳で上京したボクは結局、映画の世界にもルポライターの世界にも行けず、自己実現できたのは24歳の時、殿の下、芸人の道だった。

翻って、ボクが弟子入りした年に倉敷で生まれた前野朋哉は、大阪芸大の映像学科に通い、学生時代から映画監督としての才能を発揮。そして、今や売れっ子役者となった。彼は、ボクが夢想した〝もうひとつの青春〟を成し遂げた人だ。

しかし、人生は不思議だ。

役者になった前野は、ドラマで漫才師を演じ、リアルに「M-1」にも出場した。一方のボクは漫才師が本業なのに、今では文筆業も兼業で行っており、『週刊文春』でルポを書いている!?

母親の四十九日に同郷の前野朋哉から千秋座の想い出を聞くという偶然は、55年前に倉敷でボクをつくった母の「レシピ」が「一日千秋」の想いで引き寄せ、この『藝人春秋』に書かせるという必然だった。

母の四十九日を終えて、実家でボ――と呆けた。

これでボクを生み出した父も母も逝ったので、倉敷へ戻ることも少なくなるだろうと思うと、10代のボクを育んだ景色が、愛しく目に馴染んだ。この家を出て、上京し、意志を持って芸人という名の冒険へ出た。北野武というメンター（導師）の門をくぐり、山あり谷あり、数々の見聞を得た。

思春期に此処ではない何処かへ旅立ちたいという想いを秘めながら入り浸っていた「千秋座」という地元の映画館が、ボクを芸能界という物語の世界へ誘ったのは間違いない。いや「千秋座」で観た数々の映画の本編は、ボクの人生の予告編だったのかもしれない。実際、暗闇で見つめた数々のスクリーンの主人公たちのように、通過儀礼を経ると、ボクも十分すぎるほどの苦楽を味わった。

そして50代を折り返し、もう、この冒険も後半戦なのだ。


2019年、晴れの国おかやまを舞台にしたショートムービー（通称〝ハレウッド〟ムービー）が制作された。監督、脚本は前野朋哉。水野晴郎ならぬ「晴野晴郎」名で出演も果たした。主演は、東京都国立市出身の人気俳優「岡山天音」。公式ページには、見取り図・リリー、東京ホテイソン・たける、空気階段・水川かたまりら、岡山出身のお笑い第7世代実力派漫才師たち（ブルゾンちえみはいなかった……）と、そしてもちろん、前野の千秋座仲間のＭＥＧＵＭＩも、岡山らしさが凝縮されたこの作品に、思い思いのコメントを寄せている。

千鳥を先頭に、岡山出身の芸人が大活躍している様子は同じ地元の老成した芸人としては喜ばしいことだ。彼らの活躍を眺めながら、ボクが経験した想い出話を彼らに語る役どころになっている自分がいることを自覚する。


岡山で、そして倉敷の田舎町で夜空に星を眺めた時、きっと自分は平凡な人生を送るのだろうと哀しく想いを馳せた。しかし、人生に思い入れさえ熱烈に抱けば、そこに広がる星座の物語を自分でも体感できるのだ。

10代の時は、将来を含めささやかな人生だと思っていたが、驚くような運命がまだまだ待ち受けていたのだ。

なぜなら「人生には予告編がある！」のだから。

では、本編は？

それはまた、別の話だ。

48

文武両道　高田文夫

２０１７年11月1日夜――。

浅草東洋館（旧浅草フランス座）にて、水道橋博士トークショウ『ザ☆フランス座４』が開催された。段取りではボクが30分漫談をした後ゲストとして呼び込む流れだったが、冒頭から客前でマイクアピールした。

「先生！　今日は1分1秒でも長くライブを共にしたいので、最初から一緒に舞台に居てください！」

観客が万雷の拍手に包まれると、その迎え手に絆され予定より早く高田文夫先生が登場した。

今年旗揚げした、このトークライブシリーズはビートたけしの揺籃の地、浅草フランス座を本拠地として、いつか殿と同じ舞台に立つことを目標にしている。

前回は、たけしのニセモノ・松村邦洋が、そして今回は、たけしの盟友・高田文夫先生を招聘し、ビートたけし本人が登場するまでカウントダウンを数える展開だ。

「高田先生」は放送作家の〝先生〟だけではなく、ボクにとって舞台の〝先生〟であり、漫才師・

しょうがねえなあ

浅草キッドの育ての親だ。

ちなみにボクは我が子に「たけし」と「文夫」のふたりの名前を継がせる「文武両道」の夢を持っていたが、実際に親となり長男を「武」、長女を「文」と名付けることができた。

「ビートたけしと高田文夫」――。

1981年に始まった木曜深夜1時のニッポン放送『ビートたけしのオールナイトニッポン』の速射砲トークとバカ笑いの合いの手によって、深夜放送の概念は一変した。その〝毒電波〟は、ボクを高校留年の躓きから解放し、大学進学を口実に上京してビートたけしの弟子になるという人生照準を与えてくれた。

生放送終わりの深夜3時、有楽町の局前で出待ちと土下座を続け、7ヶ月後、ようやく弟子入りが叶った。上京から4年後の出来事だった。

入団後は軍団の先輩の付き人としてテレビ局通いの激務が続いたが、舞台の芸が学べなくなる危機感から「浅草のフランス座へ行かせてください！」と殿に直訴した。

「ここにしばらく居れば、芸人のイイ匂いがつくからよ」という殿の口添えもあり、数々の喜劇人を輩出した伝説のストリップ小屋・浅草フランス座に預けられた。

結局、住み込み修行は1年に満たなかったが、ここで娑婆っ気を抜かれド素人から板に立つプロフェッショナルとしての覚悟、芸人の臭気が擦り込まれた。

ストリップ小屋を出てボクと玉袋が「浅草キッド」というコンビ名で漫才を始めた頃、東京には当時マセキ芸能社に所属していた「笑組」の他には目ぼしい若手コンビがいなかったことも幸いしてコンテスト荒らしとして連戦連勝。テレビ朝日『ザ・テレビ演芸』に出演すると、連勝街道を驀進した。

そして迎えた勝ち抜き最終週、10週目の相手は、1978年NHK新人漫才コンクールで、その年、確実にタイトルを獲ると言われていたツービートを奇跡の番狂わせで倒した、東京丸・京平。

この師匠の因縁の相手を、見事、弟子の我々が、審査員票5対0のストレートで下した。

この段階で高田先生の〝大目玉の御眼鏡〟に適い、たけし軍団初の本格的漫才コンビとして認知された。

ちょうど高田先生も立川談志の命により、東京の若手芸人を束ねている最中で事務所の枠を超え、落語家、漫才師、色物、コント師など老若男女入り乱れた大交流組織「関東高田組」を旗揚げしたばかりだった。

この頃からお笑いライブが全盛となり、浅草キッドは春風亭昇太や立川ボーイズ（談春・志らく）など、現在ではすっかり大立者に出世した芸人たちと切磋琢磨の時を過ごした。

そして1997年から、新宿の紀伊國屋サザンシアターの檜舞台で『我らの高田〝笑〟学校』なる定期ライブが開催されるようになった。

校長、つまり席亭は高田先生。我々は、この舞台を漫才師として本腰を入れる本場所に位置づけ、20年間に渡ってトリを務め、毎回30分を超える新ネタを下ろし続けた。

しかし、その屋台骨が崩れたのは2009年のことだった。

レギュラーメンバーであった松村邦洋が東京マラソン出場中、心肺停止で倒れた。

そんな松村の臨死体験と回復をネタにしていた高田先生もなんと２０１２年、心肺停止に陥った。２週間生死を彷徨い、70日間を集中治療室で過ごし、現場復帰を果たすまで７ヶ月を要した。

以降、両人は、女子バドミントンのほうじゃない「高・松ペア」を名乗り、出囃子はトンチを利かせて桑江知子の『私のハートはストップモーション』となった。

我々は高田先生と松村と若き日に、何度もライブを共にしてきた。

それだけに臨死体験からカムバックしたふたりと再び同じ舞台に立つと、日常を超えたライブ芸人特有のゾーンに入る。

ステージで観客によって生かされるのが芸人であり、その職業的使命感を満たされた時の達成感、多幸感を、より身に沁みて感じ入るのだ。

『ザ☆フランス座』では、この日のために「高田文夫年表」を制作し無料配布した。20万字を超える過剰な年表を手渡すと、高田先生は大きい瞳をさらに見開いて破顔した。

「スゴイなア、有り難いヨ、うん。でも字が小さすぎ。読めないよオ〜この老眼殺し！　クックックック」

当然、本番でも年表を軸にトークを展開する。

「先生は現在69歳。沢田研二さんと生年月日が同じなんですよね？」

「そう、昭和23年6月25日！　ジュリーは『ＴＯＫＩＯ』のパラシュートが凄かっただろ？　あれを俺が観て、フジテレビに『あの衣装借りて、タケちゃんマンやろう』って企画して、脚本書いたんだよ！」

「これはあまり知られてない話ですよね。その殿も古希になりました」

「タケちゃんは一つ年上なの。俺は69。こっちがホントの浅草六区！」


当意即妙な受け答えに会場が沸く。老いてなお盛ん、ロックな人生を送っている高田先生に関東お笑い人との華麗なる現場交遊録を語ってもらったのだが、なかでも永六輔との交流は白眉だった。

高田先生は大学時代、放送作家を志し、当時、飛ぶ鳥を落とす勢いの永六輔に弟子志願の手紙を出すが、返事には「師匠なし弟子なしで来ました。友だちならなりましょう」とあった。

やがて放送作家・高田〝ギョロ目〟文夫として、漫才ブームと共に自力で売れ始めると、今度は永六輔から手紙が送られてきた。そこにはこう綴られていたという。

「今からでも遅くありません。弟子になって下さい」


そして月日は流れ、高田先生が大病に倒れ、永六輔もパーキンソン病で車椅子生活に。そこでふたりは再会し、一緒にトークライブを始める。

タイトルは「横を向いて歩こう〜パーキンソンvs心配停止〜」だ。

２０１６年の七夕に永六輔が永眠。

そして一周忌を終えた今年7月、突然、永六輔の孫が先生を訪ねてきた。

なんでも東大を休学して祖父の逸話を本にまとめ上梓したという。その青い行動力を高田先生もひと目で気に入り、彼を酒席に誘う。

「キミは将来、何になりたいの？」

「人気者の作家になりたいです！　なので箔をつけるために、ぼくを高田さんの弟子にしてください！」

弱冠20歳の永六輔の孫は屈託なく答えると、高田先生は、そのやりとりの最後に一言、申し添えた。

「友だちならなりましょう！」

一気呵成に語ったこのサゲに、超満員の客席から東洋館が揺れるほどの笑いが起きた。

その後のはなし

芸人が文章を書くことへの不安や迷いは、毎回このシリーズで書いてきたが、その逡巡を吹っ切らせてくれたのは、何度も書いていることだが、故・立川談志だ。

そして、高田文夫先生も、ボクを〝文〟の世界へいざなった「師匠」のひとりだ。

２０１８年１月号の『小説現代』の連載コラム『芸能さんぽ』の「オールナイト文春を検証す

る」と題された回で『藝人春秋2』を取り上げた後、こんな風に書いてくれた。

追伸　余談ですが、書き留めておきます。
演じつつ、物を書かなきゃいられなくなった芸人の系譜は、〈言文一致〉を果たした明治の三遊亭円朝。そして、インテリ古川緑波。活弁から漫談、著述にラジオ・徳川夢声。その流れを汲んでの立川談志、そして水道橋博士になろうかと思われます。

何故、先生が「追伸」にしてあのようなことを書き留めたのか真意はわからないままだが、この〝文〟はボクに大きな影響を残した。

まず〝文〟という文字の言霊を語れば、文夫先生の〝文〟を名に頂いた娘は、幼い頃から小説を書き、ボクを仲介役にしてゴッドファーザーである高田先生との文通が15歳になった今も続いている。

そして、この錚々たる先人にボクが名を連ねる「恍惚と不安」ふたつ我にありだが、この一文から、ボクの〝文〟への執着はさらに後押しされた。

古川緑波の日記への傾倒は、実際この一文からスイッチが入り、2018年秋からの休養期間は緑波の日記研究に明け暮れていた。

病床の絶望と人生の窮地に先人は何を書いていたのだろうと思うと、本来ひとり語りであった緑波の日記の〝文〟が、芥川の『蜘蛛の糸』のようにボクの体内に降りてきた。

〝文〟は同時代の人を繋げるばかりか、現世で演じる役割を終えた芸人が墓に入った後も、時代を超えて、後進へ言霊として想いを繋げることが出来るのだ。

高田先生が書き留められたように「演じつつ、物を書かなきゃいられなくなった」芸人の「俺の情熱、そして業」がボクの日記にはあるのだ。

49

内田裕也

ロッケンロールよろしく!

「U.F.O. ソース、濃くて旨いから……。ロッケンロール!」

内田裕也がエジプトハゲワシの扮装で銀髪を立てて叫ぶ「日清焼そば U.F.O.」のCMのなかで、きゃりーぱみゅぱみゅ『ファッションモンスター』のダンスを御年78歳が披露している。

昨年、日本のテレビ界は、松居一代vs船越英一郎夫妻のリアル・サスペンス劇場、夫婦間デスマッチに夢中になったが、ボクに言わせれば芸能界最強&最凶の夫婦は、内田裕也&樹木希林夫婦に決まっている。

そして、「U.F.O.」とは、ボクに言わせれば「内田(U)裕也は夫婦(F)ともども恐(O)ろしい!」の略なのだ。なにしろボクには、この最狂夫妻にリアルに絡まれた恐ろしい過去があるのだ——。

2013年8月11日。

デスクトップでTwitterのタイムラインを読んでいた時のことだ。

「なんじゃ、これは！」

と思わず声をあげる文面を発見した。

「芸能界のカダフィ大佐」と古舘伊知郎に評されたこともある、芸能界随一の過激派・内田裕也が自身で書き込む公式アカウントにて、当時連載していた、この「週刊 藝人春秋」を読んだと思しき感想が呟かれていた。


水道橋博士君、北野武氏の弟子と思ってシンパシーを持っているが、何でも書けばいいってもんじゃない！ 勝さんが松田美由紀嬢に数百万円!? 『ボルボ』俺だって言いたいことはある。男は言っていいこと！ 悪いこと！ CHOICEが必要だ！ ROCK'N ROLLは地下鉄に乗っている!!


正直、何度読み返しても、真に意味するところは読み取れなかった。

5年前の連載時に「赤いボルボ」と題して、女優・松田美由紀の愛車と生前の勝新太郎にまつわる因縁話を書いた直後のことだ。

これは、ボクの書いた内容に間違いがあるのか、あるいは、古きことをよく知る大御所ロッケンローラーに、ボクの取材不足が露見したのか。

私如きロクデナシの書いたロクでもない連載に、ロックの鬼神がツイート・アンド・シャウトしている。

果たして、愛あるお灸を据えるつもりか、はたまた直情的な怒りの炎か。内田裕也の過去の言動、いざこざの数々に鑑みれば、高確率で後者である可能性が高い……。

正直、怖い。

かと言って、アカウントをブロックすれば、さらなる延焼を招くことも必至だ。

触らぬ裕也に祟りなし、泣く子とシェキナベイベーには勝てぬ。

今回は不当な駁撃《ばくげき》に抗せず、批判を甘んじて受け、そのまま放置しておいた。

しかし、いつ何時、何処かで、内田裕也に遭遇したならば、ヘッドにドクロの付いたお馴染みのステッキで叩かれ、いや、心臓を刺されることも想定し得る。

もはや内田裕也から、逃れる術などなかった。


内田裕也――。

その男、凶暴につき。

〝頭からダイオキシン〟としか思えぬ、逸話は山のようにある。

最近は高齢で大人しくなったと言う人もいるが、2011年5月には、50歳のCAと別れ話で揉め、その女性の自宅のロックをアンロック。

住居侵入の容疑で逮捕され、留置所にロックアップされている。

しかも、警察署に留置されていた時に付けられた内田の番号が、偶然にも「69（＝ロック）」であったことは、その後、本人が各地で語る持ちネタになっている。

老いて丸くなることはない。

老いてこそ、ますますロックな人生だ。


件のTwitterの書き込みを発見してから7ヶ月後の、2014年3月1日——。

ボクは、WOWOWプライム無料放送デーの11時間特番に出演した。

もともと総合司会は、千原ジュニアと内田恭子アナであったが、彼が裏番組と被る時間帯のみボクが特別MCを担当することになった。

そして、よりによって、その時間のゲストに内田裕也がブッキングされていた！

この日のWOWOW特番は、西田敏行を「一日エンタメ隊長」に迎え、映画『釣りバカ日誌』や、直後に控えた第86回アカデミー賞の予想番組などを放送し、その合間にMCとゲスト陣による繋ぎのトークパートが挟まれる構成。

ボクの出番はわずか10分×2本の予定であったが、いかんせん、この一触即発の状況下だ。行くしかない。

ボクは、本来の入り時間の2時間前から江東区のスタジオに詰めた。

当日、内田裕也到着の報を受けるや、すぐさまプロデューサーに連れられて楽屋挨拶へと直行した。

プライベートでは何度か面識はあるが、番組で共演するのは、この日が初めてだ。

土下座覚悟で楽屋へ入ると……。

予想に反して、強面の顔を歪めて破顔一笑。

「オウッ！　ひさしぶり！　毎週『週刊文春』読んでるよ。あの連載、最高だな！　実はキミに文才があるとは、今まで知らなかったんだよ！」

「いえ、そのことで一度Twitterでお叱りを受けまして……。松田美由紀さんと勝新さんのボルボの話で……直接お詫びを申し上げようと思いまして……」

「いやいや。あれは俺が勝さんのこと思い出してねェ、俺も映画づくりでいろいろあったから。資金調達ってトラブルがあるの。必ずウラ話がね。勝さんと俺にもあるの。だったらコッチも書けよ！　って話がさ。怒っているのはキミに対してじゃないよ！　ま、いくら俺でも、タケちゃんマンの弟子に危害は加えませんよ！」

そんな具合に、拍子抜けの言葉を掛けられたが、正直ホッとした。

楽屋でのそんなやりとりを経て、いざ本番。この雰囲気は、完全にジョークを飛ばすチャンスだ！

「今日のWOWOWは〝釣りバカ〟と〝ロックバカ〟の共演ですね」と思い切って軽口を叩いてみた。

「キミ、俺の前で言うねェー」

内田裕也の口元が崩れる。

ゲストトークのテーマが「私にとってのスーパースター」だったので、続けて内田裕也に問い質した。

「やっぱー、俺にとってのスーパースターつったら、ストーンズとビートルズに決まりだろ！」

「そうですよね。裕也さんはビートルズの初来日の時、武道館で前座で演奏したんですよね？」

「おい、前座じゃねぇよ！　あれは共演したんだよ!!」

（うわ、またしくじりそう……）

言葉を選び選び、寿命の縮むような生放送は無事終了した。

内田裕也は本番中も上機嫌だった。別れ際、「またよろしく頼むよ！」と言うと、手を差し出し、がっちりと握手しながらボクの耳元で囁いた。

「ロッケンロール！　よろしく！」


しかし、一難去ってまた一難。

２０１６年10月５日、夜――。

「もしもし、水道橋さん？　あなたに言いたいことがあるのよ！」

電話の主は、内田裕也の妻、樹木希林だった。


（つづく）

50

デンジャラス・ジラフ

樹木希林［その1］

樹木希林と出会ったのは5年前、2013年3月2日のことだった。

当時ボクは、東海テレビの土曜日の情報番組『ぷれサタ！』の司会を務めていて、そこでゲストに招かれた樹木と初対面を果たした。

樹木の出演は、同局制作のスペシャルドラマ『約束〜名張毒ぶどう酒事件　死刑囚の生涯』の再編集映画版の、劇場公開の宣伝も兼ねていた。

東海テレビには阿武野勝彦という名物プロデューサーが居て、代々、社内制作で独自のドキュメンタリーを作り続けており、テレビ放送だけにとどまらず、その後に劇場公開までするシステムを確立していた。

今回の映画化は、2010年に制作されたテレビドキュメント版をさらに発展させ、死刑囚・仲代達矢、その母、樹木希林の出演で、再現ドラマを融合させる新しい試みだった。

名優の巧演が、独房の死刑囚、その半世紀の孤独を圧倒的事実として炙り出し、この事件の様々な瑕疵が、世間に重たく響く作品となっている。

そして、その日！

樹木希林との初対面もまさに第一級のドキュメンタリー素材であり、一つの〝事件〟となった。

なにしろ、樹木と50年間別居中で非エロティックな関係にある、かのドクロステッキのロック仙人こと夫君・内田裕也よりも、むしろ樹木のほうが凶暴であるとの噂は以前より聞き及んでいる。

「本人より本人に詳しい」プロインタビュアー・吉田豪までもが聞き役として最も危機を感じたのが樹木であると断じ、彼から、その対峙した瞬間を聞き出したところ、聞きしに勝る、危機管理ゼロの剥き出しのワードセンスの持ち主、まさにキリングセンスであったという。

鬼気迫る土曜の生放送、樹木の発言が、予測不能、制御不能なことは、昭和芸能史〝恐怖のノート〟を振り返っても明らかだ。

樹木希林――。

今となっては昔話になっているが、彼女が業界でも指折りのデンジャラスな女優であることを知らしめた事件がある。

1979年、TBSの大ヒットドラマ『ムー一族』の打ち上げパーティーの席上、久世光彦プロデューサーが突然、出演者の樹木希林により不倫を暴露され、退局、離婚、再婚の憂き目に遭い、テレビマン人生を一時抹殺されかけたのだ。

この「林檎殺人事件」ならぬ「不倫殺人事件」を筆頭に、今なお、囲み取材、映画の舞台挨拶などに於ける、樹木の暴走ぶりはつとに有名だ。

不規則発言同様に厄介なのが、自前の言葉とマイペースが行動規範であり、決して台本に則らないところだ。

この日の名古屋の地方局でも、樹木節は健在だった。

40年前のギャグ「ジュリー〜〜！」を、共演のいとうあさこが「やってください！」とリクエストしたところ、真顔で「なんで？　やるの？」とすげなく断った、その瞬間のスタジオの緊張感たるや。

また番組途中、松坂屋のデパ地下からの中継が入り、レポーターが「希林さんはチョコレートお好きですか？」と問い掛けると「お好き？　……ではないです！」と微塵も意を酌まない返し！

松坂屋から持ち帰った焼きワッフルにはスタジオで試食して一言、「これ、しけっちゃってるわね！」などなど、全ての予定調和を覆した。

とはいえ、途中「終活最新事情」と題した特集コーナーでは、「私には本木雅弘という日本一の『おくりびと』が付いているからねー」と、どんな構成作家にも書けないような台詞で、ハラハラし通しの副調整室の面々を唸らせた。

その生放送での忌憚ない本音語りは、すっかりボクを魅了し、骨抜きにした。

樹木のお陰で、この日の番組は沸いた。

この番組のプロデューサーを務める伏原健之は、冒頭に記した東海テレビのドキュメンタリー班〝阿武野組〟出身である。

ドキュメンタリー好きのボクは、映画監督の大根仁から阿武野組の存在を聞き、東海テレビに定期的に通うようになり知己を得ると、その後、チームの過去作の内覧、新作上映会、イベントや劇評、東京への紹介などを経て、今でも定期的に会食するほど懇意にしている。

樹木希林もまた、近年、阿武野組が気に入り、出演、対談、ナレーションなどの形で数々の作品に携わっている。

2014年4月劇場公開『神宮希林 わたしの神様』、2015年8月8日テレビ放送『戦後70年 樹木希林 ドキュメンタリーの旅』、そして、昨年、数々の映画賞を獲得し、現在も劇場公開が続いている阿武野チームの集大成とも言える大傑作『人生フルーツ』（監督・伏原健之／プロデューサー・阿武野勝彦）でも、樹木はナレーションを務めている。


2016年10月5日——。

その伏原健之から夜に突然、電話がかかってきた。聞けば、樹木希林がボクと連絡を取りたがっているとのこと。

共演はあの日の一度きりだ。ボクのことを覚えているのかすら怪しいのに……。とにかく、教えられた番号に電話をかけてみた。

「もしもし、水道橋さん？」

樹木希林の独特の艶やかな声。

「あなたの『藝人春秋』っていう本が面白くて。あと、この間、連載で読んだ三谷幸喜と井筒監督の新幹線の話がよかったんですけど、あれも、もう本になってるのかしら？」

「ありがとうございます！　でも、そちらはまだ単行本化してません」

「あ、そ……」

　ここまでで口調が変わった。

「で、用件はここからね。10月15日の夜、暇があったらどうでしょうか、ということなんです。どう？　空いている？」

「はい、今、確認してみますが……スケジュールは空いております」

　当時、仕事が数珠繋ぎの日々を送っていたが、何故か、この日だけ偶然にも完全オフだった。

「場所が山梨の竹中英太郎記念館で……」と言って、樹木は住所を読み上げた。

　ちなみに画家・労働運動家・竹中英太郎の長男が、かの有名な、と言うより、ボクが憧れてやまないルポライター・竹中労である。

「そこで映画の上映会があって、その後、16時からトークショーなの。そこで私、喋るんですけど、参加者は私が会ったことがない人ばかりなので、あなたにも是非一緒に参加していただいて……あ、それで、いいかしら、……ギャラはゼロです」

「何も問題ないです！」

「あらそう。私も労さん好きですし、あなたも労さんのことが好きならば、一緒に喋るのに、むしろ私なんかより良いかなぁ〜って思って」

「喜んで行かせていただきます！」

「あなた、労さんとは？」

「一度だけ、お会いしました」

「いつ頃です？　今回、没後25年ですからね」

「晩年、ご病気をされていた頃に」

「そう。じゃあ、労さんが、あんまり面白くない時ですね」

「……いいえ、ボクは昔から本を読んで、物凄く影響を受けてます！」

「そ！　まあ、それはそれとして、労さんの良さは、あの人を好きじゃないと話せないので……。あなたの来場は事前に主催者に言わないでおきます。だから、飛び入りでいいから来てね」

樹木への危機感はいずこ、ボクは嬉々としていた。


（つづく）

デンジャラス・ジラフ

樹木希林［その2］

50歳を過ぎてから、人生の前半生は物語の「伏線」。読書で例えれば「付箋」だらけだと気がついた。その回収に向かい、物語の頁をめくるのが後半生だ。

２０１６年10月15日――。

女優・樹木希林に青天の霹靂で呼び出され、山梨へ向かった。

23歳の時、ボクはビートたけしの弟子として芸人になった。しかし、それ以前、10代後半はモノカキ志望だった。

そして、当時、ボクが最も敬愛していたのが、反骨のルポライター・故・竹中労だ。

山梨県甲府市の桜座で開催された竹中労追悼イベントに、突如、飛び入りすることになった。

それも10日前、樹木からの突然の電話がなければ、此処へ来ることはなかっただろう。

この日、甲府市の古い映画館・桜座では映画『戒厳令の夜』（80年）の上映、及び「竹中労没後

悠木千帆です

25年・今ふたたび」と題されたシンポジウムが開催された。

出演者は、樹木希林、鈴木邦男（元・一水会顧問）、小浜司（沖縄音楽プロデューサー）、小泉信一（朝日新聞編集委員）、竹中紫（竹中労の妹・竹中英太郎記念館館長）と突如、飛び入りのボク。

司会は竹中紫の夫である金子望（竹中英太郎記念館主宰）が務めた。

司会者に請われるまま、ボクが思春期に、どれほど竹中労の影響を受けてきたのかを語るうち、何度も感無量になった。

挙句の果てには、他の登壇者の話の随所に、分け入って細かく解説を付け加える始末。

竹中労の話など、芸能界に入ってから、ライターの武田砂鉄以外とはしたことがないのに……。

10代の頃の影響や記憶は永遠だ。話は大いに盛り上がり、最後には「もう博士に竹中労の評伝を書き残して欲しい！」と、樹木希林に無茶振りされ、結局、「機会があれば、いつか書いてみたい」と客前で約束していた。

このトークの席で、ボクは「そもそも竹中労と樹木希林の出会いを教えてください」と問うた。

「それは、労さんが『女性自身』の記者の頃でねー。その頃は雑誌も今みたいに曖昧じゃない、その存在は大きくて志があったような時代です。で、文学座が最初の分裂を1963年にしたんですね。その時に、それをルポして記事にしたことに対して、私が文句を言ったの。『もう少し、よく調査してから発表しろ！』と。森繁久彌さんと『七人の孫』っていうドラマに出始めた頃で、自分はまだ19～20歳の向こう見ずの若造だったんですね。それが出会いです。そしたら、労さんに、オマエは生意気で面白いなぁと、思われて、そっから仲良くなりましたね」

さらに、言葉を継ぐ。

「私は劇団には執着がなかったんで、そうやって平気でテレビドラマに出てたりしたんだけど、あの頃が、いちばん威張ってましたね」

（今よりも威張っている時代があるのか……）との想いを押し殺した。

樹木に、ボクが昔から気になっていたオノ・ヨーコとの関係についても振ってみた。

樹木は、２００７年、日本武道館で行われた『ジョン・レノン　スーパー・ライヴ』で、オノ・ヨーコからの依頼で「イマジン」の日本語訳を朗読した時の話を振り返り、オノの口調を真似ながら語る。

「『アタクシねぇ〜樹木希林さんと仲がいいのよ！』ってヨーコさんは言ってくれてるんですけど、別に仲良かぁないですから」

ぶっきら棒な樹木のスタイル。

『私なんかでいいんですか？』って聞いたら、『あなたはね、頭がいいのよ！』って仰ってくれて。これは自慢話なんですけど……」

満更でもない微笑を浮かべる樹木に、内田裕也とオノ・ヨーコの関係性についても尋ねてみた。

「裕也さんは、『ミュージック・マガジン』の取材で、ＮＹのダコタ・ハウスへ行った時に、ジョン・レノンと会ったわけですよ。同い年だから仲良くなって。ヨーコさんとレノンはケンカと言うか、ドアを蹴り合うような関係だったと聞いてます」

さらに、今度は裕也の口調を真似、「うちの夫が言うのよぉ。お前なァ信じられるか？　あのジョン・レノンにだぞォ、お使いに行かせてるんだよ。赤ん坊のショーンをおんぶ紐くくりつけて、『早く行ってらっしゃいよあなた！』って……オノ・ヨーコはさー。ロックだよ！」

まさに、家人の目に英雄なし――。

音楽から離れ、5年間〝主夫〟に徹していた頃のジョン・レノンのリアルな日常が、樹木の語りによって何故か、山梨で再現される。

「ある日、ヨーコさんがジョン・レノンと会わせてくれたの。私からは別に会いたいとかではないんですヨ、わからないから。その時、向こうが手を差し出してきたので、『はいはい』って握手して……」

話はローリング、転がっていく。

「そのあと『もう私、帰りますから』って言って。だいたい急に呼ぶから頭にきたの。で、さっさと帰ったんです。そしたら『ボクのオクサンもだけど……キミのオクサンもタイヘンそうダネ～』って、あとでウチの夫に向かってジョンが英語で言ったそうで」

イマジン！　想像してごらん！

ジョンと裕也がカミさんの苦労話で意気投合する世界を――。

W不倫で永遠に結ばれた「ジョンとヨーコ」。

夫の不倫にも絆は不変の「裕也と希林」。

40数年前、この〝どうかしてる夫婦〟が巡り合った奇跡。

樹木は後日、２０１６年５月14日放送のフジテレビ『土曜プレミアム・一流が嫉妬したスゴい人』に於いて、「とんでもないレベルの人生を生きてきた」「想像を絶する日本人」としてオノ・ヨーコの名を挙げていた。

「世間のバッシングもすごいだろうなと思うし、抱えている問題もスケールが違う」

「うちの夫が『勲章渡すならオノ・ヨーコ以外いねえよ』って言うんですけど、勲章なんかでおさまらない。時代が抱えきれないすごさがある」

と、褒め通しだった。

竹中労からジョン&ヨーコ、内田裕也まで、芸能界の生き字引に全てを聞けた贅沢すぎる山梨の夜会だった。

そして、それから1年半後の２０１８年４月８日――。

ボクは竹中労の父・英太郎の没後30年追悼イベントのため、再び山梨を訪れた。

樹木に蔽《おお》われた山梨県立文学館のロビーで、樹木希林と再会。

この日は、まさに〝モリのいる場所〟、オフィス北野からの独立騒動の渦中であった。

わざわざここまで追いかけてきた、マスコミも大勢いた。

「今日はあなたの話を聞きたかったのよ、お座りなさい！」と樹木が言うと、ふたりきりで珈琲を飲み、昼食を共にしながら長々と話した。

再三のマスコミの取材要請に対して、「今、食事中なのよ！」と樹木は記者を制した。

喫茶店で、ふたり座ったまま、一定の距離を保ちながら、周りを取材陣が囲っている。

奇妙なミステリーサークルのなかで、雑談は尽きることがなかった。

そしてボクは、今回の騒動の一部始終を伝えた。最後に、まるで『スター・ウォーズ』のヨーダがルークにフォースを授けるように、樹木希林が囁いた。

「今日、あなたに会えて良かったわぁ。芸能界って、表にも裏にも変なのがいる面白い世界なの。あなたは傷つきやすいから、ツラいことがあっても絶対辞めないでネ。あなたとはなんでも喋れるわ！　あなたは私の同志なんだから！」

その後のはなし

２０１８年９月×日——。

樹木希林、永眠。

この連載に取り上げることは、本人に事前連絡はしなかった。

その後、２０１８年６月１日に、樹木希林から電話があった。

「『週刊文春』に書いていただいたお礼を言おうと思ってね、原稿は完璧よ。あなたに書いてもらって良かったわ。一箇所、裕也とレノンのところで、取り違えているところがあるけど……。あと、聞いたんだけど、あなた、○○○と揉めているんだって？」

「本気じゃないので大丈夫です」

「一緒に殴り込みに行こうか？　その時は、誘ってね」

「いえいえ」

それがボクとの最後の会話になった。


樹木希林が亡くなる前にボクに言った。

「あなたに言っておくけど、お仕事はねぇ、楽しむんじゃないのよ。面白がるのよ！　ツライことでも自分から面白がる！　火中に栗を探すようになってからのほうが面白いんだから」

それを思い返せば、『藝人春秋』シリーズは、ボクが「面白がる」ために書いている。

大きく言えば、ボクは才能に恵まれて、悠々と楽々と生きることは出来ていないだろう。

何時も人生や芸能界を、重荷を背負ってのぼり坂を歩んでいるが、偶《たま》に良き日は訪れ、褒美に与かるような気持ちになることもある。

でも人一倍、自分の苦境や他人の奇行を面白がる気持ちがあるし、そして、それを曝すことに照れたことはない。

「役者は人と人との間にお芝居があるの。芸人は人と人との間にお笑いがあるんだから、芸人さんはそこを見つけて他人に見せてあげて。芸人は自分が晒し者になってもいいんだからね」

そのとおりだ。

日々是好日。

樹木希林さんの遺作のタイトル通り。
日々のなかに、良き日を面白がり続けよう。
『藝人春秋Ｄｉａｒｙ』は死ぬまで続くのだ。

そして、２０２１年9月25日——。
ＮＨＫ ＢＳプレミアムでドキュメンタリー番組『希林と裕也～トリックスター夫婦による、昭和平成史～』が放送された。
60年代の人気ドラマ、70年代のステージ、80年代のＣＭ、90年代以降の映画などなど……その長いキャリアとパフォーマンス、唯一無比、芸能界最狂の「お騒がせ」なふたりの軌跡を、あのＮＨＫが辿っていた。

まさに「トリックスター」というキーワードに相応しく、昭和平成時代の権威・権力に対して、「芸能者」が本来あるべき「道化」のあり方をふたりは体現されていた。

映像のなかで樹木希林さんの未発表の膨大な手記が公開された。「ここまで記していたとは‼」

と〝文〟にこだわる自分には特別に感慨深い。

我が芸能の女神でもあり、現役のトリックスターでもある小泉今日子さんも「内田裕也さんみたいなスターも樹木希林さんみたいなスターも二度と生まれないだろう」と番組に言葉を寄せられており、同じ「芸能者」として、その憧憬が深く響いた。

このおふたりの晩年に一瞬でも交叉できたことは、ボクの『藝人春秋』という本の誇るべき1章だろう。

51

古舘伊知郎「人生の予告編」［その1］

「人生には予告編がある！」

ボクがこのフレーズを頻繁に使い始めたのは50歳を過ぎてからだ。

偶然の出会いは必然の証――。

これを時間軸では「予告」と呼び、心理学的には「星座」、一般的には「運命」と言うのだろう。

そして「共時性」と言うべきか、ボクと同様に、この一節を同じ意味で語る芸能界で最も能弁な語り部がいた。

「人生には予告編があるんだなって思うんだよ。ただ、その予告編が流れている時に、『これは10年先の予告だ！』って自覚がないんだな」

２０１６年12月16日。

古舘伊知郎は、かつて自分が司会を務めた『報道ステーション』（テレビ朝日）と同時刻のラジオ番組でこう語った。古舘は、その年の３月末で12年間、他の仕事を全て降りてまで専念していたキャスターの座を降りた。

一時、引退説が流れたが、安住紳一郎が司会の『ぴったんこカン・カン』（TBS）でバラエティに帰還。そして、10月からニッポン放送で『古舘伊知郎のオールナイトニッポンGOLD』をスタートさせた。

ボクは、2012年に上梓した『藝人春秋』で、古舘に1章を割き、あの過激実況を惜しむあまりに「このまま〝報道という駅〟を人生の終着駅に決め込むつもりなのか！」とまで挑発的に書いた。ゆえに〝バラエティ界のミッシングリンク〟の復帰を殊の外喜んだ。

その日のラジオで古舘伊知郎は、自分の人生に於ける三度の「予告編」を語った。

最初は中学1年の時の後楽園ホールでのプロレス観戦の話。

熱狂的プロレスマニアだった古舘少年は、その日、試合を終えたアントニオ猪木がマイクで絶叫した「明日の川崎に来い！」を、リングサイドの自分の目を見て言われたと思い込んだのだが、小学生の身では如何ともし難かった。

ところが後年、新人アナ研修で訪れた川崎市体育館で猪木へのインタビュー役を任される。

「猪木さんがあの時『川崎に来い！』って言いましたけど、今、来ましたよ！」と言おうとしたが、新人の身の上、口をついた言葉は「猪木さん、朝何食べましたか？」だった……。猪木の「コーヒーとスパゲッティ」という返答に、若き古舘は二の句が継げなかったという。

しかしその後、新日本プロレスの過激な実況で一世を風靡することになるのだから、つまりは中1の時に「予告編」を見ていたのだ。

二度目は中学2年の時。

友達と遊びに行った六本木で迷子になり、夜の路地から公園に抜け出て安堵しながら、鬱蒼とした木立を分け進んでいたところをガードマンに見つかり、つまみ出された。見上げれば「NET」のネオンサイン。木立はドラマの美術セットであった。「ここがテレビ局かぁ」と子供心にうっすらと憧れを抱いた。

その後、22歳でNETのアナウンサー採用に受かった古舘は「テレビ朝日」に社名変更した1977年4月1日、かつて迷子になった時と同じ場所で行われた入社式に参加した——。

「やはり、此処へ導かれたのか」と、その予告済みの運命を不思議そうに振り返る。


最後は26歳の時。

局アナとして閑職続きの折、知人に「遠い親戚に、家族で貴方の大ファンの歯医者さんがいるから会いに行って」と頼まれ、1人で杉並の住宅街にあるその一家の夕食にお呼ばれした。

上品なご主人と奥さん、細面の中学生の息子から揃って「貴方は喋り手で出世する人だ」と激賞され続け、「新興宗教の勧誘かな？」と思うほどの不思議な夜を過ごした。

その翌日、雑誌の『宝島』で景山民夫が「古舘伊知郎アナウンサーは天才である」とのコラムが発表されるや否や、すぐ『タモリ倶楽部』に出演が決まった。

さらには、時同じくしてプロレスブームが到来。〝古舘節〟全開の実況は、瞬く間に一時代を築き、時流に乗って大ブレークしていく。

そして、この話の伏線回収の模様をラジオで語る。

以下は、古舘実況で活字を聴いて欲しい。


その後、30、40でフリーアナウンサーとして売れてからも、たまに『あの杉並の歯医者さんどうしてるかな？』と気にかけてて『あそこがオレの原点だった』と感謝していたんだ。

しかし、50になると、その記憶があやふやになり『記憶は嘘をつくから、自分の都合良く改竄しているのではないか？　もしかしたら歯医者の家に行ってないのでは？』と不安になり『夢で見たものを補強しているかも？』と疑心暗鬼になった。

それが60になると、赤ちゃん返りのように『絶対に行っている！　あの家族に会いたい！』と、ずっと願い続けていた。

すると先週のこと、都内の宿泊していたホテルでエレベーターに乗ろうとしたところ、すれ違うように出て行った家族連れで50代手前あたりのスラッとした男性が「あ、古舘さん……」って小さな声で呟いた。

建前上ペコンとお辞儀したら、お辞儀を返し「あの古舘さんだよ」と子供たちにやさしく教えてあげていた。

その親子の風情に好印象を持ち乗り込んだエレベーターから眺めていたら、男性が踵を返して振り返ったので、つい「写真ですか？」って聞いたところ、「写真じゃありません、憶えていらっしゃいませんか？　36年前の杉並の歯医者です」と言うんだよ。

「エーッ！ってことはあなたは当時、中学生で……」

「はい！　我々家族は古舘さんの大ファンで、杉並の家に来てくれて……」

言葉に詰まったよ。

「今の僕があるのは、あの時、僕を盛り上げたご家族のおかげです。ずーっと頭の片隅にあったんです！」


この奇跡的な再会は、非情にも「チ――ン」というエレベーターの無機質な閉音で、次の約束も交わさぬまま終了した。

「気にしていると会えるんだなぁ。頭の片隅にあるとビックリするような現実を手繰り寄せられるんだな」

いつも軽妙で饒舌な古舘が夜空に語りかけるように神妙に語った。

ボクが深夜のラジオに耳を欹て、ここまで何度も話に聞き入るのは、10代でビートたけしに熱中して以来、35年ぶりのことだ。

「古舘さんに、また会いたいな！」

放送を聴きながら切に思った。

1996年の年末、ボクが変装免許証で謹慎中だった時、高田文夫先生に呼び出され、台東区谷中のスナックで古舘と酒席を共にした。

「こういう時期もあるさ……沈むなよ」と、帰り際、店の前で抱きすくめられ慰められた、あの夜のことは今も忘れられない。

その後、お仕事では何度も共演したが、2004年に『報道ステーション』が始まってからは一度も会うことはなかった。

それから約半年後の2017年7月25日――。

いとうせいこうの仲立ちにより、古舘伊知郎と長野智子の4人で会食する機会を得た。

六本木の高級個室居酒屋、飲むほどに酔うほどに盛り上がり、一時、古舘がライフワークと呼んでいた『古舘伊知郎　トーキングブルース』の圧倒的独り語り芸を3人で独占したかのような宴を満喫していた。

そして、2次会、3次会を経て、気がつくと南青山のBARで2人きりになっていた。

数時間に及ぶノンストップのお喋りに一瞬だけ古舘が唇を閉じた。ボクは一気呵成に切り込んだ。

「古舘さん、ラジオで語った人生の予告編の話、今度はボクのバージョンも是非聞いてくださいい!!」


（つづく）

古舘伊知郎「人生の予告編」［その2］妻との出会い①

2017年7月25日——。

古舘伊知郎との久々の再会を果たした夜。

時を忘れて談ずると、気がつけば稀代の語り部と2人きりで南青山の「BAR JADA」のカウンターに居た。

「人生には予告編がある！」

と、互いが確信するフレーズの共時性を確認しながら、今度はボクが奇跡を手繰り寄せた話をする番だ。

「実はボクにも、古舘さんに負けないほど自分でも不可解な人生の予告編的な話があるんです！」

ボクのハードルを上げすぎた出だしに、古舘が怪訝そうな表情に。

「ボクのカミさんとの出会いの話なんですけど……聞いてもらえます？」

「何それ？　ノロケ話なの？」

「普段は恥ずかしながら妻を〝ママ〟と呼んでいますが、彼女はもともとボクのファンだったんです」

「やっぱ、ノロケじゃないの！」

古舘が上手に返しを入れながら聞き耳を立てる。

「ちょっと黙ってじっくり聞いてください。ボクと相方の玉袋は、ビートたけしが昔、修行した浅草のフランス座というストリップ小屋に預けられた経験から、浅草キッドというコンビ名をつけられたんですね」

「確か萩本欽一さんや渥美清さんも、その小屋の出身ですよね」

「そうです。そこを踏まえて聞いてください。これは90年代の出来事ですが、ボクとママは見ず知らずで、まだ一度も出会っていない頃の話です」

「なるほど。この時点では出会ってない、と」

「彼女は大学を卒業後、就職先も婚約者も既に決まっていて、両親との独身最後の旅行で北陸路に出かけ、まず金沢に向かったんです」

「所謂、卒業旅行だね」

「で、家族でタクシーに乗っていた時、運転手さんが話しかけてきたんですって。『どちらからですか？』と。義父が『愛知県の大府からです』と言ったら、運転手さんが後ろの席に向かって『お嬢さんは芸能人では誰が好きですか？』って尋ねてきたんです」

「それ、いかにもタクシーのなかのあるある会話だね」

「それで義父の娘、未来のボクの嫁が、ちょっと考えて『たぶん知らないと思うんですが、浅草キッドの水道橋博士が好きです』と答えたんですって」

「おー、それは博士としては芸人冥利に尽きる……嬉しいよね！」

「でも、この時点では嫁とはまだ一度も出会ってないですからね」

「そうか、まだ互いのことは全然知らないままの会話だね」

「助手席に座っていた彼女のお父さんは、手塩に掛けて育てた長女の好きな芸能人の名前を聞くのが初めてで、ましてや、こんな風変わりな芸名を聞いたのも初めてで、思わず手帳を取り出して、水道橋博士という名前をメモったんですって」

「うん。僕も娘がいるから、そこを気軽に聞けなかったお父さんの気持ちもわかるわ」

パパトーク全開でＢＡＲの雰囲気が和む。

「そしたら、運転手さんが急に口調を変えて『水道橋博士！！？？　おい、水道橋博士は小野だよ。小野は俺の弟子なんですよぉ！』って言い出したんです」

「何それ、どういうこと？」

「ボクの本名は小野正芳なんです。つまり、運転手さんはボクの名前が小野正芳だって知っている人だったんです」

「え、誰なの、その人？」

「金沢で会ったそのタクシーの運転手さんは、なんとボクが浅草フランス座で修行していた時、小屋を仕切っていた岡山社長だったんです」

「え〜〜〜！　衝撃的!!」

岡山社長こと岡山良男——。

浅草キッドが修行に入った頃は、フランス座の社長であり、現役の芸人として舞台に上がる座長でもあった。一時はフランス座でビートたけしと共に修行しながらも、ツービートはメジャーデビューを果たしたが、岡山本人は芸人として陽の目を見ることはなかった。

ボクらがフランス座に預けられる日、我々を岡山社長に紹介するため、殿は自らポルシェを運転して浅草の国際通りまで来てくれた。

しかし、修行開始と共に、この岡山社長に我々は虐げられる。毎日、劇場で8時間、閉館後は社長が経営するスナックで8時間の計16時間労働で、日給はナント〝1000円ポッキリ〟。時給にして62円！

後にバブルと呼ばれるようになる時代のことである。日中は閑散としていたが、はとバスが団体客を連れてきたり、常連もおり、そこそこ劇場収入はあったはずだが、芸人たちへのトリクルダウンは皆無だった。この不当な待遇を改善しようと、ボクが労働時間の見直しや、持ち場のローテーション制などを提案したところ、イジメはさらにエスカレート。あまつさえ「アイツは小屋の体制の転覆を図ろうとしている不満分子のアカなんです！」と玉袋に吹き込み、コンビの分断を図ろうとさえした。

そして、岡山社長は後に芸人たちからかすめ取った金で、密かに地元の金沢に豪邸を建てたというオチがつく。

しかし、我々が入って7ヶ月目に劇場経営の社長は交代する羽目に。

折しも殿はフライデー事件を起こすなど、波瀾万丈の事態が次々と重なるなか、オペラ座ならぬフランス座の怪人・岡山良男は、歴史の闇に姿を消していた……。

月日は流れ、２００２年1月6日。

ＴＢＳラジオ『伊集院光　日曜日の秘密基地』にゲスト出演した際、リスナーに情報提供を求める名物コーナーで、ここぞとばかりに我々は岡山社長の消息を求めた。

石川県でタクシードライバーをやっているらしい……などと知り得る限りの情報を添え、リスナーからのメールを待ったのだが、結局、梨のつぶてであった。

そんな岡山社長の行く末を知らぬまま、２００２年6月22日にボクは結婚した。

その後、２００６年9月24日放送のフジテレビ『ウチくる!?』で、コンビ結成20周年を迎えた浅草キッドがフィーチャーされた。番組の終盤、２人に縁の深い人物からのビデオメッセージが流れ、ボクと玉袋は不意を突かれた。ＶＴＲには、一体全体、番組スタッフはどうやって捜し出したのか、消息不明だった岡山社長の姿があったのだ。おまけに現場に本人登場で、劇的な再会を果たした。

その頃たまたま上京していたママの父、つまり義父が我が家のテレビで食い入るように岡山良男の姿を見つめていた……。

「古舘さん、あの日タクシーの車内で後の義父は、ボクの浅草修行時代の話を岡山社長から聞いていたんですよ。まさに義父にとっても人生の予告編だったわけです」

「こうなると三すくみの予告編だね」

「タクシーの出来事から3年後に、あのときメモに書きつけた水道橋博士なる男が目の前に現れ『娘さんをボクにくださいー』となったわけですから」

「凄いー　けど待って!!　そもそも奥さんとは何処で出会ったの?」

「それがネットなんです。しかも出会い系サイトー」

「え!?　出会い系サイト?」

ボクと妻の、生まれる前から解けようもなく絡まっていた運命の赤い糸ならぬ〝知恵の輪〟(妻の名前は千枝だ)。

ビートたけしを軸にして、その全容がさらに紐解かれ、語られてゆく。


(つづく)

古舘伊知郎「人生の予告編」［その3］妻との出会い②

２０１７年7月25日――。

深夜、南青山のＢＡＲのカウンターで古舘伊知郎と「人生には予告編がある」という互いに共通する真理を語っていた。

「博士、出会い系サイトで奥さんと出会ったって言ったけど、それってどういうことなの？」

「ボクは１９９７年にホームページを開設してから、１日も欠かさず日記を書き続けてるんです」

「まさに連続試合出場世界記録、ＢＬＯＧ界の鉄人・衣笠だね！」

「だから、いつ誰と何処で出会い何を話したかまで遡れるんです」

「つまり、博士の日常は自衛隊の日報みたくならないってことだ」

「はい。家族のリスクには十分配慮しますが、基本的に一度発表したものは消去も修正もしません」

酒場で、元ニュースキャスターと旬な時事ネタを交えて語り合う。

「総計７６００日以上の膨大な文字データがネット上にありますが、その21年間の総アクセス数が、一時の中川翔子や、最近では松居一代のブログの〝1日分〟のアクセス数に負けているんです」

ママ…
EW

「イイね――――！　いや、正に『逆イイね！』現象だね」

川藤幸三の19年間の生涯安打数がイチローの1年分にも満たない的なボクの十八番の自虐ネタに、過褒過激描写の魔術師・古舘伊知郎もさすがに噴き出した。

「で、20年近く前、36歳の頃、ホームページ上に『博士の嫁取りコーナー・合コンしま専科!?』ってバナー広告を作ったんですね」

「あ、それが〝出会い系サイト〟か！」

「はい。最初は純粋にボクの下心ありのナンパ目的だったんですが、その募集に『もうすぐ結婚する私の親友が、本当はずっと博士のことが好きなんです。会っていただけませんか？』という内容のメールがスペインから届いたんです」

「スペイン!?　それどういうこと？」

「メールの主は妻の幼馴染の親友でした。大学の卒業旅行と称してヒッチハイクをしながら世界を回ってる最中で、メールの件名は『歌う女・歌わない女』という洒落たものでした」

「あ、アニエス・ヴァルダのフランス映画！　あったねぇ！」

「それです！　メールの差出人の彼女は行動的で運命を自分で切り拓く〝歌う女〟タイプ。だけど親友の千枝は、自分とは正反対のタイプだと言うんです」

「千枝って？　後の奥さん？」

「はい、千枝はカミさんの本名です。彼女曰く、千枝は自己主張をせず運命を受け入れるタイプだと」

「つまり、〝歌わない女〟なのか」

「そんな消極的な千枝に成り代わって、行動的な女友達がボクに応募メールを送ったわけです」

「そりゃあ、驚くねー。って言うか会いたくなるでしょ！」

「そりゃそうですよ！　すぐにメールを返しました。で、後日、東京駅で待ち合わせして、見ず知らずのままデートしたんです」

「出ました！　早すぎたリアル『君の名は。』！　そうか、そこから2人は結婚に至るわけ？」

「その後、身辺を整理して上京した彼女と正式に交際し、ボクが40の時にプロポーズをして大府にある実家に挨拶に行ったんです」

「つまりお義父さんは、金沢の家族旅行で偶然会ったタクシー運転手こと、元フランス座の岡山社長との会話中に『水道橋博士って誰？』とメモに残した当人とそこで出会うわけか。ちょっと信じがたい話だね」

「そうなんです。金沢で初めて名前を知った水道橋博士が3年後に『娘さんをください！』って現れたから、お義父さん本当に驚いたんだけど……すぐに結婚のOKをしてくれたんです」

「うーん。まさに、それこそ〝人生の予告編〟だよ！」

「まさに予告編です。そして結婚生活という〝本編〟が始まって……」

古舘伊知郎は大きく頷いた。

「でも、この話をすると、オカルト的な運命論を完全肯定している痛い人に思われがちで……」

「確かに。でも俺もそうだけど、博士も人生に言葉の伏線を張り巡らせるから、それを話すことで意識的に回収するように努めている。だからこそ起こることなんだよ」

「でも、ここからまだストーリーが続くんです。それとはまた別の話があるんです」

ボクと妻の結婚を巡る奇縁は、これだけにとどまらなかった……。

「ところで、もうひとつの別の話の前に、古舘さん、昨年末ＮＨＫ『ファミリーヒストリー』に殿が出演されたんですけど、ご覧になりました？」

「あ、武さんのお母さんの回ね！」

２０１６年12月21日放送、ＮＨＫ『ファミリーヒストリー・北野武〜父と母の真実 阿波国徳島に何が！〜』は衝撃的な内容だった。北野母子の物語は、80年代に一世を風靡した。なにしろ、北野武の回想録『たけしくん、ハイ！』と、母・北野さき自叙伝『ここに母あり』が、共にベストセラーとなり、前者はＮＨＫでドラマ化。後者は『菊次郎とさき』として小説化された後、テレビ朝日でドラマ化。さらに舞台化（１９９９年）もされた。つまり、この親子の物語は国民的ドラマとして広く親しまれ、息子目線、母親目線からのエピソードや家系の正史が既に主観的な事実として確定していたのだが、今回の番組によって様々な客観的事実が浮かび上がった。

例えば、そのなかで北野武の父・北野菊次郎の旧姓「正瑞《しょうずい》」は、徳島県にルーツを持つことが明らかになった。現在、『ファミリーヒストリー』の枠を引き継いだ『ネーミングバラエティー 日本人のおなまえっ！』は、日本人の姓の由来という難解なテーマを、古舘の話術が軽妙な謎解きバラエティへと昇華させている。そして、「正瑞」の姓を巡るロケは、この後継番組の成功に繋がる〝予告編〟とも言える名調査であった。

また番組では、北野さきの初婚の相手が7ヶ月で病死したこと（自叙伝では〝3日〟）、男爵家で奉公していた経歴との記憶の齟齬、〝テレビ初出演〟の北野武の姉・安子の陽気なキャラなど、長年、ビートたけし史家を自称してきたボクも、数々の新事実、新証言に舌を巻いた。

放送後、殿に番組について尋ねると、「おどろいちゃったよ！　とりあえず、母ちゃんが言っていた生い立ちとか、全部作り話だったんだよ。男爵家に住み込みのお手伝いだったって話すら全部ウソだぜ!!　まいっちゃったよ!!」と、困惑したというより、むしろ嬉しそうに語っていた。

「で、古舘さん、ボクとカミさんの宿縁は、この後また殿に繋がるんです！　北野家のルーツである足立区にカミさんの母方の祖母が暮らしているんですが、今回の放送を機に実家に連絡してその住所を確かめたところ……」

ボクは、ここぞとばかり稲川淳二の怪談ばりに間を取って続けた。

「なんと、このママのお祖母さんが、殿のお母さんである北野さきさん、いや北野一家が暮らしていた家のお隣さんとして、昭和17年の昔から、ずっと同じ場所に住んでいたんです！」

『え――？　どういうこと!?』

（つづく）

最終回 藝人の墓

「殿ぉ……！　個人的な報告で恐縮ですが、お時間、よろしいでしょうか」

ニッポン放送の降下するエレベーター前。この日、師匠・ビートたけしを弟子のボクが引き止めた。

２０１７年12月22日——。

ニッポン放送『松任谷由実のオールナイトニッポンＧＯＬＤ』でレギュラーパーソナリティのユーミンとゲストに招かれたビートたけしの32年ぶりの共演が実現し、ボクは急遽、有楽町のスタジオに駆けつけた。

芸能界のレジェンドふたりが、２時間に渡る丁々発止のフリートーク。隣のブースから見学しながらも、まるで『ふたりのビッグショー』を間近で見ているようだった。

オンエア中、ユーミンが「あれ？　博士が来てますねー」とボクをブースの外に見つけて話を振ると、殿は「30年ぐらい前ね、弟子志願が流行っちゃってさ。アイツもオイラのことが好きで、家出して此処に来てよ。ニッポン放送の入り口で土下座したんだよ」と、昔話をした。まさに32年前

TAKESHI

の此処、有楽町のニッポン放送の出口が、ボクの芸能界への入り口だった。

夢の時間は過ぎ、Wコマネチポーズの記念撮影を終えたふたりがブースの外に出てきた。もう日付は変わっていた。立ち去る殿の後を追い、エレベーターの前で「殿ぉ……！」と呼びかけ、冒頭の一節を発した。


ボクの声に殿が振り返り、一言呟いた。

「ん？　どうしたい？」

「……実は……今日、母が亡くなりました！」

「……んっ!?　……幾つだった？」

「85歳です」

「親父さんは？」

「先に亡くなって10年になります」

「そうか……」

首を曲げて、殿が下を向く。

「葬式は？」

「密葬、家族葬です。訃報も公にはしません」

「そっ……ま……気を落とさず……。うん、辛抱しろよ！……」

そう言って、ボクの顔を見て正気を確認した。

「じゃあな!」

そう言い残すと、エレベーターの扉が閉じた。

その瞬間、それまで毅然としようとしていた気持ちが切れて、こらえていた涙が噴き出し、止めどなく床を濡らし続けた。


母の死を知ったのは、この日の昼、中野駅前のジムに入ろうとしたところで、兄から架電。

「亡くなった……」の一言だった。

その瞬間、1999年に殿のご母堂、北野さきさんが95歳で大往生された葬儀の様子が脳裏にフラッシュバックした。

豪雨のなか雷鳴が轟くと、カメラの前で堰を切ったかのように号泣した殿。

息子にとってかけがえのないお母さんがいなくなる日――。

普段の負けず嫌いと我慢強さが決壊した殿の初めて見る取り乱した姿に、自らにも襲い来る未来の必然を想起したものだった。

午後2時22分。母、小野充由子永眠。享年86歳。兄の淡々と伝える声に思わず道の上で合掌した。

「で、どうだ?」

「今日は帰れない。これから生放送があるから……」

「……明日は？」

「明日なら家族も一緒に帰れると思う……」


兄の要請で「家族葬」を確認。芸能関係への報告は事後に発表して欲しい旨。

母は数年前から介護老人ホームの最終病棟におり、数ヶ月前から何度も危篤状態に陥っていた。

このところ、兄から電話があるたび身構えした。何故かロケで旅先に居ることが多く、親の死に目に会えないことには何度もむせび泣いていた。そのたびに母は息を吹き返し持ち直す。それが何度も続いたので、兄もボクも母の死を何度もシミュレーションしていた。しかし、いよいよ、この1ヶ月がタイムリミットと言われていた。

正月の旅行は家族で倉敷に長居して、最後のふれあいをと決めていたが、それも叶わぬことになった。

父の訃報を伝えた時と違い、兄もボクも取り乱すことはなかった。

その後、ボクはジムのプールに入り、水中ウォークマンを耳につけたが、音が何も入ってこない。覚悟していたのだが、母との想い出が脳裏に泡沫のように浮かんでは消える。母の顔の輪郭が欠けていき消失していく。止めどなく涙が溢れ出すが、哀しみも水に溶けて誰にも気づかれることはない。

水中、それは哀しい。

人生は誰もが余命80年の末期がん患者だ。

遅かれ早かれみんな死ぬ。

病を抱えていても、他人に伝わらぬ辛さもすべて抱きしめて、辛抱しながら死に向かって歳を重ねるのだ。

親も死ぬ。次は自分、次は子供。人は、その順番だけ守れればそれで良いのだ。

帰宅後、急いで身支度。

「今の仕事をこなせ！」と自分に言い聞かせながら、取材と番組を淡々とこなした。

レギュラー番組、MXテレビの生放送『バラいろダンディ』のメイクルームで、島田洋七師匠にだけ母の死を打ち明けた。

「そか。ツライな……。でも辛抱や、ええか、本番は黙っとけよ！」

「はい」神妙に頷く。そして師匠が肩を抱いてくれた。思わず泣き崩れそうになる。

耳元で「今日はコラえてな、明日な、お母さんの前で思いっきり泣け！」と言いながら、師匠が涙ぐんだ。

「で、たけしは知ってんのか？」

「いえ、でも、殿はこれからニッポン放送でラジオの生放送があります」

「せやったら、これ終わったら師匠のところだけは行って報告してこいよ！」

ボクは洋七師匠の言葉に従った。そして殿の元へ行って、母の死を報告した。


翌日、実家へ向かうため早朝から家族と共に荷造りした。

出発の直前、後輩のマキタスポーツが来宅。今回は家族葬だからと断ったが、わざわざ家に来て「どうしても」と、お悔やみを伝えてくれる。ありがたい。彼のご両親のお葬式にボクは出席したことがあったのだ。芸人の世界は疑似家族だからこそ、彼もまた我が家の親族なのだ。

新幹線で駆けつけ、家族は定宿のホテルに泊まる。

部屋で喪服に着替えるが、すっかり太ってしまって、ボクもそしてカミさんもズボンのチャックが閉まらない。お葬式あるあるだ。

今夜は、ボクと兄が「寝ずの番」になるので、荷物を全部持ったまま歩いて稲荷町の実家へ向かった。

実家のほぼ隣、川上川のほとりに新築されたばかりの斎場「エヴァホール中央」で、18時より通夜が行われた。母親は死化粧をされ、棺のなかにいた。

式場に飾られた母の遺影が目に入り、気遣う親戚の姿を見た途端、感情が込み上げた。

兄家族と共に最前列に座る。導師が入場し、お経を唱え始める。地蔵院の松井大圓住職、ボクとは幼稚園の頃からの付き合いだ。

式は静粛に進んでいく。読経と木魚の音、線香の匂いと煙のなか、母の遺影を最前列で見つめていたら、幼少の頃の母への想い、母のやさしさや仕草……何もかもが蘇り、心の底で響きだす。成人後の家出など、己の親不孝な生き方へ悔恨の情が込み上げる。遺影に向かって、「でも、でも、ママ、ママ！　ママ!!!　ボク、ちゃんと大人になりましたよ!!　貴女の孫を、ボクの嫁とふたりで一緒に一所懸命に育ててますよ!!」と心のなかで叫んでいた。

兄が弔辞で締めくくる。最後まで泣かなかった兄は立派だった。

親戚、従兄弟が残って食事会。和気藹々としながらも、ときおりふと寂寥感が募る。

親戚を送り出したあと、兄とふたり、お棺の隣に布団を敷く。

兄が改まって畏まり、正座に組み直した。

「遺産を含めて今後のことを正芳と相談します……」

と会話を切り出した。兄の言葉を手で制し、

「家のことは何ひとつできませんでした。今までの不義理をお許しください。今まで両親の面倒を見てくださって本当にありがとうございました。全てを兄の良きにしてください」と、ボクは両親を最後まで献身的に看取ってくれたことへの感謝を丁寧に口にした。

兄と母の想い出話が続く。

「お母さんは、お前が芸人になって家に帰ってこないのをずーっと絶望しとったんでー。『もう一生あの子には会えんかもしれん』って毎日泣いて落ち込んどったわ。それが、お前にたけし（長

男）が生まれてからよぉ、「たけしに子供をさらわれたと思ったら、息子がたけしという可愛い孫を連れて帰ってきたんじゃ』言うて、近所に写真を持って回ってずーっと自慢しとったんじゃ」

この話をされると、いつもひとたまりもない。泣き崩れる。

「『正芳は照れ屋じゃけん、テレビで芸事は長続きせんわ。いずれ売れんようになるわ。〃文〃だけじゃわ、あの子が昔から人より出来るんわ』ってよう言うとったでー」

お母さん。本当にそうかもしれない。

寝床で目を瞑ったが眠れない……。夢でも逢えたら……。この夜は、そう思わずにいられなかった。

翌日、10時より告別式。

通夜と変わらず、地蔵院さんの読経が続く。左側にひとり加え、二人態勢に。低音が重なり、お経がまるでバンドの音のようにツインボーカルでリズミカルに心地よく聞こえる。目を瞑り、ずっと母の在りし日を思い返す。

いよいよ最後の別れの時が来た。皆が母に花を手向け、美しく彩る。涙が滴るように落ちた。

母が大事にしていた狐のマフラーが首に巻かれた。「寒くないようにね」と兄。

「これが最後のお別れになります」と司会進行のアナウンス。「編笠と杖を添えてあげてください！」と言われて、娘のフミと末っ子のアキラが手を上げた。

兄は骨壷、ボクは遺影を持ち、その他の家族が霊柩車に棺を運び込む。

カミさん、子供たちとタクシーに乗り、福田町の山間にある火葬場・倉敷中央斎場へ向かう。そう言えば父の時も此処だったな、と思うと虚空に亡き父の顔が浮かび、もう地上には両親が居なくなったことを意識した。

つづら折りの山道を登っていく。つづら折りの山道を登っていく。ギリシャ宮殿風の荘厳な建物には陽が暖かく射し込み、真冬とは思えぬ陽だまりのなか、母はまるで一足先に天国に辿り着いたかのようだった。

十文字に石が組まれた告別室で読経を終え、そして火葬炉へ。炉前ホールには14基の炉が並んでいるが、渋滞が起きている。まるでデスレースだ。12基目の紅蓮の炎のなかに、母の棺が呑み込まれていく。ボクに生を授けてくれた母の命の炎上を今、見届けている。


約1時間の待ち時間。親戚たちとロビーに座って四方山話。子供たちはトランプを始める。喪の時間のなかの束の間の日常だ。

収骨室へ呼ばれる。火葬炉から母が白い骨になって出てきた。皆で取り囲み、遺骨を骨壷に入れていく。木の箸と竹の箸を持ち、代わりばんこに箸渡しの儀。足のほうから順番に。母は体中を手術していたので、骨と共に金具が残っていた。母の後半生のしんどさを、ボクは今になってわかる。

「今さら、もう遅いんだよ!」と自問自答しながら、淡々と頭まで詰め込み納骨の儀式は終了した。

再び兄が骨壷を持ち、ボクが遺影を掲げ、タクシーに乗り合い、エヴァホールへ帰還する。

タクシーのなかで、運転手さんとしばし岡山弁講座を子供たちに施す。「ぼっけーきょうてい、児島きょうてい」「おんどりゃあ！　メンどりゃあ！　ミトコンドリャ！」など、ボクが子供時代に作ったギャグを子供たちに教える。さっきまで涙にくれていた家族が皆、笑っている。

エヴァホールで再び読経。今度は参列者全員が真言宗聖典を持ち、声を合わせる。

最後に地蔵院松井住職からのありがたいお話。子供たちは耳を澄ませて聞いていたが、ボクはこの訓話を幼稚園の時から聞いているのだ。

最後の食事会を終え、帰途に着いた。

新幹線では我が家の普段のルールを破って、家族全員グリーン車に乗った。すぐに勉強を始める下の子ふたりに感心。ボクは昨日からほぼ寝ていないのに眠れない。

次々と消え行く車窓の景色のなかに母の姿を捉えている。気がつけば、今夜はクリスマス・イヴだった。

この2日間、喪主の「兄」が立派だった。

「ボク」は「親」を「弟」として見送り、この世ではもう「子」ではなくなった。

両親を亡くすと、いよいよ人生は後半だ。これからは3人の「子」の「親」として、小野正芳を生きる。そして芸道、あの世のようなこの世では、あの世の水道橋博士のままだ。いまだに「キッド」のまま、師匠である「父」を道標に「弟子」として生きることを続行するのだ。

その2日後――。

今度は足立区に住む妻の祖母が亡くなった。年末に連日の訃報が続く。

喪中、それは苦しい。

しかし、家族もすっかり喪服慣れしてしまったほどに葬い続きだ。

夕刻、足立区の斎場で執り行われる通夜へ家族で駆けつけた。

故人は、瀬田（田村）貞子さん、享年93歳の大往生だった。

足立区に、しかも長年に渡って殿のご母堂「北野さき」さんのお隣暮らしをされていた仰天の事実を、妻もボクも結婚後に初めて知った。

葬式の参列者がボクを見つけるや、次々と故人と足立区の有名人・北野さきさんの想い出を語っていくさまは、まるで映画『ビッグ・フィッシュ』のようだった。昭和初期から殿のご母堂と妻の祖母、おふたりが昵懇であった伝聞を、事実として痛感させられた。

生前、一度もお会いすることが叶わなかったが、北野家と妻の実家・田村家、そしてボクとが、いかに無意識かつ運命的に近いところにいたのかを思い知った。

帰宅後、２０１6年12月放送のＮＨＫ『ファミリーヒストリー』、北野家編をメモを取りながら再見。話の節々が、さっきお通夜で妻側の親族から聞いた通りで、ますます驚かされた。

例えば、殿の祖母・北野うしが、明治期に娘義太夫として人気を博した〝歌う女〟だった事実。

そして、その芸人としての血筋を辿る家系図の、母方を2代遡ったところに「志ん」の名前を見つけるや、ボクは声をあげて震撼した。

何故なら殿は、２０１9年の大河ドラマ『いだてん～東京オリムピック噺～』で、ナレーションと共に「古今亭〝志ん〟生」の役を演じるからだ。

この偶然の一致が単なる語呂合わせの言葉遊びであることはわかっているが、まるで夜空に新たな星座を発見したかのような、ボクには奇異なる興奮をもたらした。

時は流れて２０１8年2月11日――。

足立区の常唱庵で行われた妻の祖母の四十九日法要にも参列した。

本堂で住職が語る、享年93歳の貞子さんの凛とした生活態度、無私の地元貢献などから几帳面な大正女の面影を知り、昭和から平成へと時代が移り、道徳観や下町の繋がりなどが薄れてゆくなか、明治女の北野さきと、幾度となく昔を懐かしんだであろう交流する姿が偲ばれた。

その後、浅草田原町の鰻屋「やっ古」で会食が行われ、田村家の親戚一同に、ボクは自作の家系図を示しながら情報を集めたのだが、そこには、北野武の足立区時代の痕跡が歴然と残っていた。

ボクと妻は出会いの前から、北野家を介して繋がっていた――。

この仮説に対して、裏取りを進めた結論は……。

昭和17年から妻の祖母・田村貞子と殿の母、北野さきが隣住まいだったことのみならず、日暮里から足立区へと、北野家の隣組に意識的に居を移し、共に昵懇の仲で暮らしてきたという驚くべき事実だった。

そんな家系の妻が、その血筋を幼い頃から意識し、ビートたけし及びその弟子のファンになったのなら人生の不思議さは薄らぐ。

しかし、妻は結婚するまで北野さきとの因縁には完全に無知のまま、基本、芸能界にも一切興味がなかったのだ。

ある時、ボクが綴るブログの〝文〟がきっかけで、電撃的に北野さきの息子の弟子のファンとなり、結果、結婚にまで至ったのだった。それは、人生に予告編があった証明そのものだ。


この日、法事を終えた足で世田谷の殿宅へと向かった。珍しく軍団に急遽、全員招集が掛けられていたのだ。

一室に入ると、ボクが出席者の最後のひとりで、部屋のなかは何やらただならぬ緊張感が窺えた。

そして殿から驚くべき報告がなされると、間をおいてオフィス北野の森昌行社長が神妙な面持ちで部屋に入ってきた……。この時こそが、後に大騒動となる「たけし独立問題」の幕開けの瞬間だった!!

怒号飛び交う一室で、ボクは事前に何も知らされていなかったので、ここに至る経緯もこの後の展開も想像できない話ばかりだった。この日、斎場で仕入れた話をボクは殿に喜び勇んでご報告しようと思っていたが、持参した家系図は鞄にそっと仕舞い込むしかなかった。


その後、ボクの人生に予期できなかった苛烈な日々が襲ってきた。

ボクは師匠・ビートたけしの名誉のために、無私の精神で最前線で責務を果たした。

その後、病に斃れ、芸能生活を休養。

入院生活を強いられ、自分の休養を伝えるワイドショーを観ながら、生きているのか死んでいるのかわからないような日々を送ったが……それもまた別の話だ。


人生は死ぬまで過程に熄む。

生きている限り物語は続く。

それは「一日一生」であり、過ぎ去れば一日は長い物語の1章に過ぎない。

物語に終わりはなく、まだ始まってもいない。

ビートたけしの弟子として、藝人の生を醒まされたボクは表舞台に晒され、何時か『藝人の墓』

に睡るまで己の日記を綴っていくのだ。
それは死後もなお、ボクの一日一日の記憶が誰かに語り継がれるよう。
人の一生の物語は、日々記されることで未来に生き続けるのだから。

［完］

あとがき

一冊の本を編み終えた。

『藝人春秋Ｄｉａｒｙ』は、連載終了から3年の月日を経て単行本化に向かった。

その間、ボクは体調不良から6ヶ月にわたる芸能活動の完全休養期間を送っており、休養期間中は日記も一時ストップしていた。

病床で過ごす凪の時間は「孤独」や「絶望」や「終わり」を意識させたが、それすらも「未来の予告編」に過ぎなかった。

病床から立ち上がると、人生という物語の本編は続いた。

日記を再開し、精力的に原稿を手直しして、ネットメディアのｎｏｔｅに発表した。

本家本元の「文藝春秋」で、『藝人春秋Ｄｉａｒｙ』の全連載を網羅した完全版の出版が叶わず、ボクは原稿を持って出版社を廻った。

そしてNONA REEVES西寺郷太くんの紹介でスモール出版に辿り着いた。

出版不況のさなか、これほど束の厚いビッグな大冊になること、そして我が子同然の本の行末を引き受けてくれたスモール出版の中村孝司社長には感謝に堪えない。

また、挿絵を担当してくれた江口寿史先生はボクの子供の頃からの憧れのヒーローのひとりだ。

毎週、一緒に仕事をできるだけでなく、前作に続いて表紙絵まで描いてくださったことが、どれほど身に余る光栄なことか。

先生に描いてもらった挿絵を1点残らず掲載したいというボクの強い思いが、この出版社探しに掻き立てられた理由のひとつだ。

「〝武〟の下へ行き、目標《しるべ》なき人生を生き直す」その覚悟で家出同然に徒弟制度の異界に飛び込んだ。芸界という疑似家族に於ける厳しき父性の象徴が師匠の北野武であり、その他に比類なき王道を往く偉大な背《そびら》で、芸道を教えてくださった。

〝そして若手時代からボクらに漫才の大舞台を度々与えてくださり、特に「オマエは書けるから」と〝文〟を書くことを奨励してくださった高田文夫先生は優しき母性の象徴でもある。

その高田先生に帯文を頂けることは、まるで母と息子の紐帯《ちゅうたい》を確認できるようなことだ。

ボクはこれまで上梓した著書を自分の子供のように愛しているので、本書もボクの人生のかけがえのない宝物だ。

ラストの日付を打つ。

２０１５年9月14日――。

父親であるボクの与り知らないところで、娘の文《ふみ》が江口寿史先生個展でのイベント『5分間ライブスケッチ』にエントリーして見事に当選していた。

その時に、まさかボクの子供とは知らずに江口先生が描いた似顔絵を最後に差し挟み、この本を綴じたい。

人が〝文〟によって繋がることを綴ったこの本は、亡くなった母とボクの〝文〟によって出逢った妻と最愛の娘〝文〟に捧げる――。

小野文ちゃん
JE SUIS
CUTIE
2015
9.14
江口寿史

１９５８年８月２日――。

「俺は日記をつけるために生きているのだ」

『古川ロッパ昭和日記』より

水《すい》道《どう》橋《ばし》博《はか》士《せ》

1962年岡山県生まれ。ビートたけしに憧れ上京するも、進学した明治大学を4日で中退。弟子入り後、浅草フランス座での地獄の住み込み生活を経て、1987年に玉袋筋太郎と漫才コンビ・浅草キッドを結成。1990年のテレビ朝日『ザ・テレビ演芸』で10週連続勝ち抜き、1992年テレビ東京『浅草橋ヤング洋品店』で人気を博す。幅広い見識と行動力は芸能界にとどまらず、守備範囲はスポーツ界・政界・財界にまで及ぶ。メールマガジン『水道橋博士のメルマ旬報』編集長。

主な著書に『藝人春秋3 死ぬのは奴らだ』『藝人春秋2 ハカセより愛をこめて』『藝人春秋』（文春文庫）、『はかせのはなし』（KADOKAWA）ほか。

浅草キッドとしても『お笑い 男の星座2 私情最強編』『お笑い 男の星座 芸能私闘編』（文春文庫）などの著書がある。

藝人春秋 Diary

発行日 2021年10月11日 第1刷発行

著 者 水道橋博士

カバーイラスト&本文イラスト 江口寿史

編 集 中村孝司（スモールライト）

装 丁 木庭貴信＋川名亜実（オクターヴ）

協 力 室井順子（スモールライト）、杉山和也（株式会社 TAP）

校 正 芳賀恵子

SPECIAL THANKS 高田文夫

発行者 中村孝司（スモールライト）

発行所 スモール出版
〒164-0003
東京都中野区東中野3-14-1 グリーンビル4階
株式会社スモールライト
TEL 03-5338-2360／FAX 03-5338-2361
E-mail books@small-light.com
URL http://www.small-light.com/books/
振替 00120-3-392156

印刷・製本 中央精版印刷株式会社

Printed in Japan ISBN978-4-910547-01-5
JASRAC 出 2108177-101